Jürgen Baums

DATA BECKERs

TELEFONBUCH

DATA BECKER

Copyright	© 1991 by DATA BECKER GmbH Merowingerstr. 30 4000 Düsseldorf 1
	3. veränderte Auflage 1992
Umschlaggestaltung	Werner Leinhos
Lektorat	Rüdiger Schütz
Schlußredaktion	Iris Trzaska
Textverarbeitung und Gestaltung	Peter Ebel
Belichtung	MAC, Studio für Satz und Design, Düsseldorf
Druck und buchbinderische Verarbeitung	Graf und Pflügge, Düsseldorf

ISBN 3-89011-344-3

Wichtiger Hinweis

Inhaltsverzeichnis

1. Telefongeräte und Anschlußtechnik

Die Geschichte des Telefons ist von zwei Namen geprägt: dem Amerikaner Graham Bell und dem Deutschen Phillip Reis. Der 1834 in Gelnhausen bei Frankfurt geborene Lehrer Phillip Reis hielt 1861 im Physikalischen Verein zu Frankfurt einen Vortrag "Über Telephonie durch galvanischen Strom". Im Zusammenhang mit der Übertragung von Stimmen fiel damit zum ersten Mal in der Geschichte der Begriff "Telephonie". Ob Phillip Reis dieses Wort selbst geschaffen hat, ist nicht bekannt. Abgeleitet ist es wohl aus dem Griechischen: tele = fern und phon = Geräusch.

Bereits 1863 boten Reis und der ebenfalls aus Frankfurt stammende Mechaniker Wilhelm Albert ihren mehr als befremdeten Mitmenschen "Telephone" zum Kauf an. Die beiden nahmen die Sache damals selber nicht allzu ernst. Aus diesem Grunde kam der eigentliche Impuls der Telephonie von einer anderen Seite, denn obwohl Deutschland damit als das Erfinderland des Telefons hätte gelten können, lief der amerikanische Taubstummenlehrer Graham Bell dem deutschen Phillip Reis den Rang ab. 1876, also 15 Jahre nachdem der Deutsche seinen Vortrag über "Telephonie" gehalten hatte, meldete Graham Bell eine Sprechmaschine, die er zusammen mit seinem Mechaniker Watson entwickelte, zum Patent an.

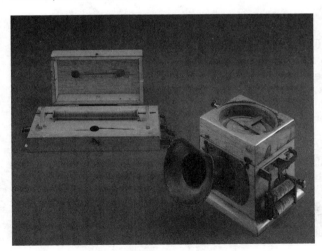

Abb. 1: Das Telefon (ein Modell von 1863) von Phillip Reis (Postmuseum Frankfurt)

Bell, dessen Name noch heute eine große private Telefongesellschaft in den USA trägt, gilt somit als der Erfinder des Telefons. Bei den ersten Experimenten Graham Bells spielte ein weiterer Deutscher eine Rolle in der Entwicklungsgeschichte des Telefons: Bell kam zu Ohren, daß es dem Physiker Hermann von Helmholtz mit Stimmgabeln und Elektromagneten gelungen sei, Töne auf eine gewisse Entfernung elektrisch zu übertragen. Er versuchte dieses Experiment vergeblich nachzuvollziehen und kam erst durch eigene Versuche zu seiner Erfindung. Erst Jahre später fand Bell heraus, daß er einem Gerücht aufgesessen war. Der deutsche Text über das angebliche Experiment des deutschen Physikers war ihm zwar damals zugänglich gewesen, er konnte ihn jedoch nicht lesen.

Nach der Patentanmeldung am 14. Februar 1876 arbeitete Bell an der Verbesserung seiner Erfindung weiter und entwickelte schließlich ein Gerät, das die Schwingungen der menschlichen Stimme in Stromstöße unterschiedlicher Stärke verständlich wiedergeben und übertragen konnte.

Dieses Prinzip wird heute noch in unseren Telefonen verwendet. Über das im Hörer eingebaute Mikrofon werden die Schallschwingungen in elektromagnetische Schwingungen umgesetzt und dann über die Telefonleitung übertragen. Im Hörer auf der anderen Seite wird dieser Prozeß über den eingebauten Lautsprecher wieder umgekehrt, und die Schallschwingungen erreichen das Ohr des Gesprächspartners.

Bell's Telefon beim Kaiser von Deutschland

Leider konnte Philip Reis den Siegeszug seiner Erfindung im Jahre 1874 in Deutschland nicht mehr miterleben, denn er starb mit 40 Jahren in armen Verhältnissen an Tuberkulose. Erst als 1877 die Nachricht über Bell's Entwicklung durch einen Artikel in der Zeitschrift "Scientific American" den Generalpostmeister Heinrich Stephan erreichte, wurde die "Telephonie" in Deutschland ernst genommen.

Heinrich Stephan ließ sich zwei Bell'sche Geräte aus England kommen und schrieb einen begeisterten Brief an den Reichskanzler Bismarck:

> "...gegenwärtig haben diese Forschungsergebnisse ... zu der Erfindung des Telephons geführt, der nach meiner Überzeugung eine große Zukunft im Bereiche des menschlichen Verkehrs bevorsteht...".

Sowohl Bismarck als auch Kaiser Wilhelm I. waren nun von der "Telephonie" begeistert. Bereits am 12. November 1877, wenige Wochen, nachdem die ersten Apparate in der Hauptstadt Berlin eingetroffen waren, wurde die erste deutsche Telegraphenanstalt mit "Fernsprechern" ausgestattet.

Auf den Begriff "Fernsprecher" ist der später geadelte Generalpostmeister Heinrich Stephan gekommen. Er sorgte auch dafür, daß wenigste die hinterbliebende Witwe von Phillip Reis eine Pension aus der Staatskasse erhielt.

458 Telefon-Teilnehmer in Berlin

Nachdem gegen Ende der siebziger Jahre des letzten Jahrhunderts in den USA bereits eine Reihe von Städten mit eigenen Telefonnetzen versorgt war und die "Bell Telephone Company" gute Geschäfte machte, lief das Fernsprechwesen in Deutschland erst mühsam an.

Sogar ein Mann namens Werner Siemens, dessen Geschäfte sich durch den Nachbau und später dann durch die Verbesserung der Apparate von Bell ebenfalls ansehnlich entwickelten, glaubte trotzdem nicht so recht an die Zukunft des Telefons. In einem Brief an seinen Bruder schrieb er damals:

"Hier herrscht jetzt vollständiges Telephonfieber, der Telephonschwindel ist jetzt in Deutschland in voller Blüte".

1880 versuchte Heinrich Stephan dem Telefon durch einen Aufruf in den Berliner Zeitungen zum Durchbruch zu verhelfen. Die Berliner sollten sich "des Fernsprechers als Verkehrsmittel bedienen". Nur durch den Einsatz von Vertretern schaffte er es, Ende 1881 458 Teilnehmer im ersten deutschen Telefonnetz in Berlin zu verzeichnen. Darunter waren viele Firmeninhaber und reiche Leute, die dringende Nachrichten nun nicht mehr durch eigene Boten, sondern mit dem neuen Medium übermittelten.

Es dauerte auch darüber hinaus noch einige Jahre, bis die Öffentlichkeit aufhörte, das erste Berliner Fernsprechbuch mit wenigen hundert Anschlüsse zu belächeln, und sich das Telefon in Deutschland durchsetzte.

Das Fernsprechwesen ist seit dieser Zeit hoheitliche Aufgabe der Post. Sie installiert die Telefonnetze, die Vermittlungsstellen und bis vor kurzem auch alle Telefone und Endgeräte für inzwischen neu hinzugekommene Dienste, wie Telefax oder Teletext.

1.1 Freie Wahl am Telefonanschluß

Von der Öffentlichkeit zunächst kaum wahrgenommen, vollzog sich am 1. Juli 1990 im deutschen Postwesen eine kleine Revolution: Die Deutsche Bundespost gibt es seit diesem Tag nicht mehr in der altbekannten Form. Sie hat sich in drei Teilunternehmen aufgegliedert: Postbank, Postdienste (Briefe und Pakete) und Telekom. Die Aufgabe der drei ehemaligen Teilbereiche der Post ist es, nach unternehmerischen Kriterien zu wirtschaften und sich weitgehend dem freien Markt zu stellen.

Dementsprechend wurden die drei Postunternehmen von hoheitlichen Befugnissen und bürokratischen Aufgaben entlastet. Diese sind voll auf das Bundesministerium für Post und Telekommunikation übergegangen, an dessen Spitze der Bundespostminister als Mitglied der Bundesregierung steht.

In grundlegenden, die Versorgung der Bevölkerung mit Postdienstleistungen betreffenden Fragen hat das Ministerium nach wie vor das letzte Wort. So ist die Telekom verpflichtet, beispielsweise den Aufbau einer Infrastruktur für eine funktionierende moderne Telekommunikation in den neuen Bundesländern zu betreiben. Auch in Gebührenfragen trifft der Postminister bzw. die Bundesregierung die Entscheidung.

Die Liberalisierung im Bereich der Telekommunikation ist zunächst vor allem im Bereich der Endgeräte für die Allgemeinheit spürbar. Die weit über hundert Telefonläden der DBP Telekom in unserem Land haben Konkurrenz bekommen.

In vielen Städten gibt es inzwischen privat geführte Geschäfte, die Telefone, Anrufbeantworter und andere Endgeräte verkaufen. In den Computerläden und den Computerabteilungen der Kaufhäuser sind Telefone in allen möglichen Formen und Farben erhältlich. Sogar das Allerheiligste der Post, die Anschlußtechnik, Telefondosen, Stecker und Kabel sind für den Heimwerker in jedem Baumarkt ebenso erhältlich wie Elektrosteckdosen.

Grundlage für die neue Freiheit am Telefonanschluß ist eine Telefon-Anschlußtechnik, die in diesem Buch eingehend vorgestellt wird. Damit ist es erstmals für jeden möglich, Endgeräte ohne jegliches Werkzeug einfach über einen genormten Stecker in eine Anschlußdose zu stecken, um dann mit seinem neuen Apparat zu telefonieren.

Die Zulassung

Alle Endgeräte werden auf Antrag der Herstellerfirmen von der zentralen Zulassungsstelle der Telekom geprüft und erhalten bei positivem Ergebnis die Zulassung. Im März 1992 wurde das hierfür zuständige Zentralamt für Zulassungen im Fernmeldewesen (ZZF) umbenannt in das Bundesamt für Zulassungen in der Telekommunikation (BZT). Das Amt ist nun nicht mehr wie früher der Deutschen Bundespost, sondern direkt dem Bundesminister für Post und Telekommunikation unterstellt.

Bis Ende 1992 wird im Zuge dieser Umstellung auch ein neues Zulassungszeichen mit Bundesadler das alte ZZF-Zeichen ablösen. Außerdem wird nicht länger von "FTZ-" oder "Post-zugelassen" gesprochen. Es heißt nun schlicht "zugelassen".

Geräte, die die Zulassung nicht besitzen, dürfen nach Paragraph 15, Fernmeldeanlagengesetz (veröffentlicht im Amtsblatt 90 vom 10.08.1990) nicht ans bundesdeutsche Telefonnetz angeschlossen werden. Ob der bloße Besitz nicht zugelassener Geräte ebenfalls untersagt ist, wird in dem Gesetz nicht angesprochen.

Wenn die Telekom einen Verstoß feststellen sollte, so folgt in der Regel nicht automatisch die Klage, sondern erst eine Aufforderung, den Betrieb eines nicht-zugelassenen Gerätes zu unterlassen. Wer sich danach jedoch wiederholt erwischen läßt, wird verklagt. Besonders scharf werden Betreiber von schnurlosen Telefonen ohne Zulassung aus ausländischer Fertigung verfolgt. Teilweise benutzen diese Geräte Funkfrequenzen, die in Deutschland den Radioempfang oder gar - dies ist zumindest die Ansicht der Post - den Funkverkehr von Flugzeugen stören können. Schnurlose Telefone können von Funkmeßwagen der Telekom ausfindig gemacht werden.

Hantieren am Telefonanschluß ?

Die komplette Anschlußtechnik, Telefondosen, Kabel etc. ist heute in fast jedem Kaufhaus zu bekommen. Für den Telefonhauptanschluß - also die erste Anschlußdose der Post im Haus oder in der Wohnung - gilt jedoch eine klare Regelung, was ganz deutlich gesagt werden muß: Die Anschlußdose, ob nun noch nach alter Technik mit festverschraubter Telefonschnur oder nach neuer TAE-Technik zum einfach Einstecken eines neuen Telefons, gehört zum Hoheitsbereich der Telekom. Daran darf nicht mit dem Schraubenzieher Hand angelegt werden.

Trotzdem: Viel Freiheit beim Telefonieren

Auch innerhalb der von der Telekom gesetzten Grenzen können Sie in den Genuß der neuen Freiheit am Telefonanschluß kommen. Immer mehr Telefone, auch von ausländischen Herstellern, erhalten inzwischen zügig die Zulassung von der Post: Weit über 200 Modelle waren Anfang 1992 zugelassen. Attraktive Gestaltung und moderne technische Ausstattung zu niedrigen Preisen gibt es durch die gewachsene Konkurrenz am Markt zunehmend auch von deutschen Herstellern und bei der DBP Telekom selbst. Gleichzeitig wird dieser Markt jedoch immer unübersichtlicher.

Dieses Buch bietet Transparenz, aber auch zahlreiche technische Tips für den Heimwerker, denn, wenn Sie erst einmal über die neue TAE-Dose verfügen, dürfen Sie daran jedes zugelassene Gerät, aber auch weitere Leitungen und Anschlußdosen über einen Stecker anschließen.

1.2 Einfache Telefone und ihre Funktionen

Früher gab es nur Telefone mit Wählscheiben. Heute eröffnen sich eine Reihe von Telefonfunktionen, die das Telefonieren erleichtern können; erste Geräte sind bereits auf dem Markt, die sogar mit einem Spracherkennungssystem ausgestattet sind und die Anwahl eines Gesprächspartners auf Zuruf ausführen.

Abb. 2: Telefon 01 LX (Telekom)

16

Telefonkomfort wird bereits bei preiswerten Geräten groß geschrieben. Welche Telefonfunktionen es gibt, wofür sie gut sind und wie man damit umgeht, wird in diesem Kapitel behandelt. Die englischsprachigen Begriffe, wie man sie auf Apparaten ausländischer Produktion findet, werden ebenfalls aufgeführt.

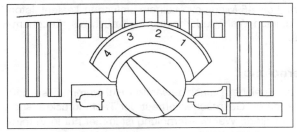

Abb. 3: Zeichnung des Reglers

Lautstärkeregler

Bei einfachen Telefonen, wie das Standardgerät (01 LX) der Telekom, befindet sich ein Lautstärkeregler unten am Apparat. Der Tonruf wird lauter, wenn man den Regler in Richtung des großen Glockensymbols dreht, in der umgekehrten Richtung zum kleinen Glockensymbol hin wird er leiser. Manche Geräte verfügen über eine Umschaltung zwischen einfachem Tonruf und einem Melodieruf.

Das Tastenfeld (Dial Keypad)

Das Tastenfeld des Telefons 01 LX umfaßt die Grundfunktionen einfacher Telefone. Neben den 10 Tasten für die Ziffern gibt es die beiden Funktionen Stummschaltung und Wahlwiederholung. SET-, Signal- und Sondertasten (*-Stern und #-Raute) werden nur in Ausnahmefällen benötigt.

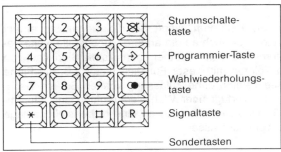

Abb. 4: Tastenfeld mit 16 Tasten)

Wahlwiederholung (Redial)

Ist der Anschluß eines gewünschten Gesprächspartners besetzt oder meldet er sich nicht, genügt der Druck auf diese Taste, und die zuletzt gewählte Rufnummer wird automatisch nochmals gewählt. Die Speicherzeit ist nicht unbegrenzt und beträgt ca. 45 Minuten bei einem einfachen Tastentelefon der DBP Telekom. Die Funktion Wahlwiederholung wird auch als "Letztnummernspeicher" bezeichnet.

Erweiterte Wahlwiederholung

Diese Funktion erlaubt das Speichern einer gewählten Ruf-Nummer, so daß sie auch nach mehreren anderen Gesprächen erneut per Tastendruck ausgesendet werden kann. Die erweiterte Wahlwiederholung ist immer nur in Verbindung mit einem Display-Telefon verfügbar.

Stummschaltung (Hold)

Während eines Gespräches kann das Mikrofon im Telefonhörer abgeschaltet werden. Wenn man zum Beispiel einer weiteren Person im Raum etwas mitteilen möchte, das der Partner am anderen Ende der Leitung nicht hören soll, bietet sich diese Funktion an. Durch erneutes Drücken der Taste wird das Mikrofon aktiviert, so daß der Gesprächspartner wieder mithören kann,

Signaltaste, R-Taste (Flash)

Diese Taste hat nur eine Funktion innerhalb einer Nebenstellenanlage, um z.B. intern Rückfrage zu halten. Ein Amtsgespräch kann damit vorübergehend weggeschaltet und eine Verbindung mit einer anderen Nebenstelle hergestellt werden.

Das Amtsgespräch können Sie fortführen, wenn Sie die Signaltaste erneut drücken. Die Verbindung kann aber auch an die andere Nebenstelle weitergegeben werden, wenn der interne Gesprächspartner ebenfalls die Signaltaste an seinem Telefon drückt. Ein Telefon mit dieser Funktion bietet z.B. die Firma Conrad Electronic an. Dieses Telefon ohne Zulassung können Sie als Tisch- und Wandmodell benutzen. Es verfügt über Wahlwiederholung und Stummschaltung und kostet ca. 35.- DM. Der Anschluß an eine Nebenstellenanlage ist möglich. Allerdings ist es nicht zugelassen.

Achtung!

Alle hier und im folgenden genannten Preise, Liefermöglichkeiten und Konfigurationen verstehen sich als ungefähre Richtwerte, Stand Mai 1992. Alle Preise sind incl. Mehrwertsteuer. Wir können selbstverständlich keine Gewähr für die Preise übernehmen.

Umschaltbares Wahlverfahren (IWV-MFV / PULSE-TONE)

 Telefone, die an Nebenstellenanlagen betrieben werden, müssen ein umschaltbares Wahlverfahren haben.

Normalerweise arbeiten Telefone in Deutschland mit dem Impulswahlverfahren (IWV). Bei diesem Verfahren wird ein einziger, in Länge und Frequenz definierter Ton verwendet, um die Ziffern einer Rufnummer umzusetzen. Für eine 1 wird der Impuls einmal, für eine 2 zweimal, für eine 3 dreimal (und so weiter) durch die Telefonleitung "geschickt". Wenn man beim Wählen den Hörer ans Ohr hält und zwischen jeder Eingabe einer Ziffer eine Pause macht, dann kann man die Impulsfolgen deutlich mithören.

In anderen Ländern, z.B. in England und in den USA, aber auch an Nebenstellenanlagen hierzulande, wird ein anderes Verfahren eingesetzt, das sogenannte Mehrfrequenzverfahren (MWV). Dabei entspricht jeder der Ziffern von 0 bis 9 ein Ton, der jeweils in einer anderen Tonfrequenz gesendet wird. Der Wahlvorgang bei diesem Verfahren hört sich an, als ob eine Melodie gespielt wird.

 Durch Drücken der Tasten SET, Stern und SET beim Standardtelefon der Telekom erfolgt die Umschaltung. Erneutes Drücken dieser Tastenfolge aktiviert wieder Impulswahl-Verfahren. Bei privat gekauften Telefonen ausländischer Hersteller ist meist ein einfacher Schalter eingebaut. Dabei entspricht die Einstellung PULSE dem Impulswahl-Verfahren und TONE dem Mehrfrequenz-Verfahren.

Abb. 5: Tel2 (Uher)

Das Modell Tel2 von Uher verfügt über folgende Funktionen:

- Zulassung,
- Wahlwiederholung,
- Stummschaltung,
- umschaltbares Wahlverfahren,
- Tonruf/Melodieruf,
- Signaltaste,
- Sondertasten, und bereits eine Komfortfunktion:
- Kurzwahl für 10 Rufnummern

Kaufpreis: 89.- DM.

1.3 Komfortfunktionen

Komfortfunktionen sind alle diejenigen Telefonmöglichkeiten, die Standardtelefone nicht bieten, also z.B. Lautsprecher (Lauthören), Wahl bei aufliegendem Hörer, Gesprächsunterbrechung und vieles mehr. Auch bei Profi-, Kompakt-, Design- und schnurlosen Telefonen sind diese Komfortfunktionen zum Teil vorhanden.

Lautsprecher (Lauthören)

Über den im Telefon eingebauten Lautsprecher können andere Personen im Raum bei einem Gespräch zuhören. Einfaches Drücken der Taste schaltet den Lautsprecher ein bzw. wieder aus.

Abb. 6: Komforttelefon Modula (Telekom)

Sehen Sie dazu auch das Kapitel Komfort- und Profitelefone im Vergleich.

Wahl bei aufliegendem Hörer

Ein Telefon mit Lauthörmöglichkeit kann nach Drücken der Lautsprechertaste manuell oder über Kurzwahl gewählt werden, ohne den Hörer abzunehmen. Erst wenn sich der Gesprächspartner meldet, wird der Hörer abgenommen.

Freisprechen

🔊 Das Freisprechen erlaubt nach einfachem Tastendruck das Telefonieren, ohne den Hörer abzunehmen: wählen, hören und frei sprechen. Man hat somit beide Hände frei, um z.B. Gesprächsnotizen vorzunehmen oder Unterlagen während des Gespräches durchzublättern.

Gesprächsunterbrechungstaste

Diese Taste ist durch die Buchstaben GU erkennbar. Sowohl im Hörer als auch im Telefon eingebaute Lautsprecher und Mikrofone werden ausgeschaltet. Die Gesprächsverbindung bleibt jedoch bestehen.

Codenummer

Bestimmte Telefonfunktionen lassen sich nur nach Eingabe einer frei wählbaren mehrstelligen Codenummer ausführen. Damit wird verhindert, daß Unbefugte z.B. einen integrierten Gebührenspeicher löschen.

Kurzwahl

➡️ Häufig benötigte Rufnummern (bei Bedarf mit Vorwahlnummern) kann man in ein Kurzwahlregister unter einer ein- oder zweiziffrigen Zahl speichern und durch Drücken von nur einer oder zwei Tasten anwählen. Rufnummern können auch nur teilweise gespeichert und über die Kurzwahl gewählt werden. Die restlichen Ziffern, z.B. eine Durchwahlrufnummer, wird danach manuell eingegeben. Die Nummern können bei der Kurzwahl bis zu 18 Ziffern lang sein, so daß auch Nummern aus dem Ausland gespeichert werden. Die Kurzwahl ist die einfache Version der Abspeicherung und automatischen Wahl häufig benötigter Telefonnummern, da im Unterschied zur unten beschriebenen "Zielwahl mit Namentasten" keine zusätzlichen Tasten vorhanden sind.

Das Modell Audiophon der Telekom verfügt über folgende Funktionen:

- Kurzwahl für 19 Rufnummern,

- Notizbuchfunktion,

- Wahlwiederholung,

- einfache Klingel.

Monatliche Miete: 9,90 DM.

Bedienung der Kurzwahl am Beispiel des Modells Audiophon

Abb. 7: Audiophon (Telekom)

Eingabe einer Rufnummer

❶ Hörer abnehmen und Wählton abwarten;

❷ Taste Kurzwahl drücken und festhalten;

❸ Zifferntaste drücken, unter der die Rufnummer gespeichert werden soll, der Wählton wird leiser;

❹ Rufnummer über die Zifferntasten der Wähltastatur eingeben;

❺ Taste Kurzwahl loslassen und Hörer auflegen.

Wahl einer Rufnummer

❶ Hörer abnehmen und Wählton abwarten;

❷ Taste Kurzwahl drücken, jedoch nicht festhalten;

❸ Zifferntaste drücken, unter der die Rufnummer gespeichert ist, die Rufnummer wird ausgesendet.

Die Belegung der Tasten mit den Rufnummern muß man sich allerdings notieren. Einfache Telefonmodelle verfügen über kein integriertes Beschriftungsfeld.

23

Abb. 8:Tischtelefon Toptec 2100 (Hagenuk)

Bedienung der Zielwahl / Namentasten

Telefone mit dieser Funktion haben in der Regel zehn zusätzliche Tasten, die für die Zielwahl doppelt genutzt werden. Unter einer Taste werden also zwei Rufnummern abgespeichert, und es sind somit auch zwei Ziele anwählbar.

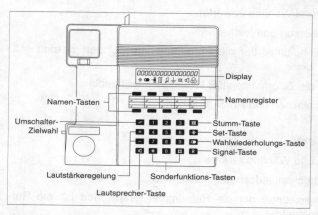

Abb. 9: Technische Zeichnung Modula (Telekom)

Eingabe einer Rufnummer

❶ Hörer abnehmen und Wählton abwarten;

❷ SET-Taste drücken, das Zeichen erscheint im Display;

❸ Namentaste drücken, unter der die Rufnummer gespeichert werden soll (Ziel 1 bis 10) bzw.

▪▬ Umschalter betätigen, um die Ziele 11-20 anzusprechen;

❹ Rufnummer über die Wähltastatur eingeben;

❺ SET-Taste drücken, und die Rufnummer ist gespeichert.

Wahl einer Rufnummer

❶ Hörer abheben und Wählton abwarten;

❷ Namentaste drücken, unter der die Nummer gespeichert ist, oder Umschalter betätigen, um die Ziele 11-20 zu erreichen und dann die entsprechende Namentaste drücken. Die Rufnummer erscheint im Display, und der Wahlvorgang wird ausgelöst.

Namenregister / Beschriftungsfeld

Ins Namenregister werden die gespeicherten Rufnummern handschriftlich eingetragen. Es ist von einer leicht zu entfernenden Klarsichtfolie geschützt.

Namentasten 1-5 und 11-15

01/11	02/12	03/13	04/14	05/15
Ziel 01	Ziel 02	Ziel 03	Ziel 04	Ziel 05
Ziel 11	Ziel 12	Ziel 13	Ziel 14	Ziel 15
Ziel 06	Ziel 07	Ziel 08	Ziel 09	Ziel 10
Ziel 16	Ziel 17	Ziel 18	Ziel 19	Ziel 20
06/16	07/17	08/18	09/19	10/20

Namentasten 6-10 und 16-20

25

Anmerkung:

Die Bedienungsanleitung gilt für das Modell Modula und für zahlreiche andere Telefone, auch für Apparate von privaten Anbietern.

Direktruf

Mit dem Direktaufruf, auch als Babyruf oder Notruf bezeichnet, kann eine zuvor eingespeicherte Rufnummer automatisch gewählt werden, sobald der Hörer abgenommen und eine beliebige Zifferntaste gedrückt wird. Auf Direktruf gestellt, ist das Telefon für andere abgehende Gespräche gesperrt, der Anschluß bleibt jedoch weiterhin anrufbar.

Eingabe

❶ Hörer abheben und Wählton abwarten;

❷ SET-Taste drücken;

❸ Ziffer 8 über die Wähltastatur eingeben;

❹ nochmals Ziffer 8 eingeben;

❺ vierstellige Codenummer eingeben, im Display erscheint die alte Direktrufnummer bzw. ein Symbol, das anzeigt, daß kein Direktruf gespeichert ist;

❻ neue Codenummer über die Zifferntasten eingeben;

❼ SET-Taste drücken, und die Rufnummer ist gespeichert.

Anmerkung:

Die Bedienungsanleitung gilt für das Modell Modula und für zahlreiche andere Telefone, auch Apparate von privaten Anbietern.

Notizbuchfunktion

Mit dieser Funktion kann eine zuletzt von Hand gewählte bzw. im Wahlwiederholspeicher vorhandene Rufnummer auf eine Namentaste gelegt werden.

Bedienung der Notizbuchfunktion

❶ SET-Taste drücken;

❷ Namentaste drücken, unter der die Rufnummer gespeichert werden soll oder Umschalter betätigen und dann die entsprechende Namentaste drücken. Die Nummer ist gespeichert.

26

Anmerkung:

Die Bedienungsanleitung gilt für das Modell Modula und für zahlreiche andere Telefone, auch Apparate von privaten Anbietern.

Display

Ein Display zeigt die Rufnummer an, die gerade manuell oder automatisch (durch Wahlwiederholung oder Kurzwahl) angewählt wird. Weiterhin werden auf einem Display Symbole bei der Benutzung bzw. der Programmierung von Telefonfunktionen dargestellt.

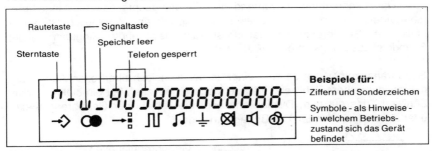

Abb. 10: Techn. Zeichnung Display Modula (Telekom)

Bedeutung der Zeichen

Das Telefon befindet sich im Impulswahlverfahren.

Das Telefon befindet sich im Mehrfrequenzwahlverfahren.

Das Symbol für die SET-Taste. Das Telefon befindet sich im sogenannten Prozedur-Modus und ist nicht wahlbereit. In diesem Modus können die Speicherinhalte (Codenummer, Direktruf, Zielwahl usw.) angezeigt, geändert oder gelöscht werden.

Das Telefon wählt eine Rufnummer aus dem Wahlwiederholungsspeicher.

Die Direktrufnummer wird gewählt.

◁) Der Lautsprecher ist eingeschaltet und Lauthören bzw. Freisprechen sind aktiviert.

⊠ Telefon ist stummgeschaltet.

⏚ Erdfunktion wird nach Drücken der Signaltaste (s.o.) ausgesendet.

⑥ Die Gebühreninformationen werden angezeigt.

Gebührenanzeige (Display)

Damit kann man sich während eines Telefongesprächs oder danach über die aufgekommenen Gebühreneinheiten informieren. Verbindlich ist jedoch stets der Gebührenzähler der Post, der nach ihren Angaben gegen Fremdeinflüsse wirksam geschützt ist.

Gebührenanzeiger gibt es zum einen in der technisch überholten Ausführung mit mechanischem Zählwerk. Neuere Modelle besitzen aber ein elektronisches Zählwerk, das auf dem Display entweder die Anzahl der Gebühreneinheiten oder die entsprechenden DM-Beträge anzeigt.

| 0000 10 000 1 | Anzeige in Gebühreneinheiten |

| 2.30 0.23 | Anzeige in Gebührenbeträgen (DM) |

Die Gebührenerfassung muß von der Telekom geschaltet werden und ist kostenpflichtig. (siehe Kapitel 4: Gebührenzählung)

Sperrschloß

Neben dem mechanischen Sperrschloß, das auch als Telefonzubehör nachträglich angebracht werden kann, gibt es bei neueren Telefonmodellen das elektronische Sperrschloß, mit dem das Telefon für abgehende Gespräche gesperrt wird.

Bedienung Sperrschloß

❶ Hörer abheben;

❷ SET-Taste drücken;

❸ Ziffer 8 über die Wähltastatur eingeben;

❹ Ziffer 1 eingeben;

❺ Vierstellige Codenummer eingeben, und im Display erscheint "AUS";

❻ SET-Taste drücken, und nach dem Auflegen ist das Telefon gesperrt.

Anmerkung:

Die Bedienungsanleitung gilt für das Modell Modula und für zahlreiche andere Telefone, auch Apparate von privaten Anbietern.

Tonruf

Anrufe werden durch eine elektronische Klangfolge signalisiert, die in der Lautstärke regelbar ist (bei einigen Modellen auch in Klangfarbe und Melodie).

Bedienung Tonruf

❶ Hörer abheben und Wählton abwarten;

❷ SET-Taste drücken;

❸ Ziffer 6 über die Wähltastatur eingeben;

Zur Kontrolle hört man nun den eingestellten Tonruf in kurzen Abständen.

❹ eine Ziffer zwischen 0 und 9 für die zehnstufige Einstellung der Klangfarbe eingeben;

❺ eine Ziffer zwischen 0 und 9 für eine der 10 voreingestellten Melodien eingeben;

Die Ziffern für Klangfarbe und Melodie erscheinen im Display. Man kann die Kombination beliebig oft ändern und bekommt sie während der Einstellung vorgespielt;

❻ SET-Taste drücken, und der gewählte Tonruf ist gespeichert;

❼ Hörer auflegen.

1.4 Komforttelefone - Funktionen im Vergleich

In diesem Kapitel werden einige Tisch-Telefone von der DBP Telekom und von privaten Anbietern vorgestellt, die über Komfortfunktionen verfügen bzw. diese in einem Umfang anbieten, der weniger für den privaten, sondern eher für den geschäftlichen Gebrauch geeignet ist. Außerdem gibt es eine Übersicht mehrerer Apparate, damit man Vergleiche ziehen kann zwischen den unterschiedlichen am Markt angebotenen Telefonen.

IQ-Tel2

Abb. 11: IQ-Tel 2 (Telekom)

Funktionen

- Tonruf / Melodieruf
- Sondertasten * und #
- Stummschaltung
- Wahlwiederholung
- SET-Taste
- Signaltaste
- Umschaltbares Wahlverfahren
- Lauthören
- Wahl bei aufliegendem Hörer
- Freisprechen
- Zielwahl/Namentasten für 20 Rufnummern
- Direktruf

30

- Notizbuchfunktion
- Displayanzeige für Rufnummern, Gebühren (2-zeilig)
- Sperrschloß (elektronisch)

Monatliche Miete: 11,80 DM / Kaufpreis: 298,00 DM.

Modula (Telekom)

Das Gerät verfügt über die gleichen Funktionen wie das Modell IQ Tel 2. Es unterscheidet sich vor allem in dem kompakten Design mit einem sehr leichten, kleinen Hörer.

Monatliche Miete 11,50 DM / Kaufpreis: 298,00 DM.

Abb. 12: Komforttelefon Modula (Telekom)

KX-T2020 (Panasonic)

Abb. 13: KX-T2020 (Panasonic)

Funktionen

- Sondertasten * und #
- Stummschaltung
- Wahlwiederholung
- SET-Taste
- Signaltaste
- umschaltbares Wahlverfahren
- Lauthören
- Wahl bei aufliegendem Hörer
- Freisprechen
- Gesprächsunterbrechung
- Kurzwahl
- Zielwahl/Namentasten für 28 Rufnummern
- Displayanzeige für Datum/Uhrzeit und Gebühren (16-stellig), Rufnummer
- Sperrschloß (elektronisch)
- Anschlußmöglichkeit von Zweitwecker und Zweithörer

Kaufpreis: ca. 179,00 DM.

Euroset 241 (Siemens)

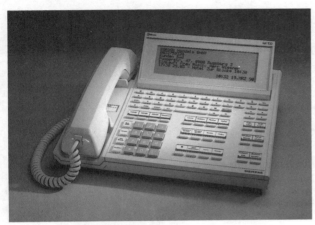

Abb. 14: Euroset 241 (Siemens)

Funktionen

- Zulassung
- Tonruf / Melodieruf
- Sondertasten * und #
- Stummschaltung
- Wahlwiederholung
- SET-Taste
- Signaltaste
- Zielwahl für 18 Rufnummern (9 Namentasten)
- Direktruf
- Displayanzeige für Rufnummern, Gesprächsdauer (12-stellig)
- Sperrschloß (elektronisch)

Kaufpreis: ca. 179,00 DM

Toptec 2100 (Hagenuk)

Funktionen

- Tonruf / Melodieruf
- Optische Anrufsignalisierung
- Sondertasten * und #
- Stummschaltung
- Wahlwiederholung (zeitlich unbegrenzt)
- SET-Taste
- Signaltaste
- Umschaltbares Wahlverfahren
- Lauthören
- Wahl bei aufliegendem Hörer
- Freisprechen
- Zielwahl/Namentasten für 22 Rufnummern (11 Zielwahltasten)
- Notizbuchfunktion
- Displayanzeige für Gebühren (16-stellig)
- Sperrschloß (elektronisch)

Kaufpreis: ca. 449,00 DM

Komforttelefone und ihre Funktionen im Vergleich

	Telekom Modula	Hagenuk Toptec2100	Panasonic KX-T2000	Siemens Euroset241
Preis (DM) (ca.)	298,00	449,00	338,00	179,00
Post Zulassung	+	+	+	+
Tonruf(Lautst./ Melodie.)	+/+	+/+	+/-	+
Sondertasten * und #	+	+	+	+
Stumm- schaltung	+	+	+	+

	Telekom Modula	Hagenuk Toptec2100	Panasonic KX-T2000	Siemens Euroset241
Wahlwie-derholung	+	+	+	+
SET-Taste	+	+	+	+
Signaltaste	+	+	+	+
Umschalt. Wählverfahren	+	+	+	-
Lauthören	+	+	-	+
Wahl bei auflieg. Hörer	+	+	+	-
Freisprechen	+	+	+	-
Gesprächs-unterbrechung	-	-	+	-
Codenummer	+	+	-	-
Kurzwahl	-	-	+	-
Zielwahl	20	22	24	18
Direktruf	+	-	-	+
Notizbuchfunkt.	+	+	+	-
Display Dat. +Uhr/Rufnr.	-/+	-/-	+/-	-/+
Display Gebüh-renanzeige	+	+	+	-
Display Anrufsignalisier.	-	+	-	-
Sperrschloß	+	+	+	+

* Preise Stand Mai 1992

Telefone mit Bildschirm und Schreibtastatur

Delegatic (Telekom)

Ein Profi-Telefon, das alphabetisch sortiert ca. 80 Namen mit Telefonnummern und Notizen, z.B. Adressen, speichern kann. Auf dem Großflächendisplay kön-nen Sie über die integrierte Schreibtastatur kurze Texte verfassen und sogar mit anderen Inhabern dieses Modells austauschen. Auf diese Weise arbeitet das Telefon wie ein Anrufbeantworter - mit dem Unterschied, daß es keine Sprache, sondern geschriebene Nachrichten empfängt und aufzeichnet.

Darstellung auf dem Display:

```
HALLO CHRIS,
VIELEN DANK FÜR DIE
BLUMEN.
BIS MORGEN.
KATJA

TEXT-SENDEN
```

Anrufer mit einem Telefon mit Mehrfrequenzwahlverfahren können immerhin noch ihre Telefonnummer bei einem Teilnehmer mit dem Modell Delegatic hinterlassen. Ihre Nummer können sie während der Verbindung mit dem Gerät über die Wahltastatur am eigenen Telefon eingeben.

```
730073
021149599
0896334079

ANRUFE
ANWÄHLEN ?
```

Ein integrierter Terminkalender speichert bis zu sechs Termine am Tag mit Datum/Uhrzeit und Kurztext für den Anlaß des Termins. Das Gerät meldet sich optisch und akustisch zum eingegebenen Termin.

```
06.06.       14:22
MARGA UND BETTY AB-
HOLEN AM BAHNHOF


TAGESTERMIN
SPEICHERN ?
```

Abb. 15: Delegatic (Telekom)

Funktionen

- Tonruf / Melodieruf
- Sondertasten * und #
- Stummschaltung
- Wahlwiederholung
- SET-Taste
- Signaltaste
- Umschaltbares Wahlverfahren
- Lauthören
- Wahl bei aufliegendem Hörer
- Freisprechen
- Zielwahl/Namentasten für bis zu 80 Rufnummern
- Direktruf
- Notizbuchfunktion
- Displayanzeige für Rufnummern, Gebühren und Datum/Uhrzeit
- Sperrschloß (elektronisch)

Zusätzliche Profifunktionen

- Notizbuch für max. 200 Adressen
- Textübermittlung
- Anrufhinweis
- Geburtstagskalender
- Terminkalender für bis zu sechs Tagestermine
- Großflächen-Display für bis zu 120 Zeichen

Monatliche Miete: 29,50 DM / Kaufpreis: ca. 769,00 DM.

Computer-Telefon AF-2002 N

Das Gerät verfügt über ein doppelzeiliges LCD-Display für die Darstellung von 32 alphanumerischen Zeichen und eine Schreibtastatur (Folientasten). Es hat einen Speicher für ca. 700 Nummern und kann zwei Amtsleitungen verwalten. Außerdem kann man das AF-2002 N als Rechner in den vier Grundrechenarten verwenden, Termine eingeben und optisch und akustisch anzeigen lassen. Eine Zulassung besteht nicht.

Funktionen

- Tonruf / Melodieruf
- Sondertasten * und #
- Stummschaltung
- Wahlwiederholung (automatisch bis zu 6 mal)
- SET-Taste
- Signaltaste
- Umschaltbares Wahlverfahren
- Lauthören
- Wahl bei aufliegendem Hörer
- Freisprechen
- Zielwahl für bis zu 700 Rufnummern, davon 140 Speicherplätze für Namen
- Notizbuchfunktion
- Displayanzeige für Rufnummern, Datum/Uhrzeit, Rechner (2-zeilig)
- Sperrschloß (elektronisch)

Abb. 16: AF-2002 N (Völkner electronic)

Zusätzliche Profifunktionen

- Hintereinanderwahl von sechs verschiedenen Rufnummern

- Rechner

- Stoppuhr

- Terminkalender

Kaufpreis: ca. 399,00 DM (z.B. bei Völkner electronic).

1.5 Kompakttelefone - Bedienelemente im Hörer

Unter Kompakttelefonen werden Telefone verstanden, die alle Bedienungselemente wie Wähltastatur, Sondertasten und Schalter im Hörer eingebaut haben. Diese Telefone bestehen also aus zwei Teilen, dem Hörer, der über die Telefonschnur mit der Anschlußdose verbunden ist, und einem Auflageteil, der Konsole. Einige Kompakttelefone verfügen trotz ihrer geringen Größe über zahlreiche Komfortfunktionen und haben zusätzliche, speziell auf die Einsatzmöglichkeiten abgestimmte Funktionen.

Besondere Funktionen von Kompakttelefonen

Hörer abnehmen

Die Taste bewirkt die Funktion, die an einem normalen Telefon ausgelöst wird, wenn man den Hörer abnimmt: Es wird ein Amt geschaltet, und man hört das Freizeichen, bzw. man hat nach dem Klingeln einen Anrufer in der Leitung.

Beleuchtete Tastatur

Einige Kompakttelefone, wie auch die weiter unten vorgestellten schnurlosen Telefone, verfügen über eine Taste, mit der eine Hintergrundbeleuchtung der Tastatur ermöglicht wird.

Wandhalterung

Die Konsole hat Bohrungen, um sie fest an der Wand anbringen zu können.

Was Kompakttelefone nicht haben

Die von Komforttelefonen bekannte Funktion "Wahl bei aufliegendem Hörer" haben Kompakttelefone nicht. Nur bei wenigen Modellen können die Funktionen "Freisprechen" und "Lauthören" angewendet werden.

Kompakttelefon Miniset 330 (Siemens)

Abb. 17: Miniset 330 (Siemens)

Funktionen

- Beleuchtete Wähltastatur
- Wandbefestigung
- Tonruf (regelbar)
- Sondertasten * und #
- Stummschaltung
- Wahlwiederholung
- SET-Taste
- Signaltaste
- Umschaltbares Wählverfahren
- Lauthören
- Kurzwahl für 11 Rufnummern
- Notizbuchfunktion

Kaufpreis: ca. 179,00 DM.

Spheron (Telekom)

Ein leichtes und recht handliches Telefon mit vielen Leistungsmerkmalen.

Funktionen

- Wähltastatur im Hörer
- beleuchtete Wähltastatur
- Wandhalterung
- Tonruf / 3-Ton
- Sondertasten * und #
- Stummschaltung
- Wahlwiederholung. Speicherung der zuletzt gewählten Rufnummer für ca. 30 Minuten
- Neuwahl ohne den Hörer aufzulegen
- SET-Taste
- Signaltaste

- Umschaltbares Wahlverfahren
- Lauthören
- Gesprächsunterbrechung
- Codenummer
- Kurzwahl für 20 Rufnummern
- Zielwahl für fünf Rufnummern
- Direktruf
- Notizbuchfunktion
- Displayanzeige für Speicherinhalte und Bedienungsabläufe
- Sperrschloß (elektronisch)

Kaufpreis: ca. 289,00 DM.

Spacephone (Westfalia Technica)

Das Gerät ist nicht zugelassen und im Design dem Dallas LX der Telekom (s.o.) vergleichbar.

Funktionen

- Wähltastatur im Hörer
- beleuchtete Wähltastatur
- Wandhalterung
- Klingel (abstellbar)
- Sondertasten * und #
- Stummschaltung
- Wahlwiederholung
- Umschaltbares Wahlverfahren

Kaufpreis: ca. 42,50 DM

Kompakttelefone und ihre Funktionen im Vergleich

	Siemens Miniset 330	Telekom Spheron	Westfalia Spacephone
Preis (DM)*	179,00	179,00	42,50
Zulassung	+	+	-
Beleuchtete Wähltastatur	+	+	+
Wandhalterung	+	+	+
Tonruf (regelbar)	+	+	-
Sondertasten * und #	+	+	+
Stummschaltung	+	+	+
Wahlwiederholung	+	+	+
SET-Taste	+	+	-
Signaltaste	+	-	-
Umschalt. Wählverfahren	+	+	+
Lauthören	+	+	-
Wahl bei auflieg. Hörer	-	-	-
Freisprechen	-	-	-
Gesprächsunterbrechung	-	-	-
Codenummer	-	+	-
Kurzwahl (Rufnummern)	1	20	-
Zielwahl (Rufnummer)	-	5	-
Direktruf	-	+	-
Notizbuchfunktion	+	+	-
Display Dat.+Uhr/Rufnr.	/	-/+	-/
Display Gebührenanzeige	-	-	-
Display Anrufsignalis.	-	-	-
Sperrschloß	-	+	-

Preise Stand Mai 1992

1.6 Designtelefone

Designtelefone sind "Spaß"-Telefone, die man sich vorrangig wegen einer ansprechenden bzw. originellen Gestaltung zulegt. Aufgrund des relativ geringen Platzbedarfs der technischen Bauteile, um zumindest die Grundfunktionen eines Telefons zu realisieren, sind dem Ideen- und Formenreichtum dabei keine Grenzen gesetzt. Grenzen setzt nur die Zulassung, über welche die meisten der vor allem bei Versandhäusern, Telefonläden und Kaufhäusern erhältlichen Designtelefone nicht verfügen.

Modell W 48 (Telekom)

Abb. 18: Modell W48 (Telekom)

Dieses Telefon ist die Replik eines Ende der Vierziger Jahre erstmals gebauten Telefons mit Wählscheibe und Schalenklingel. Mit Zulassung.

Kaufpreis: ca. 268.-DM.

Telegraph Berlin (Völkner electronic)

Ein Wandapparat im Oldtimer-Look. Das Gehäuse besteht aus naturfarbenem, massivem Holz. Die Metallteile sind verchromt. Schraubanschlüsse für die Verbindung mit der Telefonschnur. Das Gerät hat keine Zulassung.

Kaufpreis: ca. 119,00 DM (z.B. bei Völkner electronic).

Potsdam exclusiv (Telekom)

Abb. 19: Potsdam (Telekom)

Das Telefon zeigt, wie sich traditionelle Formen mit moderner Technik verbinden lassen. Der Tastenwahlblock ist herausklappbar.

Funktionen

- Tastenwahl
- Wahlwiederholung
- Kurzwahl für zehn Rufnummern
- Notizbuchfunktion

Kaufpreis: ca. 396.-DM.

Käfer-Telefon

Abb. 20: Käfer-Telefon (ECCO)

Dieses VW-Käfer-Telefon ist in schwarz lieferbar und verfügt über Stumm-schaltung und Wahlwiederholung. Das Gerät hat keine Zulassung.

Kaufpreis: ca. 49,00 DM (ECCO).

Garfield

Der Apparat bietet Wahlwiederholung, Stummschaltung, eine elektronische Zweitonklingel und umschaltbares Wahlverfahren. Keine Zulassung.

Kaufpreis: ca. 169,00 DM (teletone).

Abb. 21: Garfield (teletone, Vertrieb Herweck)

Metrolight-Acryl-Telefon

Telefon mit transparentem Gehäuse. Fünf Birnchen (grün und weiß) blinken bei einem Anruf. Das Gerät kann auch an der Wand montiert werden und verfügt über Wahlwiederholung und umschaltbares Wahlverfahren. Keine Zulassung.

Kaufpreis: ca. 168,00 DM (teletone).

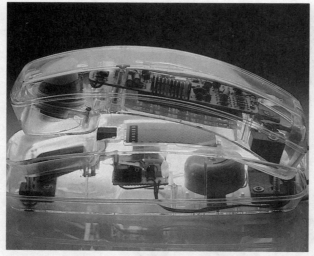

Abb. 22: Metrolight-Acryl-Telefon (teletone, Vertrieb Herweck)

Piano

Abb. 23: Piano (teletone, Vertrieb Herweck)

Die Klaviatur dient als Wähltastatur. Jede Taste erzeugt beim Wählen einen anderen Ton. Das Gerät ist nicht zugelassen und bietet Wahlwiederholung, Stummschaltung und umschaltbares Wahlverfahren. Farben: schwarz, weiß, rot.

Kaufpreis: ca. 98,00 DM (teletone).

1.7 Telefone für besondere Einsatzbereiche

Eine ganze Telefonzelle darf man sich in Deutschland noch nicht kaufen und - wie in den USA möglich - als Wirt vor die eigene Kneipe stellen. Immerhin kann man aber bei der Telekom Club- und Münztelefone beziehen. Dies erleichtert die Abrechnung der Gebühren mit den Gästen, die damit weltweit telefonieren können. In diesem Kapitel wird auch ein Telefon vorgestellt, das man sogar in die Platte seines Arbeitstisches einbauen kann.

Besonders für behinderte Menschen ist das Vitaphon 12 der DBP Telekom geeignet. Es verfügt über sehr große Wähltasten, und es kann ein Zusatzgerät zur Steuerung elektrisch betriebener Geräte im Haushalt (Türöffner, elektrische Rolläden, Licht, Fernseher usw.) angeschlossen werden. Für Ladenbesitzer und Kaufhäuser ist das Magnetkartentelefon gedacht, das die Abrechung über die immer beliebter werdenden Kreditkarten erlaubt.

Clubtelefon / Münztelefon (Telekom)

Clubtelefon 1

Das Clubtelefon 1 wird als Münz-Wandtelefon mit individuell einstellbaren Gebühreneinheiten betrieben. Es bietet Tastenwahl und Wahlwiederholung.

Monatliche Miete und Instandhaltung: ca. 79,00 DM.

Kaufpreis: ca. 3.998,00 DM.

Clubtelefon 4

Ein modernes Tastentelefon für den weltweiten Selbstwählverkehr mit kleinen Abmessungen. Es kann mit einer Konsole an der Wand oder auf einer Ablage montiert werden.

Funktionen

- Tisch- oder Wandtelefon
- Tastenwahl
- Wahlwiederholung
- Individuell einstellbare Gebühreneinheiten
- Nutzung von Restbeträgen
- Display mit Anzeige des Guthabenbestandes
- Optische und akustische Nachzahlungsaufforderung
- auf Wunsch auch anrufbar

Monatliche Miete und Instandhaltung: ca. 54,00 DM.

Kaufpreis: ca. 1.998,00 DM.

Abb. 24: Clubtelefon 4 (Telekom)

Einbautelefon (Telekom)

Dieses Modell mit Tastenwahl läßt sich individuell in Schreibtische, Pulte, Schrankfächer etc. einbauen. Die vorbereitete Aussparung für den Einbau muß 245x96mm betragen.

Kaufpreis: ca. 499,00 DM / keine Miete möglich.

Abb. 25: Einbautelefon (Telekom)

Behindertentelefon

Vitaphon 11 und 12 (Telekom)

Multifunktions-Telefone, die einem großen Teil von Behinderten das Telefonieren erleichtern bzw. erst möglich machen.

Beide Modelle haben folgende Ausstattung:

- Tastenwahl über ausgeprägt große, speziell geformte Tasten
- Wahlwiederholung
- Kurzwahl für zehn Rufnummern
- Notizbuchfunktion
- Umschaltbares Wahlverfahren
- Tonruf

Abb. 26: Vitaphon 12 mit Steuergerät (Telekom)

Das Vitaphon 11 bietet folgende Funktionen zusätzlich:

- Wahl bei aufliegendem Hörer
- Lautsprecher und Freisprechen
- Namentasten
- Sperrschloß
- Display
- Gebührenanzeige
- Umweltsteuergerät für verschiedene Signale und Impulse, z.B.
  - Türöffnen
  - Radio, Fernseher ein-, ausschalten
  - Betreiben anderer Haushalts- und Hilfsgeräte

Vitaphon 11:

Monatliche Miete und Instandhaltung: 14,31 DM

Kaufpreis: ca. 578,00 DM

Vitaphon 12:

Monatliche Miete und Instandhaltung: 20,29 DM
Kaufpreis: ca. 879,00 DM
Monatliche Miete Steuergerät: 8,78 DM,
Kaufpreis: ca. 398,00 DM

MultiKom script

Dies ist ein Schreibtelefon, mit dem Texte am Bildschirm sehr einfach erstellt, über die Telefonleitung versendet und auch von einem anderen Teilnehmer mit dem gleichen Gerät empfangen werden können. MultiKom script ist besonders für Gehörlose bzw. Schwerhörige und deren Verwandet, Freunde oder Betreuer geeignet. Das Gerät wird zusätzlich zu einem normalen Telefon angeschlossen. Es können Telefonnummern gespeichert und auf Knopfdruck gewählt werden. Texte kann man vor der Übertragung erstellen und speichern. Der Betrieb als Btx-Endgerät ist möglich, so daß hier wichtige Funktionen wie Kontoführung, Fahrplanauskünfte oder der Btx-Mitteilungsdienst genutzt werden können.

Abb. 27: MultiKom script (DBP Telekom)

MultiKom script gibt es in jedem Telefonladen der Telekom. Eine Kostenbeteiligung ist möglich. Auskunft hierzu erteilen Hauptfürsorgestelle, Arbeitsamt, Sozialamt, Krankenkasse oder die Beratungsstelle für Hörgeschädigte.

Monatliche Miete: 40,80 DM (mit Standardservice und 5 Jahre Mindestmietzeit)

Kaufpreis: 1.549,00 DM

Funktionen

- Schwarzweißdarstellung
- Bildschirmdiagonale 10 Zoll
- Bildwechselfrequenz 60 Hz
- 40- und 80-Zeichen-Darstellung
- Speicher für einen Begrüßungstext (40 Zeichen), für eine vorbereitete Mit t eilung mit 880 Zeichen und für empfangenen Text (880 Zeichen)
- Anschluß für einen Drucker
- Hörtonanzeige am Bildschirm
- Kompatibel zu Schreibtelefonen anderer Hersteller (EDT-Norm)
- Integrierter Modem (110/110, 300, 1200/75 und 75/1200 Baud)
- Register für ca. 190 Telefonnummern
- Kurzwahl
- Wahl bei aufliegendem Hörer des angeschlossenen Telefons
- Wahlwiederholung
- Btx-Betrieb möglich

Kreditkartentelefon (Telekom)

Das Modell Makatel der Telekom ist ein Telefon mit Komfortfunktionen und einem eingebauten Lesegerät für Kreditkarten. Es kann zusätzlich mit einem Drucker ausgestattet werden, der Quittungen gleich mit der Kreditkartennummer versieht.

Abb. 28: Makatel mit Drucker (Telekom)

Funktionen

- Wahlwiederholung
- Wahl bei aufliegendem Hörer
- Lauthören
- Notizbuchfunktion
- Kurzwahl für zehn Rufnummern
- Rufnummern- und Gebührenanzeige im Display

Monatliche Miete: ca. 49,99 DM / Kaufpreis: ca. 2.228,00 DM.

1.8 Schnurlose Telefone

Diese Art des Telefonierens ist derzeit groß in Mode gekommen. Die Vorteile liegen im wahrsten Sinne des Wortes auf der Hand: freies und unabhängiges Sprechen in verschiedenen Räumen und Umgebungen. Schnurlose Telefone bestehen aus zwei Teilen, dem Handgerät und einer festinstallierten Empfangsstation, die an die Telefonleitung angeschlossen wird. Wie Kompakttelefone haben schnurlose Telefone immer die Wähltastatur und Bedienelemente im Hörer bzw. dem Handgerät eingebaut.

Im Bereich einer Wohnung, eines Hauses, Gartens oder Betriebes kann man mit einem schnurlosen Telefon bis zu einer Entfernung von 300 m von dem fest installierten Teil des Anschlusses telefonieren. Die Übertragung erfolgt dabei über Funk, und zwar mit ultrakurzen Frequenzen im Bereich von 900 Megahertz (900 Millionen Schwingungen pro Sekunde). Dadurch ist zumindest bei zugelassenen Geräten gewährleistet, daß ein Nachbar nicht beispielsweise über ein Kofferradio mithören kann.

Die meisten heute auf dem Markt erhältlichen Geräte bieten unabhängig vom Preis, der zwischen ca. 300,00 DM (nicht zugelassene Telefone) und 1.000 DM oder darüber bei zugelassenen Schnurlosen liegen kann, keine besonders gute Übertragungsqualität, wie man sie von einem festen Telefonanschluß gewöhnt ist. Am besten testet man vor dem Kauf eines schnurlosen Telefons die Übertragungsqualität und die tatsächlich mögliche Entfernung zwischen Handgerät und Festteil, um später keine herbe Enttäuschung zu erleben.

Es sei ausdrücklich darauf hingewiesen, daß die Telekom den Betrieb nicht zugelassener schnurloser Telefone, besonders, wenn sie auf in Deutschland bereits anderweitig benutzten Frequenzen funken, rigoros verfolgt.

Besondere Funktionen

Reichweite

Die Reichweite wird von den Herstellern zwischen 200 m und 300 m angegeben. Diese Entfernung gilt jedoch nur in freiem Gelände. Innerhalb von Gebäuden bzw. im Bereich zwischen einem Haus und dem Garten kann es je nach Modell schon Probleme bei 50 m geben.

Anzahl Kanäle / Wahl des Sende-/Empfangskanals

Der für schnurlose Telefone mit Zulassung verwendete Frequenzbereich ist in 80 Sende- und Empfangskanäle unterteilt. Die Geräte suchen sich vor einer Verbindung einen freien Kanal und geben erst dann ein Gespräch frei.

Bei einigen schnurlosen Telefonen tauschen die Feststation und das Handgerät alle 15 Sekunden ein Erkennungssignal aus, um sicherzustellen, daß inzwischen kein weiteres Gerät in der Nachbarschaft in die Verbindung geschaltet wurde. Geräte an der unteren Preisgrenze besitzen nur einen Schalter zur Auswahl von drei Kanälen.

Akku-Betrieb

Die Feststation erhält die Stromversorgung für die Sende- und Empfangstechnik direkt aus der Steckdose. Das Handgerät hingegen wird über einen eingebauten Akku betrieben, der sich immer dann auflädt, wenn man es in der Feststation ablegt. Komfortable Geräte verfügen über einen Reserveakku, der in der Feststation liegt. Vor der ersten Inbetriebnahme muß der Akku je nach Modell zwischen fünf und 14 Stunden lang aufgeladen werden.

Als praktisch und für die Lebensdauer des Akkus vorteilhaft, hat sich folgende Handhabung erwiesen: Tagsüber trägt man das Handgerät mit sich oder läßt es getrost überall im Haus liegen und legt es nur nachts auf die Feststation zum Laden.

Die bei den schnurlosen Telefonen verwendeten Nickel-Cadmium-Akkus verlieren durch ständiges Nachladen schnell ihre Kapazität.

Warnung Ladezustand

Wenn sich der Akku im Handgerät leert, erfolgt durch einen Piepton oder eine Anzeige am Display oder über LED eine Warnung.

Paging / Ruftaste

Ist ein zweites Telefon mit dem Anschluß verbunden, an dem die Feststation des schnurlosen Telefons angeschlossen wurde, kann mit dieser Funktion ein Anruf an das Handgerät weitergeleitet werden.

Durch Drücken der Paging-Taste an der Feststation ertönt ein Ruf am Handgerät, und der Benutzer braucht nur auf Sprechbetrieb zu schalten, um das Gespräch zu übernehmen. Am zweiten Telefon kann dann aufgelegt werden.

Gleichzeitig kann das Paging auch benutzt werden, wenn man sein Handgerät nicht mehr findet. Mit Hilfe der Paging-Taste ertönt am Handgerät ein Rufsignal, dem man nur nachzugehen braucht.

Einige Modelle und ihre Funktionen

Sinus 21 (Telekom)

Dieses schnurlose Telefon verfügt über viele Komfortfunktionen und ein Display.

Abb. 29: Sinus 21 (Telekom)

Funktionen

- Reichweite bis 200 m
- 3-Ton-Ruf
- 80 Kanäle
- Sondertasten * und #
- Stummschaltung
- Wahlwiederholung
- SET-Taste
- Signaltaste
- Umschaltbares Wahlverfahren

- Kurzwahl für zwölf Rufnummern
- Direktruf
- Display zur Anzeige der gewählten Rufnummer und Gesprächsdauer
- Sperrschloß (elektronisch)
- Gewicht 405 g (inkl. Akku)
- Warnung Ladezustand: optisch und akustisch
- zusätzlicher Reserve-Akkupack

Kaufpreis: ca. 898,00 DM / keine Miete möglich.

Panasonic KX-T 9000

Das Handgerät hat eine herausklappbare Abdeckung, die das Mikrofon und ein Beschriftungsfeld für die Kurzwahl aufnimmt.

Funktionen

- Zulassung
- Reichweite bis 300 m
- 80 Kanäle
- Sondertasten * und #
- Stummschaltung
- Wahlwiederholung
- Paging
- SET-Taste
- Signaltaste
- Umschaltbares Wahlverfahren
- Kurzwahl für zehn Rufnummern
- LED-Anzeige für Sprech- und Ladezustand
- Gewicht 290 g (inkl. Akku)
- Warnung Ladezustand: optisch und akustisch
- Zusätzlicher Reserve-Akku im Festteil

Kaufpreis: ca. 798,00 DM.

ST 900 DX (Hagenuk)

Funktionen

- Zulassung
- Reichweite bis 300 m
- umschaltbar von 40 auf 80 Kanäle
- regelbarer 3-Ton-Ruf
- Sondertasten * und #
- Wahlwiederholung
- SET-Taste
- Signaltaste
- Umschaltbares Wahlverfahren
- Kurzwahl für zehn Rufnummern
- LED-Anzeige für Sprech- und Ladezustand
- Gewicht 415 g (inkl. Akku)
- integrierte Notizbuchfunktion
- Warnung Ladezustand: optisch und akustisch

Kaufpreis: ca. 849,00 DM.

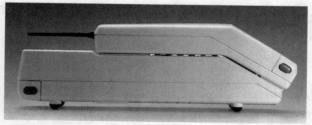

Abb. 30: ST 900 DX (Hagenuk)

Bedienung eines schnurlosen Telefons Englisch-Deutsch

Panasonic KX-T3800

Dieses Gerät ist nicht zugelassen und kann über Versandhäuser oder an einem Flughafen für ca. 298,00 DM gekauft werden. Die Übertragungsqualität ist unbefriedigend und hört sich wie eine schlechte Verbindung über Autotelefon an. Die Sicherheit vor dem Mithören durch andere Nutzer eines schnurlosen Telefons in der Nachbarschaft ist nur in geringem Maße gewährleistet. Für die Wahl des Sendekanals stehen nur drei Frequenzen (Kanäle) zur Verfügung.

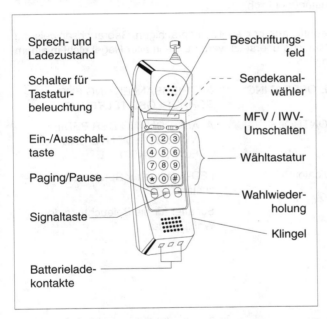

Abb. 31: Technische Zeichnung KX-T3800, Location of Controls, Portable Unit

Funktionen

- Keine Zulassung
- Reichweite bis 200 m
- drei Kanäle
- Sondertasten * und #

- Wahlwiederholung
- Signaltaste
- Umschaltbares Wahlverfahren
- Paging
- LED-Anzeige für Sprech- und Ladezustand
- Beleuchtete Wähltastatur
- Gewicht 230 g (inkl. Akku)
- Warnung Ladezustand: optisch

Nun sollen einige Begriffe aus der englisch-sprachigen Gebrauchsanweisung zum KX-T3800 ins Deutsche übersetzt werden, die in aller Regel nicht in einem Wörterbuch zu finden sind.

"CORDLESS PHONE OPERATING INSTRUCTIONS"

BETRIEBSANLEITUNG FÜR SCHNURLOSE TELEFONE

A."LOCATION OF CONTROLS"

A. ANORDNUNG DER BEDIE-NUNGSELEMENTE UND FUNKTIONSTEILE

"Talk/Battery Low Indicator"

LED-Anzeige für Sprech- und Lade-zustand

"Light Switch"

Schalter für die Beleuchtung der Wähltastatur

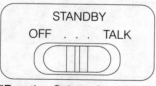

"Function Selector"

Schalter zum Ein- und Ausschalten des Gerätes und zur Amtsholung (TALK = Funktion "Hörer abheben")

"Page/Pause Button"

Schalter für Paging und Pause (während der Wahl einer Telefon-nummer)

"Flash Button"

Signaltaste

"Battery Charge Contacts"

"Number Card"

"Code Selector (Under No. Card)"

Kontakte zum Laden der Batterien im Handgerät

Beschriftungsfeld für eine Telefonnummer

Wahl des Sendekanals (unter dem Beschriftungsfeld)

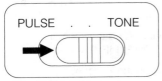

"Tone/Pulse Selector"

"Dial Keypad"

"Redial Button"

"Ringer"

"B. PREPARATION"

Umschaltbares Wahlverfahren (Tone/Pulse = MFV/IWV)

Wähltastatur im Hörer

Taste für die Wahlwiederholung

Klingel

B. VORBEREITUNG DES GERÄTES

❶ "Set the Code Selectors."

"Set the Function Selector on the Portable Unit to STANDBY position".

"Set the Code Selector on the Base Unit to Code A, B or C."

"Set the Code Selector on the Portable Unit to the same Code."

❷ "Charge the battery about 10 hours by placing the Portable Unit on the cradle."

❶ Einstellung des Kanals.

Schalter auf STANDBY (Ein, Betriebsbereitschaft) stellen.

Den Schalter an der Konsole für die Einstellung des Sendekanals auf A, B oder C setzen.

Denselben Sendekanal über den Schalter am Handgerät einstellen.

❷ Den Akku etwa zehn Stunden lang aufladen (zumindest beim erstmaligen Gebrauch) durch Auflegen des Handgerätes auf die Konsole.

❸ "Extend the Telescopic Antennas fully and vertically."

❹ "Set to STANDBY."

"When you do not want the telephone to ring, set to OFF."

❺ "Set to TONE (MFV)."

"If dialing cannot be done, set to PULSE (IWV)."

"C. RECEIVING AND DIALING"

"Receiving"

"Be sure the Function Selector is set to STANDBY."

❶ "When the phone rings, set to TALK."

❷ "When you finish, set to STANDBY."

"Dialing"

❶ "Set to TALK."

"The Talk and In Use Indicators will light."

❷ "Push dial keys."

"If you misdial, push the Flash Button and dial again."

❸ Die Teleskopantennen (am Handgerät und der Konsole) voll nach oben auszuziehen.

❹ Handgerät in Betriebsbereitschaft schalten.

Wenn Sie nicht wollen, daß das Telefon klingelt, auf OFF (Aus) stellen.

❺ Schalter für das Wahlverfahren auf TONE (MFV) setzen.

Wenn keine Rufnummer gewählt werden kann, auf PULSE (IWF) setzen.

C. EINEN RUF ANNEHMEN UND ANRUFEN

Der Schalter muß auf STANDBY gestellt sein.

❶ Wenn das Telefon klingelt, auf TALK stellen.

❷ Nach dem Ende des Gesprächs auflegen durch Schalterstellung STANDBY.

❶ Schalter auf TALK stellen.

Die Anzeige (LED) für Talk/In Use (Amt/Betriebsbereitschaft) leuchtet auf.

❷ Auf der Wähltastatur die Rufnummer eingeben.

Wenn Sie sich verwählt haben, die Taste Flash drücken und nochmals wählen.

❸ "When you finish, set to STANDBY."

"D. PAGING: TRANSFERRING AN INCOMING CALL"

"By connecting a second telephone in parallel to the base unit, you will be able to receive a call and transfer it to the portable unit."

❶ "Second telephone rings."

❷ "After answering the call, push Page Button on the base unit of your cordless phone."

❸ "When Portable Unit rings, set to TALK."

❹ "The user of the second telephone may hang up."

❸ Wenn das Gespräch beendet ist, Schalter auf STANDBY.

D. PAGING: EINEN ANRUF WEI-TERLEITEN

Durch Verbindung eines zweiten Telefons mit dem Anschluß, an dem das schnurlose Telefon angeschlossen ist, kann ein Anruf angenommen und an das Handgerät weitergegeben werden.

❶ Das zweite Telefon klingelt.

❷ Nach Annahme des Gespräches die Page-Taste an der Konsole des schnurlosen Telefons drücken.

❸ Wenn das Handgerät klingelt, auf TALK stellen (Gespräch übernehmen).

❹ Der Benutzer des zweiten Telefons kann aufhängen.

Schnurlose Telefone und ihre Funktionen im Vergleich

	Telekom Sinus 21	Panasonic KX-T 9000	Panasonic KX-T 3800	Hagenuk ST 900 DX
Preis (DM)* (ca.)	898,00	798,00	298,00	849,00
Zulassung	+	+	-	+
Reichweite (m) laut Herst.	bis 200	bis 300	bis 200	bis 300
Anzahl Kanäle	80	80	3	40
Tonruf (Lautst./3-Ton)	+/-	+/-	-/-	+/-
Sondertasten * und #	+	+	+	+
Stummschaltung	+	+	+	-
Wahlwiederholung	+	+	+	+
SET-Taste	+	+	+	+
Signaltaste	+	+	+	+

	Telekom Sinus 21	Panasonic KX-T 9000	Panasonic KX-T 3800	Hagenuk ST 900 DX
Umschalt. Wählverfahren	+	+	+	+
Paging	-	+	+	-
Lauthören	-	-	-	-
Wahl bei auflieg.Hörer	-	-	-	-
Freisprechen	-	-	-	-
Gesprächsunterbrechung	-	-	+	-
Kurzwahl	12	10	+	10
Zielwahl mit Namentasten	-	-	-	-
Direktruf	+	+	-	-
Notizbuchfunktion	-	-	-	-
Display Rufnummer/Dauer	+/+	-/-	-/-	-/-
Display Gebührenanzeige	-	-	-	-
Sperrschloß	+	+	-	-
Beleuchtete Wähltastatur	-	-	+	-
Gewicht Handgerät	405g	290g	230g	415g
Warnung Ladez. opt./akust.	+/+	+/+	+/-	+/-
Reserve-Akku	+	+	-	+

* Preise Stand Mai 1992

1.9 Telefon-Anschlußtechnik

Eine neue Generation der Anschlußtechnik beim Telefon hat Einzug gehalten. Noch sind die meisten Telefonanschlüsse bei uns mit der alten Technik versehen, bei der die Telefonschnur fest an die Dose angeschlossen ist. Jedoch in jedem Kaufhaus oder Baumarkt, in Computer- und Telefonläden sieht man die neue Steckdosentechnik, die TAE-Einheiten, die es ermöglichen, das Telefon oder andere Geräte, wie Anrufbeantworter oder Fax, einfach über einen Stecker mit der TAE-Anschlußdose zu verbinden.

Es gibt z.B. TAE-Dreifach-Steckdosen für einen Telefonanschluß und zwei Zusatzgeräte, wie Anrufbeantworter und Fax. Die neue Installationstechnik ermöglicht jedem, ein zugelassenes Telefon in irgendeinem Geschäft zu kaufen und zu Hause selber an die TAE-Dose zu stecken. Den alten Zustand jahrzehntelanger posthoheitlicher Rückständigkeit kann man sich an folgendem Beispiel gut verdeutlichen: Es war so, als hätte man nur bei den Stadtwerken einen Elektrorasierer oder Haarfön kaufen können.

Nach Ausfüllen eines Antragsformulars kam dann irgendwann ein Elektromeister, montierte eine Steckdose im Badezimmer und schloß das Gerät fest, ohne Stecker, an die Dose an. Also, noch einmal der Hinweis: Es ist verboten, eine z.b. im Baumarkt gekaufte Dose selbst anzuschließen, auch wenn der Anschluß gar nicht schwer ist und ungefährlicher als die Installation einer Steckdose an einer 220-Volt-Stromleitung.

TAE-Anschlußdose

Die einfache Ausführung der TAE-Anschlußdose sieht den Anschluß einer Amtsleitung für nur ein Telefon vor. Unterschieden wird bei allen Dosen in eine Ausführung für Aufputzmontage und Unterputzmontage. Während es in der Elektrotechnik aus optischen und Sicherheitsgründen sinnvoll ist, stromführende Leitungen und Steckdosen unter dem Putz zu installieren, wird man die Installation von Telefonleitungen in der Regel sichtbar auf dem Putz vornehmen. Telefonkabel sind nicht so dick wie Elektroleitungen, und es gibt sie auch in einer flachen Ausführung, die unter dem Teppich verlegt werden kann.

Mehrfach-Anschlußdosen (s.u.: TAE-Doppel- und TAE-Dreifachdose) gestatten das Einstecken mehrerer Telefone bzw. Zusatzgeräte. Hin und her schalten, wie Übernahme eines Gespräches zwischen zwei Telefonen, ist nicht möglich. Hierfür benötigt man die weiter unten beschriebenen Wechselschalter.

Abb. 32: TAE einfach Unterputzdose (Völkner electronic)

AP   in der Typenbezeichnung steht für Aufputzdose;

UP   steht für Unterputzdose;

F   steht für Telefon (vergl. Codierung weiter unten).

Eine einfache TAE-Anschlußdose ist ab ca. 12,50 DM (AP) bzw. 14,50 DM (UP) im Handel und für ca. 9,80 DM (AP) bei der Telekom erhältlich.

TAE-Anschlußstecker

Den Anschlußstecker gibt es in zwei Ausführungen, in der F-Codierung für Telefone und in der N-Codierung für Anrufbeantworter, Fax, Btx usw. Das F leitet sich ab von "Fernsprech-Installation", das N von "Nichtfernsprech-Installation".

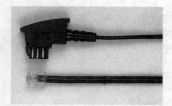

Abb. 33: Steckeranschluß N (Völkner electronic)

F- und N-Codierung des TAE-Steckers

Die Stecker unterscheiden sich in der Formgebung des Steckelementes, so daß ein Telefonstecker nicht in eine Buchse mit einer N-Codierung paßt. TAE-Stecker können auch einzeln, ohne angeschlossene Telefonschnur gekauft werden. Der Anschluß der Drähte ist jedoch eher eine Arbeit für geduldige Menschen mit Talent zum Feinmechaniker, also weniger für den Laien geeignet. Bei Anschlußproblemen, z.B. bei einem Telefon ausländischer Produktion mit Western-Anschlußtechnik (s.u.), führt der Kauf eines Adapters oder einer neuen Telefonschnur mit TAE-Stecker unter Umständen schneller zum Ziel.

Ein TAE-Anschlußstecker kostet ca. 3,50 DM.

1.10 Doseninstallation und Telefonanschluß

Zum besseren Verständnis der verschiedenen Anschlußmöglichkeiten von Telefonen, Zusatzgeräten und weiteren Telefondosen im Haus stellt dieses Kapitel zunächst die interne Schaltung der TAE-Dose vor. Danach folgen einige Beispiele, die in der Praxis häufig vorkommen werden.

Aufbau einer TAE-Dose

Der Deckel einer TAE-Dose wird von einer einfachen Schraube gehalten. Das Innenteil der Dose in der Aufputzversion besitzt zwei Bohrungen zur Befestigung an der Wand. Alle TAE-Dosen, ob in der einfachen oder der Mehrfachausführung besitzen sechs Anschlußklemmen mit kleinen Schrauben zur Befestigung der Drähte einer Telefonleitung. Davon werden die von vorne gesehen linken beiden Klemmen, die auf dem Plastikgehäuse mit 1 und 2 gekennzeichnet sind, für den Anschluß der zweiadrigen Amtsleitung verwendet. Die entsprechenden Drähte der Telefonschnur tragen in Deutschland die Farben Weiß und Braun.

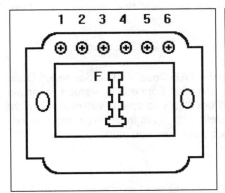 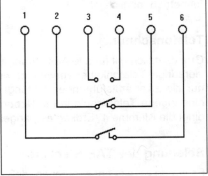

Abb. 34 und Abb. 35: Draufsicht auf den Sockel einer TAE-Einfachdose und Schaltbild einer TAE-Einfachdose mit Öffnerkontakten

69

Bedeutung der Anschlüsse

Anschluß	Bedeutung
1 (oder La)	Ader der Amtsleitung (Farbe: Weiß)
2 (oder Lb)	Ader der Amtsleitung (Farbe: Braun)
3 (oder W)	Wecker bzw. Schaltkontakt (Farbe: Grün)
4 (oder E)	Erdkontakt nur für Nebenstellenanlagen (Farbe: Gelb)
5 (oder b2)	Fortführung der Amtsleitung, Ader 1 (Lb)
6 (oder a2)	Fortführung der Amtsleitung, Ader 2 (La)

TAE-Dosen in allen Ausführungen besitzen Öffnerkontakte. Ist also kein Gerät eingesteckt, sind intern die amtsführenden Leitungen 1 (La) mit 6 (a2) und 2 (Lb) mit 5 (b2) verbunden. Dadurch ist es möglich, TAE-Dosen in Reihe hintereinander zu schalten. An die erste Dose kann eine weitere Dose angeschlossen werden, indem ein Kabel an die Klemmen 5 und 6 und an der zweiten Dose an die Klemmen 1 und 2 geschraubt wird. Ist dagegen ein Gerät an die erste Dose angeschlossen, wird die Fortführung der Amtsleitung intern unterbrochen, so daß an der zweiten Dose kein "Mithören" bzw. generell kein Telefonbetrieb möglich ist.

Telefonschnur

Grundsätzlich gilt für alle Ausführungen der TAE-Dose, daß ab der ersten Dose vieradrige Telefonkabel verwendet werden. Für Sonderfälle werden mehr als nur die zwei amtsführenden Leitungen benötigt und später will man vielleicht eine eigene Telefonanlage mit Nebenstellen im Haus installieren, wozu unbedingt die Klemme 4 (Erdkontakt) angeschlossen werden muß.

Belegung des TAE-Steckers

Es wurde bereits angesprochen, daß es entsprechend der Codierung der TAE-Dosen auch TAE-Stecker in F- und N-Codierung gibt. Diese führen die Anschlüsse der TAE-Dose weiter.

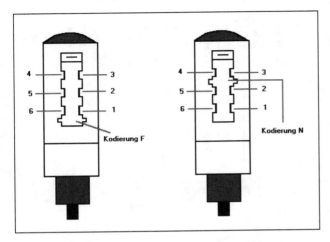

Abb. 36 und Abb. 37: Codierung N und Codierung F eines TAE-Steckers

Anschluß einer weiteren Dose an den Hauptanschluß

Im folgenden wird davon ausgegangen, daß Sie bereits von der Telekom ordnungsgemäß am Telefonhauptanschluß eine TAE-Dose haben installieren lassen. Die Amtsleitung wurde dabei mit zweiDrähten an die beiden Klemmen 1 (La) und 2 (Lb) angeschlossen und der Sockel der Dose an der Wand verschraubt. Mehr leistet auch die Telekom nicht für die 65,00 DM Anschlußgebühr plus Anfahrtskosten.

Dabei sollten Sie möglichst gleich eine TAE-Dreifachdose und nicht nur die Einfachdose bestellt haben, um spätere Nachrüstungen und den Anschluß weiterer Dosen leicht vornehmen zu können. Eine zusätzliche Dose ist z.B. sinnvoll, wenn man das Telefon in einen anderen Raum mitnehmen will. Dann wird der Stecker der Schnur einfach aus der ersten Dose herausgezogen und in die zweite Dose gesteckt. Diese muß dazu mit der ersten folgendermaßen verbunden sein:

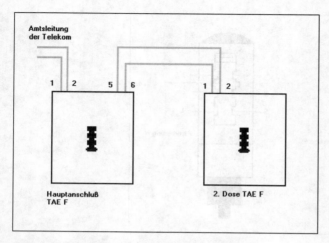

Abb. 38: Anschluß einer zweiten TAE-Dose

Nach den Richtlinien der DBP Telekom dürfen Sie diese Installation nicht selber vornehmen, da hier die erste Dose am Hauptanschluß aufgeschraubt werden muß. An dieser Konfiguration läßt sich gut die Funktionsweise der TAE-Schaltung erklären. Wenn in der ersten Dose ein Telefon eingesteckt ist, wird die Weiterführung der Amtsleitung über die Kontakte 5 und 6 an die zweite Dose unterbrochen, so daß von dort nicht telefoniert werden kann. Wird dagegen der Stecker herausgezogen, liegt das Amt auf der zweiten Dose an und es kann ein Telefon eingesteckt und telefoniert werden.

Ganz legal selber installieren

Da sich das Verbot der Telekom für selbst vorgenommene Installationen nur auf die erste Anschlußdose, den Hauptanschluß bezieht, gibt es eine einfache Lösung, ganz legal nach Herzenslust eine eigene Telefonanlage im Haus oder in der Wohnung einzurichten. In die erste TAE F-Dose stecken Sie den TAE F-Stecker einer kurzen Telefonschnur, die am anderen Ende mit einer zweiten selbst gekauften TAE-Dose verdrahtet wird.

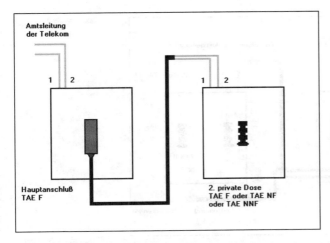

Abb. 39: Anschluß einer zweiten TAE-Dose über Stecker

Wenn Sie so vorgehen, haben Sie den Schraubenzieher nur bei der zweiten, privat gekauften Dose angelegt und den Bestimmungen der Telekom Genüge getan. Je nach Bedarf können Sie als zweite Dose eine Mehrfachdose verwenden, um neben dem Telefon z.B. einen Anrufbeantworter anzuschließen.

Dabei gibt es jedoch ein Problem, das aus der internen Schaltung der TAE-Mehrfachdose resultiert. Sind mehrere Endgeräte gleichzeitig angeschlossen, haben die Zusatzgeräte mit TAE-Steckern mit N-Codierung, wie z.B. ein Fax, immer das Vorrecht vor dem Telefon. D.h. das Faxgerät bekommt die Amtsverbindung und Sie können nicht telefonieren. Wie dies zu lösen ist, wird in den entsprechenden Kapiteln 6.5 "Anrufbeantworter: Anschluß leicht gemacht" und 7.6 "Telefaxanschluß leicht gemacht" erklärt.

Doppelanschluß selber installieren

Wenn Sie einen Doppelanschluß bei der Telekom bestellt haben, wurde Ihnen eine TAE FF-Dose installiert. Auch an diese Dose kann eine selbst gekaufte TAE FF-Dose legal angeschlossen werden, indem im Prinzip wie gerade beschrieben vorgegangen wird.

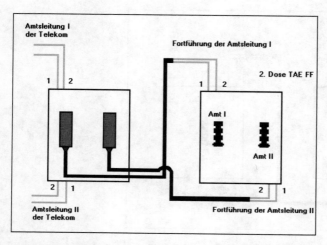

Abb. 40: Anschluß einer zweiten TAE FF-Dose für den Doppel-anschluß

Zu beachten ist, die Amtsleitungen bei der Fortführung nicht zu vertauschen.

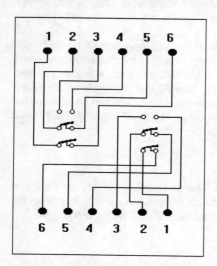

Abb. 41: Schaltbild einer TAE FF-Dose mit Öffnerkontakten

Anschluß zweier Telefone an eine Amtsleitung

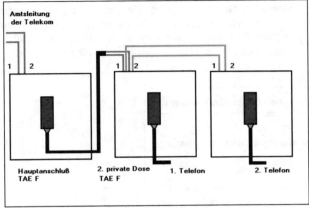

Abb. 42: Paralleler Anschluß zweier Telefone an je eine TAE F-Dose

Auf diese Weise angeschlossen, haben beide Telefone Amtsberechtigung, d.h. von jedem Telefon aus kann telefoniert werden.

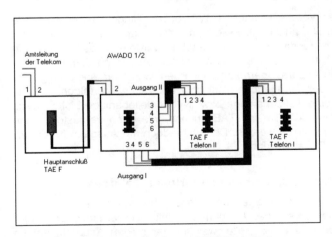

Abb. 43: Anschluß zweier Telefone mit Wechselschalter

75

Dabei wird jedoch beim Abheben an einem Telefon das andere nicht wegge-schaltet, so daß von dort mitgehört werden kann. Wenn jemand anruft, klingelt es natürlich auch an beiden Geräten gleichzeitig, da diese an eine einzige Amtsleitung angeschlossen sind. Wenn das verhindert werden soll, muß ein in Kapitel 1.9 bereits vorgestellter Wechselschalter angeschlossen werden. Dabei werden die Anschlüsse bei beiden TAE-Dosen für die Telefone folgender-maßen verbunden:

AWADo	TAE F (oder eine andere Ausführung)
3 (W)	3 (W)
4 (E)	4 (E) nur notwendig in Nebenstellenanlage
5 (b2)	2 (Lb)
6 (a2)	1 (La)

Die Klemme 3 (W) mit der Bedeutung "Wecker" oder "Schaltkontakt" (s.o. die Grafik "Bedeutung der Anschlüsse") erhält hier eine Funktion, so daß minde-stens drei Kabel (3 zusätzlich zu den amtsführenden Adern 1 und 2) ange-schlossen werden. Besser ist, Sie schließen gleich alle vier Adern der Tele-fonleitung an, auch, wenn Sie zur Zeit keine Telefonanlage mit Nebenstellen installieren wollen.

Beim automatischen Wechselschalter (AWADo 1/2) klingeln ebenfalls beide Apparate, wenn ein Ruf ankommt. Es erfolgt jedoch nur eine Verbindung mit dem Telefon, an dem zuerst der Hörer abgehoben wurde und das zweite Gerät ist weggeschaltet, Mithören somit ausgeschlossen. Außerdem kann das Ge-spräch vom anderen Apparat übernommen werden, wenn der eine auflegt. Die Verständigung hierüber kann jedoch nicht über die Telefone erfolgen. Dies ist eine Funktion, die eine Telefonanlage bzw. Nebenstellenanlage bietet (vergl. Kapitel 1.11). An eine AWADo mit TAE-Buchse, wie oben dargestellt, kann auch ein Telefon eingesteckt werden. Dann ist jedoch der Ausgang für die er-ste angeschlossene Dose blockiert.

Anschluß eines festen und eines schnurlosen Telefons

Der Anschluß eines fest installierten und eines schnurlosen Telefons erfolgt genauso wie der oben bereits beschriebene Anschluß zweier stationärer Tele-fone. Im Prinzip spielt es keine Rolle, welcher der beiden Apparate an die zweite oder dritte TAE F-Dose angeschlossen wird. Um die unterschiedlichen

Auswirkungen der folgenden Möglichkeiten eindeutig zu erklären, wird davon ausgegangen, daß das schnurlose Telefon in die dritte Dose gesteckt wird.

Bei dieser Anschlußweise sind beide Telefone gleichzeitig amtsberechtigt. Das bedeutet jedoch, daß am jeweiligen anderen Apparat mitgehört werden kann.

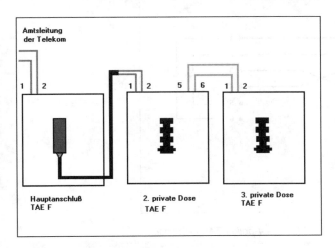

Abb. 44: Anschluß über Fortführung der Amtsleitung

Wird die Amtsleitung der TAE-Norm entsprechend fortgeführt, ist Mithören unterbunden. An der dritten Dose kann jedoch nicht telefoniert werden, solang ein Telefon in der zweiten Dose eingesteckt ist. Die dritte Anschlußmöglichkeit wird empfohlen und entspricht dem oben gezeigten Anschluß zweier Telefone mit Wechselschalter. Hier ist Mithören unterbunden und es kann ein Gespräch vom fest installierten Telefon an das schnurlose und umgekehrt weitergegeben werden.

Adapter für Telefone

Neben dem in Kapitel 1.9 vorgestellten Adapter von der Western- auf die TAE-Norm gibt es auch Telefonadapter für die alte ADo-Norm, die für Telefone eine 4-polige und für Zusatzgeräte wie Fax oder Anrufbeantworter eine 8-polige Ausführung vorsieht. Alle Adapter werden im folgenden mit Schaltbildern zusammengestellt. Die Adapter sind im Telefon- oder Elektronik-Fachhandel erhältlich.

ADo 4-polig und TAE F

Wer eine ADo-Anschlußbuchse (4-polig) besitzt, kann in diesen Adapter einfach einen TAE-Stecker einstecken.

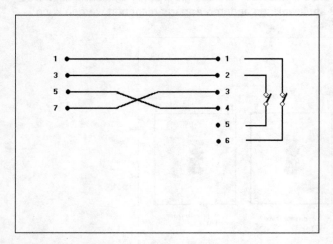

Abb. 45: Schaltbild des ADo-Steckers 4-polig - TAE F-Buchse

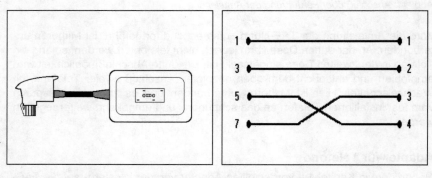

Abb. 46 und Abb. 47: TAE F-Stecker - ADo-Buchse 4-polig und Schaltbild

Mit diesem Adapter kann bei vorhandener TAE-Dose ein älteres Endgerät mit ADo-Stecker (4-polig) angeschlossen werden.

ADo 4-polig und Western

Ein Telefon mit Western-Stecker kann auch an eine ADo-Buchse (4-polig) angeschlossen werden.

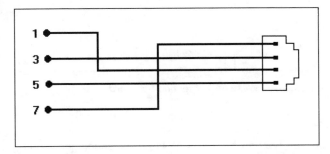

Abb. 48: Schaltbild eines ADo-Steckers 4-polig - Western-Buchse

TAE F und Western

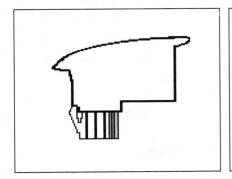 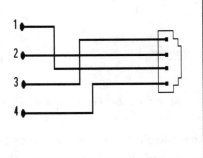

Abb. 49 und Abb. 50: TAE F-Stecker - Western-Buchse und Schaltbild

Den folgenden Adapter benötigt man, wenn eine Western-Buchse am Telefonanschluß montiert ist und ein Telefon mit TAE-Stecker angeschlossen werden soll.

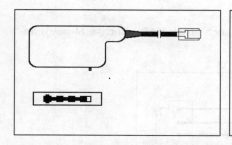 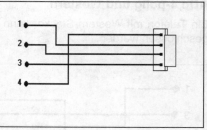

Abb. 51 und Abb. 52: TAE F-Buchse - Western-Stecker und Schaltbild

TAE F und AS 4

AS 4-Stecker und -Buchsen werden bei einigen Nebenstellenanlagen einge-setzt.

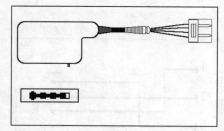 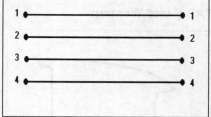

Abb. 53 und Abb. 54: TAE F-Buchse - AS 4-Stecker und Schaltbild

Anschlußschnüre und Adapter für Zusatzgeräte

Für Zusatzgeräte wie Fax oder Anrufbeantworter gibt es für die verschiedenen Normen und älteren Stecker- und Buchsenausführungen ebenfalls Adapter. Sie werden im folgenden mit Schaltbildern zusammengestellt. Die Adapter sind im Telefon- oder Elektronik-Fachhandel erhältlich.

TAE N und Western

Mit der folgenden Anschlußschnur kann ein Zusatzgerät, wie z.B. ein Anrufbe-antworter oder ein Modem mit Western-Buchse an eine TAE-Dose ange-schlossen werden. Diese Lösung ist dem Wester-TAE-Adapter vorzuziehen,

80

wenn eine TAE-Mehrfachdose benutzt wird, da der Adapter im Unterschied zu dieser Anschlußschnur durch seine extreme Breite das Einstecken in die benachbarte Buchse verhindert.

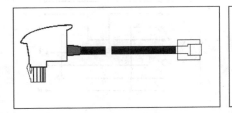
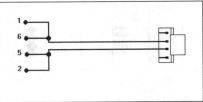

Abb. 55 und Abb. 56: TAE N-Stecker - Western-Stecker und Schaltbild

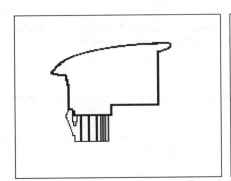
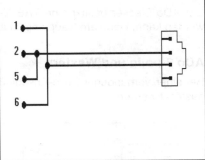

Abb. 57 und Abb. 58: TAE N-Stecker - Western-Buchse und Schaltbild

TAE N und ADo 8-polig

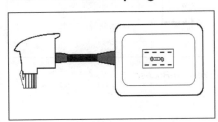
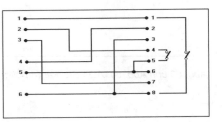

Abb. 59 und Abb. 60: TAE N-Stecker - ADo-Buchse (8-polig)

Mit dieser Anschlußschnur kann ein Zusatzgerät mit ADo-Stecker mit der N-Buchse einer TAE-Dose verbunden werden.

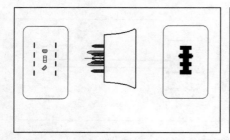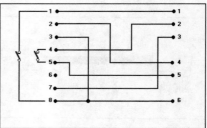

Abb. 61 und Abb. 62: ADo-Stecker (8-polig) - TAE N-Buchse

Der ADo-Stecker besitzt eine TAE N-Buchse, in die ein Zusatzgerät gesteckt werden kann, wenn am Hauptanschluß eine ADo-Dose installiert ist.

ADo 8-polig und Western

Bei einer vorhandenen ADo-Anschlußdose kann hier ein Westernstecker eingesteckt werden.

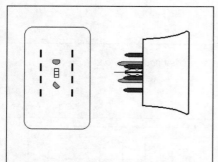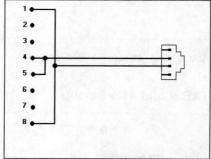

Abb. 63 und Abb. 64: ADo-Stecker (8-polig) - Western-Buchse

TAE-Doppel-Anschlußdose

Abb. 65: TAE FF (Völkner elektronic)

Hiermit können zwei Telefone (zwei Amtsleitungen) getrennt angeschlossen werden.

Preis: ca. 16,00 DM (AP) bzw. 19,00 DM (UP).

Abb. 66: TAE NF (Völkner electronic)

Zum Anschluß eines Telefons (F-Codierung) und einer Zusatzeinrichtung (N-Codierung). Es muß eine 4-adrige Schnur für Telefone und Zusatzgeräte verwendet werden.

Preis ca. 16,00 DM (AP) bzw. 19,00 DM (UP).

TAE-Dreifachdose

TAE NFF

Zum Anschluß von zwei Telefonen (zwei Amtsleitungen/Doppelanschluß) und einem Zusatzgerät.

Preis: ca. 18,00 DM (AP) bzw. 22,00 DM (UP).

TAE NFN

Zum Anschluß eines Telefons und zwei Zusatzgeräten.

Preis: ca. 17,00 DM (AP) bzw. 21,00 DM (UP).

Abb. 67: TAE NFF (Völkner electronic)

Bei der Ausführung NFF wird ein Telefon oder eine Endeinrichtung (z.B. Fax) an die erste Amtsleitung und ein weiteres Telefon zusammen mit einem Zusatzgerät (Reihenschaltung) an die zweite Amtsleitung angeschlossen. Es muß eine 4-adrige Schnur für Telefone und Zusatzgeräte verwendet werden.

Western-Anschlußdose und Western-Stecker (internationale Norm)

Im Ausland verfügt man schon seit langem über die Freiheit, an den Telefonanschluß privat gekaufte Geräte selber anzuschließen. Hierzu wird die international weit verbreitete Norm mit Western-Anschlußdose und Western-Stecker verwendet (auch: Modular-Buchse oder -Kupplung und Modular-Stecker).

Warum sich die Deutsche Bundespost dieser Norm nicht einfach angeschlossen hat, ist unklar. Eine kleine Überraschung wird einem der Blick unter eines der neueren Telefone der DBP Telekom bringen. Dort ist lupenreine Western-Anschlußtechnik angebracht.

Die Schnur für den Hörer beispielsweise ist mit einem Western-Stecker über eine Western-Buchse im Gehäuse mit dem Telefonapparat verbunden. Eine andere Frage ist, wie man Geräte mit derartigen Anschlüssen mit unserer Anschlußtechnik verbindet.

Western-Buchse und -Stecker werden in diesem Kapitel vorgestellt. Wer an einer vorhandenen Telefonschnur die Stecker austauschen will, benötigt einiges Geschick und Spezialwerkzeug. Man kann aber auch die Möglichkeiten zur Verbindung der Western-Norm mit der TAE-Technik über Adapter und Anschlußschnüre nutzen, die in den beiden folgenden Kapiteln vorgestellt werden.

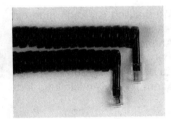

Abb. 68: Western-Stecker mit Schnur (Völkner electronic)

Auch bei den Western-Dosen gibt es die Ausführung AP (Aufputz) für ca. 15,00 DM und UP (Unterputz) für ca. 18,00 DM.

Eine 4-adrige Telefonschnur bis 1,8m dehnbar mit Western-Stecker gibt es für ca. 5,00 DM.

Die Farben der vier Adern der Telefonschnur entsprechen der Farbcodierung der TAE-Technik:

weiß	=	a	=	1
braun	=	b	=	2
grün	=	W	=	3
gelb	=	E	=	4

Leider gibt es auf dem Markt auch Telefonschüre, die eine abweichende Farbgebung der Adern benutzen. Die Amtsleitung liegt hier auf rot und grün. Dies müssen Bastler beachten, die sich einen Western-Stecker selber an eine Schnur anschließen wollen.

Adapter Western - TAE

Abb. 69: Adapter Western-TAE (Völkner electronic)

Mit einem solchen Adapter, der für ca. 10,00 DM erhältlich ist, kann man ein Telefon mit Western-Stecker einfach mit der TAE-Anschlußdose verbinden. Es kann zwar anstelle des Telefons auch z.B. ein Anrufbeantworter damit angeschlossen werden, jedoch nicht in Verbindung mit weiteren Geräten an der gleichen Dose, da der Stecker F-Codierung hat. Zu beachten ist außerdem, ob die Western-Buchse des Adapters nur die zwei Adern für die Amtsleitung fortführt oder alle vier Adern.

Außerdem gibt es Probleme, wenn man einen solchen Adapter an eine Mehrfachdose zusammen mit einem weiteren TAE-Stecker anschließen möchte. Die Buchsen der Anschlußdose liegen für zwei Adapter viel zu eng nebeneinander.

Anschlußschnüre und Verlängerungskabel

Eine 10 m lange, 2-adrige Schnur mit TAE-Stecker (N-Codierung) und Western-Stecker ist für ca. 20,00 DM zu haben.

Eine Verlängerungsschnur 6 m mit TAE-F-Stecker und TAE-Dose (für Wandmontage) kostet etwa 15,00 DM.

Die Anschlußschnur ist geeignet, wenn man z.B. einen Anrufbeantworter mit der Telefonleitung verbinden will, der mit Western-Anschlüssen ausgestattet ist und an den das Telefon direkt angeschlossen wird (vergl. Kapitel Anrufbeantworter, Gerät Panasonic KX-T 1450). Die Schnur ist nicht für den zusätzlichen Anschluß in Verbindung mit einem Telefon an einer Dose geeignet. Für diesen Fall benötigt man eine 4-adrige Schnur.

Wechselschalter AWADo

Dieses Gerät erlaubt es, Gespräche wahlweise von einem ersten oder von zusätzlich angeschlossenen Telefonapparaten zu führen. Außerdem kann man mit dem Wechselschalter AWADo andere Endgeräte bzw. eine Klingel ein- oder ausschalten. Das Gerät gibt es in handbedienter und in automatischer Ausführung. Interne Gespräche sind mit beiden Ausführungen des Wechselschalters nicht möglich.

Handbedienter Wechselschalter

Hiermit können eine zusätzliche Klingel ein- oder ausgeschaltet und Gespräche wahlweise bei einem ersten oder einem zusätzlichen Telefonapparat geführt werden.

Preis: ca. 22,80 DM (Telekom).

Automatischer Wechselschalter (AWADo 1/2)

Hiermit können zwei Endgeräte (Telefon, Telefax usw.) an einer Amtsleitung betrieben werden. Der ankommende Ruf wird an beide Apparate signalisiert, kann von beiden entgegengenommen und das Gespräch zwischen beiden Apparaten umgeschaltet werden.

Der Schalter bietet zwei Betriebsarten. In Betriebsart 1 erhält die Verbindung derjenige, der zuerst abgenommen hat. Der zweite Teilnehmer kann ein Gespräch übernehmen, wenn der erste den Hörer auflegt. In Betriebsart 2 erhält die erste Endeinrichtung beim Abheben des Hörers immer die Verbindung zum Amt. Die Weitergabe eines Gespräches ist möglich.

Die AWADo enthält eine TAE-Buchse, in die die erste Sprechstelle eingesteckt werden kann. Das zweite Endgerät kann über eine Schnur direkt verschraubt oder über eine an die AWADo angeschlossene TAE-Dose verbunden werden.

Preis: 65,00 DM bis 90,00 DM.

Automatischer Wechselschalter (AWADo 1/3)

Die AWADo 1/3 ermöglicht den gleichberechtigten Betrieb von drei Endgeräten an einer Anschlußleitung. Das erste Gerät wird direkt mit der integrierten TAE-Buchse verbunden. Die beiden weiteren Geräte werden über eine an die AWADo anzuschließende TAE-Dose angeschlossen.

Wechselschalter sind auch als Multi-Telefonsplitter zu teilweise erheblich niedrigeren Preisen im Handel erhältlich. Sie sind allerdings zumeist nicht zugelassen.

Preis: ca. 100,00 DM.

Do-It-Yourself?

Kein Anschluß für Heimwerker

Seit der Beginn der Liberalisierungspolitik der Post am 1.07.1990 herrscht freier Anschluß in Sachen Telefonieren nur mit Einschränkungen. Nach den Bestimmungen der Telekom darf man nicht selber die alte Anschlußtechnik gegen die TAE-Technik austauschen bzw. weitere Anschlußarbeiten an einer vorhandenen TAE-Dose vornehmen.

Das teilweise gelockerte Telefonmonopol der Post bezieht die erste Anschluß-Dose (egal ob alte Technik oder bereits TAE-Dose), die an das Telefonnetz angeschlossen ist, mit in den Hoheitsbereich der Post ein. Bezeichnet wird diese Dose auch als Netzabschlußdose. Sie enthält eine zusätzliche technische Einrichtung, einen Prüfabschluß zur schnellen Erkennung von Leitungs-oder Gerätefehlern. Dieser Prüfabschluß ist in der Regel nicht in den im Handel erhältlichen TAE-Dosen eingebaut, kann aber im Telefonladen der Telekom gekauft werden (TAE Sicherungsset, Preis: 7,80 DM).

Nach einer Verfügung des Bundesministeriums für Post und Telekommunikation vom 7. Juni 1990 dürfen Installationen hinter dieser Netzabschlußdose, z.B. Anschluß einer weiteren TAE-Dose für einen Anrufbeantworter oder Anschluß einer privaten Haustelefonanlage, nur von Angehörigen bestimmter Elektroberufe vorgenommen werden. Aber auch ein Elektromeister steht damit noch im Dunkeln. Wenn er nur hinter der Netzabschlußdose arbeiten darf, wie soll er dann bei einer hausinternen Verkabelung eine Zusatzdose legal anschließen? Juristisch bleibt dieser Sachverhalt vorerst ungeklärt.

Was erlaubt ist

Soweit die juristische Situation, die in sich bereits widersprüchlich ist und von der Praxis inzwischen durch die DBP Telekom selbst überholt ist. Nicht nur in Kaufhäusern und Elektronikläden, sondern auch in jedem Telefonladen der Telekom kann man heute TAE-Dosen, Telefonschnüre und kleine Hausanlagen kaufen. Es wird dort höchstens noch danach gefragt, ob Sie zu Hause tatsächlich bereits eine TAE-Dose als erste Anschlußdose besitzen.

Gegen eine Montage über TAE-Steckverbindungen hat auch die Telekom nichts mehr - im Gegenteil, sie verdient durch den Verkauf entsprechender Anschlußteile und Telefone gutes Geld. Wer also nur eine Telefonschnur mit TAE-Stecker in die erste TAE-Dose steckt, braucht nicht zu befürchten, sich strafbar zu machen - auch wenn am anderen Ende der Telefonschnur die selbst installierte zweite TAE-Dose angeschlossen ist.

Was nach wie vor verboten bleibt, ist der Eingriff in die erste Anschlußdose mit einem Schraubenzieher, also z.B. der Austausch einer alten Anschlußdose durch eine neue TAE-Dose. Wenn Sie bei der Telekom die Installation einer TAE-Anschlußdose am Hauptanschluß bestellen, sollten Sie auf jeden Fall eine Mehrfachdose anfordern, um später vielleicht weitere Geräte problemlos anschließen zu können. Die Kosten sind kaum höher als bei einer einfachen Dose.

TAE-Installation durch die Telekom

Seit Anfang 1991 gibt es eine Bestimmung, die besagt, daß die DBP Telekom grundsätzlich die Installationsarbeiten für eine TAE-Dose kostenlos vornehmen muß, sofern man einen neuen Anschluß (Telefon, Btx, Fax usw.) oder eine Änderung des bestehenden Anschlusses beantragt hat (wenn Sie z.B. einen Einzel- in einen Doppelanschluß ändern lassen). Dies gilt auch für die Übernahme eines Anschlusses beim Einzug in eine neue Wohnung. (Verwaltungsvorschrift des Bundesministeriums für Post und Telekommunikation - BMPT vom 17. Januar 1991.)

Wer nur den Austausch der alten Installation gegen eine neue TAE-Steckdose bei der Telekom bestellt, wird dagegen zur Kasse gebeten: Neben dem Preis für die Dose kommen die üblichen Änderungsgebühren und Kosten für Anfahrt und Arbeitszeit hinzu. Diese gilt bis zum 31.12.1994. Danach muß die Telekom alle Umrüstarbeiten kostenlos durchführen.

Weiterhin wurde in der Verwaltungsvorschrift auf die Tatsache eingegangen, daß eine Reihe von TAE-Dosen durch die Telekom installiert wurden, die keinen Prüfabschluß enthalten. Diese alten TAE-Dosen sind ebenfalls bis zum 31.12.1994 unentgeltlich umzurüsten.

Wichtig für den Telefonanschlußinhaber: Für Arbeiten der Telekom bei einer Störung darf keine Berechnung erfolgen, wenn in der TAE-Dose kein Prüfabschluß eingebaut ist. Dies gilt auch, wenn die Störungsursache in der privaten Endeinrichtung (Telefon, Fax usw.) liegt, sofern diese die Zulassung besitzt.

1.11 Telefonanlagen

Ob man über nur ein Telefon in der Wohnung, über mehrere Amtsleitungen (z.B. Doppelanschluß) im Eigenheim oder über mehrere Anschlüsse in einer Firma verfügt, im Grunde genommen hat man immer eine Telefonzentrale - eine Stelle, an der die Telefonleitungen von der Post ins Haus geführt werden und die Anschlußdose für die Telefone oder anderen Endgeräte sitzt.

Im Kapitel "Telefon und Anschlußtechnik" wurde beschrieben, wie man bereits mit der neuen TAE-Dose in zweifacher oder dreifacher Ausführung mehrere Geräte, wie Telefone, Anrufbeantworter oder Telefax betreiben kann.

Damit hat man dann schon eine kleine Telefonzentrale im Haus, die jedoch einige Funktionen nicht bietet, über die Telefonanlagen bzw. Nebenstellenanlagen verfügen. An eine echte Telefonzentrale kann man vier, acht oder mehr - in Anlagen für große Firmen über 100 - Nebenstellen anschließen. Gespräche können beliebig hin- und hergeschaltet oder verschiedene Nebenstellen zu einem Konferenzgespräch zusammengeschaltet werden.

Weiterhin bieten Telefonzentralen eine große Zahl von Komfortfunktionen. Anders als bei Komforttelefonen sind dabei diese Funktionen in der Zentraleinheit technisch realisiert und nicht im Telefon eingebaut. Daher können weitaus mehr Funktionen mit größerem Leistungsumfang angeboten werden, wie z.B. Kurz- und Zielwahl von mehreren hundert Telefonnummern oder Rufumleitung, wenn man gerade nicht an seinem Platz ist und an einer anderen Nebenstelle erreicht werden kann.

Telefonanlagen für die Familie und kleine Firmen

Dieses Kapitel behandelt Telefonanlagen für den privaten Bereich, für Selbständige, wie Handwerker, Ladeninhaber und freie Berufe sowie für kleinere Firmen, die mit Anlagen bis zu zwei Amtsleitungen auskommen.

Dabei werden Telefonanlagen berücksichtigt, die mit Fernbedienungsrelais ausgestattet sind, um beispielsweise über das Telefon die Beleuchtung im Hof zu schalten oder aber eine Türfreisprechanlage zu bedienen. Nützlich für Eltern kleiner Kinder ist das Fernhören über die Hausanlage zur akustischen Überwachung von Räumen.

Anlagen für eine, zwei oder mehr Amtsleitungen?

Bevor man sich für den Kauf einer bestimmten Telefonanlage entscheidet, sollte man sehr genau überlegen, welche und wieviele Nebenstellen bzw. Endgeräte damit betrieben werden sollen. Kleinere Anlagen können zumeist nicht von ein oder zwei Amtsleitungen auf zusätzliche Leitungen erweitert werden. Man ist dann gezwungen, eine neue Telefonzentrale zu kaufen. Wer eine derartige Anlage bei der DBP Telekom nur mietet, kann in einem solchen Fall einen leichteren Umstieg vollziehen.

Weiterhin ist es kaum empfehlenswert, eine Telefonanlage für eine einzige Amtsleitung anzuschaffen, wenn nicht nur mehrere Telefone in einer großen Wohnung oder einem Haus, sondern auch Geräte für andere Dienste, wie Fax und Datenfernübertragung bzw. Btx angeschlossen werden sollen.

Dann gibt es schnell Engpässe. Typischer Fall: Man hat gerade telefonisch einen eiligen Auftrag erhalten, für den der Kunde noch schnell einige Unterlagen per Fax übermitteln will. Da klingelt das Telefon, und ein anderer Geschäftspartner beginnt ein längeres Gespräch. Die eine Amtsleitung ist dann besetzt, und der Kunde kann sein Fax nicht abschicken. Ist das Telefongespräch dann endlich beendet, wäre eigentlich eine längere Recherche über Datenfernübertragung mit einer Datenbank oder über Btx fällig. Also: Warten bis das angekündigte Fax eingetroffen ist usw.

Wer als Handwerker oder Freiberufler mehrere Telekommunikationsdienste beruflich nutzen will, sollte sich eine Telefonanlage für mindestens zwei Amtsleitungen zulegen und dabei den tariflich günstigen Doppelanschluß (s. Kapitel Telefondienste) der Telekom nutzen.

Eine Alternative besteht jedoch auch darin, das Faxgerät aus der Telefonanlage auszugliedern und hierfür einen gesonderten Anschluß zu bestellen. Dann wird die Telefonanlage vornehmlich für das Führen von Gesprächen eingesetzt, und es kommt gegebenenfalls nur ein Anrufbeantworter hinzu, der keine zusätzliche Amtsleitung beansprucht.

Telefonanlage für eine Amtsleitung und vier Nebenstellen

Die kleine Telefonanlage amex i der Telekom wird einfach über eine Schnur mit TAE-Stecker wie ein Telefon mit dem Telefonanschluß verbunden. Die Stromversorgung erfolgt über einen Akku, der in eine in der Nähe befindliche Steckdose gesteckt wird. Bei Stromausfall ist die Amtsleitung weiterhin nutzbar.

Abb. 70: amex i (Telekom)

Die Anlage ist für Familien gut geeignet, die ein Haus bewohnen. Anrufe können schnell einmal vom Wohnzimmer in den Heimwerkerraum im Keller vermittelt werden. Wenn das Essen fertig ist, kann der Nachwuchs unterm Dach per interner Telefonverbindung gerufen werden, was vergebliches Schreien durchs ganze Haus bei lauter Rockmusik erspart, die aus dem Jugendzimmer dröhnt. Die Programmierung der Anlage erfolgt über die angeschlossenen Telefone. Dies ist vergleichbar der Programmierung von Komforttelefonen, bei denen über bestimmte Funktionstasten z.B. die Telefonnummern für Kurz- und Zielwahl eingegeben werden.

Abmessungen: 15 cm breit, 18,5 cm hoch und 2,8 cm tief.
Gewicht: 1,5 kg

Funktionen

- Telefonanlage für eine Amtsleitung und vier Nebenstellen (IWV)
- Telefax, Anrufbeantworter, Modem und Telefone mit IWV anschließbar
- Anwahl der Nebenstellen über eine Codenummer
- zwei interne Verbindungswege, d.h., es können zwei interne Gespräche mit verschiedenen Gesprächspartnern gleichzeitig geführt werden
- Weitergabe externer Telefongespräche
- Rückfragemöglichkeit während eines externen Telefongesprächs (Verbindung zum externen Anrufer bleibt bestehen); dies entspricht der Gesprächsunterbrechung bei Komforttelefonen
- Konferenzschaltung mit allen Telefonen
- Ruftonkennung für externe Gespräche, so daß der Angerufene erkennt, ob ihn jemand aus dem Haus oder von außerhalb sprechen will
- Programmierbare Halbamtsberechtigung (sparsame Haushaltsvorstände können damit das Telefonfieber des Nachwuchses im Zaum halten und gebührenpflichtige externe Telefonate unterbinden)
- sechs verschiedene Coderufe
- Dringlichkeitsruf: auf allen angeschlossenen Telefonen ertönt so lange eine festgelegte Tonfolge, bis jemand den Hörer abnimmt (für eilig einzuberufende Familienkonferenzen)
- Leistungsaufnahme (Strom) 15 VA

Preis: ca. 498,00 DM (Telekom).

Basis-Set amex i

Zusätzlich zur kleinen Anlage erhält man 40 m Telefonkabel, Montageschellen, vier TAE-Anschlußdosen und ein Bastel-Set für den Heimwerker. Die Anlage besitzt eine allgemeine Anschalterlaubnis der Telekom, so daß man sie selbst installieren und in Betrieb nehmen darf.

Preis: ca. 578,00 DM (Telekom)

Telefonanlage für eine Amtsleitung, acht Nebenstellen und Fernbedienung im Haus

Die Telefonzentrale ETS-2616 der Firma Völkner electronic ist zugelassen und verfügt über ein Fernbedienungsrelais zur Steuerung haustechnischer Anlagen, wie Beleuchtung oder Alarmanlage. Die Zentrale kann auf bis zu 16 Apparate (IWV) erweitert werden. Ein Türfreisprecheinsatz ermöglicht eine Sprechverbindung von jedem Telefon mit einem Besucher vor der Tür.

Wer anstelle von Telefonen auch ein Faxgerät oder einen Anrufbeantworter anschließen will, sollte auf die Verwendung von TAE-Technik für Anschlüsse und Stecker achten (Kapitel "Telefon-Anschlußtechnik").

Abmessungen: 25 cm breit, 19 cm hoch und 6,5 cm tief.

Funktionen

- Alle Apparate können die Amtsberechtigung erhalten;
- Ruftonkennung für externe Gespräche;
- Anrufschutz, damit wird eine Nebenstelle vorübergehend für interne Anrufe gesperrt;
- Anklopfen: während eines internen Gespräches wird ein externer Anruf signalisiert;
- Direktruf;
- Seniorenruf (durch einfaches Abnehmen des Hörers wird eine interne oder externe Notrufnummer gewählt);
- Kurzwahl für bis zu 200 Rufnummern mit Wähltonerkennung, ob die Amtsleitung frei ist;
- Rufumleitung;
- Weiterverbinden der Gespräches;
- Heranholen eines Anrufes von einer anderen Nebenstelle, die gerade unbesetzt ist;
- zwei Innenverbindungssätze (zwei getrennte interne Gespräche gleichzeitig);
- Konferenzschaltung für zwei gleichzeitige Konferenzgespräche mit jeweils drei Teilnehmern;

- Türklingeln, damit ertönt ein Signal am Telefon, wenn Besuch vor der Tür steht;
- Türöffnen: öffnen der Tür vom Telefon aus;
- Leistungsaufnahme (Strom) 18 VA.

Preis: ca. 698,00 DM.

Telefonzentralenerweiterung auf bis zu 16 Telefone: ca. 228,00 DM.

Türfreisprecheinsatz: ca. 145,00 DM.

Telefonanlage für zwei Amtsleitungen, sechs Nebenstellen und Türfreisprecheinrichtung

Die Telefonanlage amex i zählt noch zu den kleinen Anlagen, bietet aber Leistungsmerkmale von Nebenstellenanlagen, wie man sie in Firmen verwendet. Sie ist für große Familien geeignet, bei denen unter einem Dach Wohnen und Arbeiten verbunden sind, z.B. bei Grafikern, Architekten oder Handwerkern.

Amex 2i ist eine Vermittlungseinrichtung für zwei Amtsleitungen, an die max. sechs Telefone oder Zusatzgeräte, wie Anrufbeantworter oder Fax und zusätzlich eine Türfreisprecheinrichtung angeschlossen werden können.

Die Anlage kann in drei Betriebsarten genutzt werden:

❶ Telefonieren wie am Hauptanschluß. Alle Apparate haben direkten Zugang zur Amtsleitung durch einfaches Abheben des Hörers.

❷ Als Wählanlage betrieben können über die beiden anschließbaren Amtsleitungen angesprochen werden.

❸ Als Reihenanlage können beide Amtsleitungen fest auf bestimmte Nebenstellen gelegt werden. Die anderen Telefone werden direkt über Zielwahltasten angesprochen, um z.B. Anrufe schnell weiterzuvermitteln.

Leistungsmerkmale

- Akustische und optische Anrufsignalisierung
- Makeln: abwechselndes Sprechen mit zwei Partnern, ohne daß diese mithören können
- Rückfragemöglichkeit mit den Nebenstellen während eines externen Gespräches

- Weiterleitung als Sammelruf (an alle Nebenstellen) oder gezielt
- Rufumleitung
- Heranholen eines Rufes
- Durchsage
- Automatischer Rückruf: Ist eine angerufene Nebenstelle besetzt, so erfolgt von dieser automatisch ein Rückruf, wenn das Gespräch beendet wurde
- Sperren, so daß Gespräche nur empfangen werden können
- Türfreisprecheinrichtung und Türöffner können über sämtliche angeschlossenen Telefone (auch Standardapparate) bedient werden

Preis: ca. 798.- DM, Miete 26,60 DM im Monat (Telekom).

Im Basis-Set mit 40 m Kabel, Montageschellen und vier TAE-Dosen kostet amex 2i 868,00 DM.

Schnurlose Telefonanlage

Eine schnurlose Nebenstellenanlage kommt ohne jede Kabelverbindung oder Anschlußdose aus und bietet den Komfort einer Telefonanlage für mehrere anschließbare schnurlose Telefone im Umkreis von 200 bis 300 m um die zentrale Vermittlungseinrichtung herum. Derartige Anlagen sind vor allem ideal für kleine und mittlere Betriebe, deren Mitarbeiter auf einer relativ großen Betriebsfläche häufig unterwegs sind, z.B. KFZ-Werkstätten, Baubetriebe oder Speditionen.

Die erste schnurlose Telefonanlage in Deutschland wurde von der Firma Hagenuk entwickelt. Die Anlage CCS 244 gestattet den Einsatz von bis zu vier schnurlosen Telefonen und weiterer vier drahtgebundenen Endgeräten. Außerdem können eine Türfreisprech-Einrichtung und eine Alarmanlage angeschlossen werden. Die Anlage gibt es in verschiedenen Ausbaustufen, die sich nach der Zahl der anschließbaren Ämter und Telefone richtet. Nur die Zentraleinheit muß mit den Amtsleitungen verdrahtet werden.

Die kleinste Version kostet ca. 3.400,00 DM und umfaßt die Vermittlungseinrichtung, zwei schnurlose Telefone und TAE-Technik für zwei drahtgebundene Telefone, die zusätzlich beschafft werden können. In der Vollausbauversion kostet die Anlage ca. 7.500,00 DM mit vier schnurlosen Telefonen und Anschlußmöglichkeit von vier weiteren drahtgebundenen Geräten.

Eine weitere schnurlose Nebenstellenanlage bietet Siemens unter der Bezeichnung "Highcom cordless 100" an.

Haustelefone und Türsprechanlagen

Ganz ohne Post und Zulassungsbestimmungen kommt man beim Betrieb von hauseigenen Telefonen aus, die keine Verbindungen zu einer Amtsleitung haben. Externe Gespräche können natürlich nicht darüber geführt werden. Haustelefone sind einfache Telefonapparate, die über 2-adrige Leitungen miteinander verbunden sind. Die Stromversorgung erfolgt über Batterien. Einen Haustelefon-Set mit zwei Apparaten bekommt man ab ca. 60,00 DM.

Türsprechanlagen verfügen über mindestens ein hausinternes Telefon und eine Türsprechstelle, ein kleiner Kasten, in den Mikrofon und Lautsprecher und ein oder mehrere Klingelknöpfe eingebaut sind. Klingelt es an der Tür, dann ertönt ein Ruf am Telefon, und über einfaches Drücken einer Taste kann man mit dem Besucher sprechen und die Tür öffnen. Diese Anlagen werden ebenfalls über Batterien betrieben und sind ab 60,00 DM erhältlich.

2. Telefonzubehör

Zusatzgeräte können den Komfort beim Telefonieren verbessern oder hörgeschädigten und behinderten Menschen praktische Hilfen im Haushalt bieten, wie ein in diesem Kapitel vorgestelltes Zusatzgerät zeigt. Die meisten dieser Zusatzgeräte sind bei der DBP Telekom zur Miete oder zum Kauf erhältlich, einige Geräte können auch im Handel bezogen werden.

2.1 Tonruf, Gebühren und Verstärker

Große Klingel

Für extrem laute Räume (z.B. Fabrikhallen) oder im Freien ist die wetterfeste große Klingel mit Läutwerk oder sichtbarer Anzeige gedacht. Sie signalisiert den Anruf an einer zusätzlichen Stelle und ist mit einem handbedienten Umschalter ein- und ausschaltbar.

Preis: ca. 96,00 DM (Telekom).

Anrufrelais

Hiermit können Einrichtungen (z.B. Lampen oder Hupen) zur optischen oder akustischen Kennzeichnung von Anrufen angeschlossen werden. Allerdings müssen Sie sich diese Einrichtungen noch privat beschaffen.

Preis: ca. 85,00 DM (Telekom).

Tonrufgeräte

Zusatzgeräte dieser Art können an beliebiger Stelle in der Wohnung oder im Büro angebracht werden. Sie lassen sich in der Lautstärke stufenlos regulieren und mit einem zusätzlichen handbedienten Umschalter ein- und ausschalten. Tonrufgeräte gibt es für Aufputz- oder Unterputzmontage. Die Unterputz-Ausführung verfügt über eine optische Anrufanzeige. Kombi-Tonrufgeräte mit optischer Anrufanzeige haben eine Telefon-Steckdose.

Preis Tonrufgerät: ca. 29,90 DM (Telekom).

Preis Kombi-Tonrufgerät: ca. 41,50 DM (Telekom).

Gebührenzähler

Unter der Bezeichnung "Einheitenzähler" bietet die Telekom ein Zusatzgerät an, das auf einem Display den Einheitenfaktor entsprechend dem Tarif des aktuell geführten Gespräches und den Betrag in DM anzeigt. Es ist die Ermittlung der angefallenen Gebühren von einzelnen Gesprächen oder der Summe über einen beliebigen Zeitraum hin möglich. Das Gerät wird zusätzlich zum Telefon mit einer TAE-Mehrfachdose verbunden.

Monatliche Miete inkl. Instandhaltung: 5,70 DM pro Monat bei einer Mindestmietdauer von 1 Jahr (Telekom)

Preis: 215,00 DM

Abb. 71: Einheitenzähler der Telekom

Gebührenzähler - ob im Telefon bereits integriert oder als separates Gerät - funktionieren grundsätzlich nur, wenn die Telekom eine entsprechende Schaltung vorgenommen hat und die Zählimpulse übermittelt werden. Beide Leistungen sind kostenpflichtig (s. Kapitel 4. "Telefongebühren der DBP Telekom").

Klingel-Eliminator

Sind zwei Telefone parallel an einen Anschluß angeschlossen, klingelt beim Wählen das Zweittelefon mit. Der Klingel-Eliminator unterbindet dieses Klingeln und verhindert auch das Mithören. Das Gerät benötigt keine zusätzliche Stromversorgung.

Preis: ca. 18,25 DM (Westfalia Technica).

Telefonverstärker

Telefonverstärker TL-2

Abb. 72: Telefonverstärker TL-2 (Völkner electronic)

Der Telefonverstärker ersetzt den im vorhandenen Telefon fehlenden Lautsprecher und bietet außerdem die Möglichkeit, in das eingebaute Mikrofon frei zu sprechen. Beim Telefonverstärker TL-2 ist die Lautstärke stufenlos regelbar. Das Gerät verfügt über eine Anschlußbuchse für Tonband oder Kassettenrekorder, kann mit Batterie oder externem Netzteil betrieben werden und ist anmelde- und gebührenfrei. Der Verstärker hat einen selbstklebenden Adapter, der an die Gehäuseseite des Telefons geklebt wird.

Preis inkl. Batterie: ca. 49,50 DM (z.B. bei Völkner electronic).

Drahtloser Telefonverstärker

Dieses Gerät braucht nur einfach neben das Telefon gestellt zu werden und ist mit IC-Elektronik ausgestattet. Der Verstärker ist nicht für elektronische Einhandtelefone zu verwenden.

Abb. 73: Drahtloser Telefonverstärker (Westfalia Technica)

Preis: ca. 22,00 DM (z.B. bei Westfalia Technica) zuzüglich vier Batterien.

Telefon-Aufnahme-Controller

Das Gerät nimmt automatisch alle Gespräche mit handelsüblichen Kassetten-Rekordern auf, nachdem man den Telefonhörer abgehoben hat. Der Controller wird zwischen Telefondose und Telefon geschaltet und ist nicht zugelassen.

Preis: ca. 30.- DM inkl. Anschlußkabel mit Doppelnormstecker (z.B. bei Völkner electronic).

2.2 Hör-/Sprechhilfen, Steuergeräte und Umschalter

Hörmuschel

Soll bei einem Telefongespräch jemand mithören können, oder ist es in der Umgebung manchmal zu laut, dann bietet sich eine Hörmuschel als Zweithörer an. Die Hörmuschel ist für viele Telefonmodelle der DBP Telekom erhältlich.

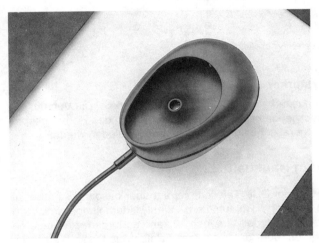

Abb. 74: Hörmuschel (Telekom)

Monatliche Miete: ca. 1,09 DM, Preis: ca. 39,90 DM (Telekom).

Telefonhörer mit Hörverstärker

Reicht die Lautstärke eines normalen Telefons nicht aus, z.B. bei Hörbehinderung oder in lauten Räumen, kann anstelle des üblichen Hörers als Zusatzeinrichtung ein Hörer mit Verstärker angeschlossen werden. Der Hörverstärker wird bei Bedarf durch eine Taste eingeschaltet.

Monatliche Miete für Telefon Audiophon 3 mit Hörverstärker: 9,90 DM.

Abb. 75: Hörer mit Hörverstärker (Telekom)

Regelbarer Hörverstärker

Damit kann man die Lautstärke um maximal 15 dB verstärken. Die Verstärkung wird automatisch zurückgenommen, wenn in das Mikrofon des Hörers gesprochen wird, so daß Pfeifgeräusche durch Übersteuern vermieden werden.

Steuergerät für den Haushalt

Das Telefon Vitaphon 11 der DBP Telekom verfügt über besonders große Zifferntasten, Kurzwahl für zehn Rufnummern, Wahlwiederholung, Notizbuchfunktion und Tonruf. An das Modell Vitaphon 12 kann außerdem ein Steuergerät angeschlossen werden, über das man vom Telefon aus Radio, Fernseher, elektrische Rolläden, Licht, Türöffner und andere elektrisch betriebene Einrichtungen aus- und einschalten kann. Außerdem bietet das Vitaphon 12 die Wahl bei aufliegendem Hörer, Lautsprecher, Namentaste, Sperrschloß, Freisprechen, Display und Gebührenanzeige.

Monatliche Miete: 8,78 DM, Preis: 398,00 DM (Telekom).

Automatische Ansage

Das Gerät funktioniert wie ein Anrufbeantworter. Es können jedoch keine Nachrichten von Anrufern aufgezeichnet, sondern nur ein Ansagetext von ca. 16 Sekunden Länge aufgesprochen werden. Die Spannungsversorgung erfolgt über Mignon-Batterien oder ein 6V-Netzgerät.

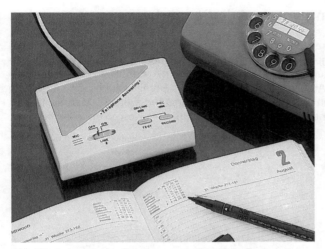

Abb. 76: Automatische Telefonansage (Westfalia Technica)

Preis ohne Batterien: 39,50 DM (Westfalia Technica).

Sperreinrichtung

Das Telefonieren kann nicht nur an einem Telefon über Sperrschloß, sondern sehr wirksam direkt am Anschluß durch eine Sperreinrichtung unterbunden werden. Der Anschluß bleibt dabei weiterhin anrufbar.

Abb. 77: Sperreinrichtung (Telekom)

Preis: 56,00 DM (Telekom).

2.3 Berechnung von Installationsarbeiten

Die DBP Telekom kann auch Arbeiten zum Anschluß des Zubehörs und zum eventuell notwendigen Verlegen von Leitungen übernehmen. Diese Abrechnung erfolgt nach Aufwandspauschalen und Fahrtkosten. Die Fahrtkosten entfallen, wenn diese Arbeiten gleichzeitig mit der Bereitstellung bzw. Änderung eines dazugehörigen Telefonanschlusses ausgeführt werden. Man sollte sich auf jeden Fall vor einem Auftrag ein Angebot über die Kosten erstellen lassen.

3. Mobilfunkdienste und -Telefone

Mobiles Telefonieren ist Telefonieren über Funknetze, die die DBP Telekom betreibt und erstmals beim neuen digitalen Mobilfunknetz D in Konkurrenz mit einem privaten Netzbetreiber aufbaut (D1-Netz durch DBP Telekom und D2-Netz durch Mannesmann Mobilfunk). Als Teilnehmer eines Mobilfunk-Dienstes kann man immer und (fast) überall schnurlos telefonieren, sowohl mit festen als auch mit anderen mobilen Telefonanschlüssen.

Allgemein bekannt ist das Autotelefon im C-Netz, das nahezu flächendeckend den gesamten Bereich der alten Bundesländer versorgt. Zunehmend wird es auch in den neuen Bundesländern, im Großraum Berlin, Leipzig, entlang der ehemaligen Transitstrecken und in den anliegenden Ballungsgebieten ausgebaut.

Digitale Übertragung im D-Netz

Mit dem im Aufbau befindlichen D-Netz wird erstmals in Deutschland ein digitales Funk-Telefonnetz installiert. Damit verbessert sich nicht nur die Qualität der Sprachübertragung erheblich, es wird auch Datenübertragung möglich.

Man kann dann mit einem batteriegetriebenen Computer auf die grüne Wiese gehen oder vom Auto aus Computerdaten empfangen und versenden. Voraussetzung ist, das die andere Stelle, z.B. eine Datenbank, ebenfalls ans D-Netz angeschlossen ist. Das D-Netz wird zusätzlich zum C-Netz in Deutschland aufgebaut und ist auch in anderen europäischen Ländern geplant, so daß man bald mit mobilen Funktelefonen ins Ausland telefonieren kann.

Telefonieren auf der Straße: birdie

birdie ist ein neuer Dienst, über den im Stadtbereich mit sehr preisgünstigen, kleinen tragbaren Geräten um ca. 300,00 DM überall telefoniert werden kann. Die Geräte können auch zu Hause oder im Büro angeschlossen werden. Auf der Straße kann man damit jedoch nicht angerufen werden, sondern nur selber andere Anschlüsse anrufen.

Chekker - die Alternative zum alten Betriebsfunk

Ein weiterer neuer Dienst ist der Bündelfunk Chekker, der von der Post aufgebaut wird, um den alten Betriebsfunk abzulösen, den z.B. Taxiunternehmen nutzen.

3.1 Autotelefon im C-Netz

Über das C-Netz der Post können Gespräche zwischen Funktelefonen und anderen Anschlüssen des öffentlichen Telefonnetzes geführt werden. Ein Funktelefonanschluß besteht aus einem Funktelefon, das als fest installierte Anlage oder tragbares Gerät drahtlos an das öffentliche Telekommunikationsnetz angeschlossen wird.

Monatlich kamen 1991 über 20.000 neue Anschlüsse hinzu, die zumeist als Autotelefone betrieben werden. Anfang April 1992 gab es insgesamt über 600.000 C-Netz-Teilnehmer. Die Verbindungen zwischen Funktelefon-Teilnehmern wird über Funkstationen hergestellt, die überall im Land verteilt sind.

Das Netz funktioniert nicht immer einwandfrei, da die im C-Netz verwendeten Funkfrequenzen Probleme mit höheren Erhebungen bzw. Tälern und mit Unterführungen haben. Berühmt-berüchtigt bei Besitzern eines Autotelefons ist die Strecke zwischen Köln und Frankfurt.

Funkverbindung

Im C-Netz wird die Zuteilung von Sprechfunkkanälen verhindert, auf denen bereits gesprochen wird. Das Mithören anderer Gespräche ist daher mit dem eigenen Funktelefon nicht möglich. Zusätzlich überträgt das Funktelefon die Sprache auf dem Funkweg in verschleierter Form.

Es wird in Funktelefone der Gruppen B und C unterteilt. Funktelefone der Gruppe B können im Fachhandel bezogen werden und müssen vor der Inbetriebnahme von der zuständigen Funkstörungsmeßstelle der Post technisch geprüft und abgenommen werden. Das B-Netz verfügte zum 1. April 1992 nur noch über ca. 13.000 Teilnehmer mit abnehmender Tendenz. Diese ältere technische Ausführung erfordert, daß man den ungefähren Standort des Betreibers kennt, wenn man ihn anrufen will. Das Funknetz ist in regionale Funkzellen aufgeteilt, die über Kennzahlen wie bei der Vorwahl einer Telefonnummer erreicht werden.

Funktelefone der Gruppe C sind allgemein genehmigt und bedürfen vor der Inbetriebnahme keiner besonderen technischen Prüfung oder Abnahme. Funktelefone der Gruppe C können ohne Kenntnis des Aufenthaltsortes eines gewünschten Teilnehmers bundesweit über die Vorwählnummer 0161 plus Funktelefonnummer erreicht werden.

Wenn ein Autofahrer mit Funktelefon während eines laufenden Gesprächs den Bereich einer Funkzelle verläßt, wird die Verbindung automatisch an die nächste Funkfeststation weitergereicht. Ist dort gerade kein freier Sprechkanal verfügbar, läuft das Gespräch über die bisherige Funkfeststation weiter, solange die Funkverbindung noch ausreichend ist. Bei Überlastung des C-Netzes kommt es daher häufiger vor, das laufende Gespräche abgebrochen werden.

Telekarte

Jeder Inhaber eines Gruppe C-Funktelefonanschlusses erhält eine auf seinen Namen ausgestellte und mit der Funkrufnummer versehene Telekarte (früher: Berechtigungskarte). Diese Telekarte schaltet das Funktelefon betriebsbereit. Die Funktelefonnummer ist nicht an das Funktelefongerät, sondern an die Telekarte gebunden. Die Gesprächsgebühren werden unter dieser Funktelefonnummer erfaßt und in Rechnung gestellt. Die Telekarte ist also eine Kreditkarte und sollte sorgfältig aufbewahrt werden.

C-Netz mit Grenzen

Außerhalb des Bereichs der Deutschen Bundespost darf ein Funktelefon (wenn es überhaupt beim Grenzübertritt im Fahrzeug verbleiben darf) in der Regel nicht eingeschaltet werden, da sonst ausländische Funkdienste gestört werden können. Die Bestimmungen sind von Land zu Land unterschiedlich: In einigen Ländern benötigt man eine Einfuhrgenehmigung, in anderen Ländern wird das Gerät vom Zoll versiegelt. Man sollte sich daher rechtzeitig vor einer Auslandsreise über die genauen Bestimmungen informieren.

Funktelefone

Es gibt drei Gerätearten beim Funktelefon im C-Netz:

❶ Ein im Auto fest installiertes Funktelefon.

❷ Portables Funktelefon, aus dem Wagen herausnehmbar.

❸ Ein Handtelefon, das man überall mit sich tragen kann.

Funktelefone kosten zur Zeit zwischen 5.000,00 DM und 8.000,00 DM. Hinzu kommt eine C-Netz-Autoantenne, die für 100,00 DM bis 450,00 DM erhältlich ist.

Das fest im Auto installierte Funktelefon entspricht älterer Technik und besteht aus einem recht großen Sender, der meist im Kofferraum untergebracht wird, und dem eigentlichen Telefon.

Ein Vertreter neuerer integrierter Technik ist das Mobiltelefon C3 von Siemens, mit immerhin noch 2,5 kg Gewicht nicht allzu lange tragbar.

Im Auto, verbunden mit der Autofunkantenne und der Autobatterie, kann mit voller Sendeleistung (15 Watt) telefoniert werden. Außerhalb des Autos stehen nur magere 2,5 Watt zur Verfügung, die einen störungsfreien Betrieb nicht immer garantieren können.

Mobiltelefon C3

Leistungsmerkmale

- 21 cm breit, 17 cm hoch und 8 cm tief;
- 100 Speicherplätze für Namen und Rufnummern;
- Direktruf;
- elektronisches Notizbuch;
- Telefonbucheingabe auf der Telekarte (Telefonnummern können fest in der Karte gespeichert werden);
- Freisprechen;
- Anrufumleitung;
- Wahlwiederholung;
- Gebührenanzeige in DM;
- automatisches Abschalten, einstellbar von 0,1 bis 9,9 Stunden;
- Akku-Betriebsbereitschaft: 10 Stunden.

Abb. 78: Mobiltelefon C3 (Siemens)

Das Mobiltelefon C3 bietet Erweiterungsmöglichkeiten für den Anschluß von Telefax und Anrufbeantworter, Radio-Stummschaltung, externem Alarm.

Handtelefon (Pocky)

Das Pocky der DBP Telekom ist ein nur 700 g leichtes Mobilfunk-Telefon mit sehr geringen Abmessungen. Man kann es fast problemlos in der Hosen- oder in der Handtasche mit sich tragen.

Leistungsmerkmale:

- Großflächiges Display (auch für Textanzeige) mit neun Piktogrammen zur Anzeige des jeweiligen Betriebszustandes;
- Beleuchtung für Display und Tastatur;

111

- 98 Speicherplätze für Telefonnummern und Namen (jeweils bis zu acht Buchstaben);

- integrierte Menüfunktion mit Wahlmöglichkeiten u.a. Gebührenanzeige, Veränderung der Summer-Lautstärke, Tonwahl;

- Akku-Betriebsbereitschaft: Acht Stunden Empfangsbereitschaft und 30 Minuten Sprechzeit.

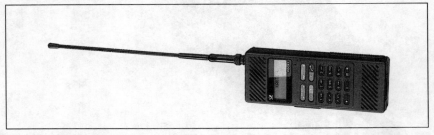

Abb. 79: Pocky (Telekom)

Das Handtelefon Pocky wird mit Akku-Satz, Antenne mit Knickelement, Netzladegerät und einem Ersatzakku-Satz geliefert. Die Telekarte muß, wie bei allen Geräten, zusätzlich bei der Telekom gekauft werden.

Vergleichbare Handtelefone von SEL und von Siemens bringen es sogar zu einem Leichtgewicht von 600 Gramm. Handtelefone haben gegenüber den größeren portablen Funktelefonen aber auch einen Nachteil: Die Sendeleistung und Betriebsbereitschaft des eingebauten Akkus sind zwangsläufig reduziert. Am besten funktionieren Handtelefone - auch als Autotelefon - in Gebieten, die von der DBP Telekom mit einem dichten Netz von Funkfeststationen ausgestattet sind.

Preis: ca. 6.250,00 DM (unverbindlicher Richtpreis der Telekom).

Leasing: ca. 213,00 DM bei 36 Monaten, ca. 300,00 DM bei 24 Monaten.

Gebühren

Die einmalige Bereitstellungsgebühr für Funktelefone der Gruppe B und C: beträgt 65,00 DM.

Monatliche Grundgebühr für Funktelefone der Gruppe B: 120,00 DM.

Monatliche Grundgebühr für Funktelefone der Gruppe C: 75,00 DM.

Die Verbindungsgebühren werden nach Dauer und Entfernung berechnet. In der Zeit des Normaltarifs montags bis freitags von 8-18 Uhr gilt ein 8-Sekunden-Zeittakt von 0,23 DM. Beim Billigtarif beträgt der Zeittakt 20 Sekunden.

3.2 Digitaler Mobilfunk im D-Netz

Das neue D-Netz kennzeichnet sich vor allem durch zwei Merkmale aus. Für die technische Ausführung (Funkstationen und Telefone) gilt ein europäischer Standard, so daß die Grenzen in Europa auch im Mobilfunkverkehr durchlässig werden.

Die digitale Übertragungstechnik ermöglicht verbesserte Qualität beim Telefonieren und vor allem die Übertragung von Datendiensten von 9.600 bit/s. Computernutzer können damit auch mobil Daten ohne Modem mit einer bisher kaum gekannten Geschwindigkeit übertragen. Btx und Fax werden ebenfalls über das D-Netz verfügbar sein.

Der geplante Start des D-Netzes zum 1. Juli 1991 mußte verschoben werden, da zu diesem Zeitpunkt noch keine Endgeräte lieferbar waren. Erst wenn genügend Endgeräte verfügbar sind, wird das D1-Netz, das erste digitale Mobilfunknetz der Welt, den Betrieb aufnehmen.

Die Mannesmann Mobilfunk GmbH bietet die private Konkurrenz zum Telekom D1-Netz. Ihr D2-Netz sollte im zweiten Halbjahr 1991 an den Start gehen.

Beide Netze sind also trotz mehrfacher Ankündigungen bis zum April 1992 nicht in Betrieb genommen worden. Es gibt derzeit auch keine verbindlichen Preisangaben für die Geräte. Der zukünftige Nutzer wird wohl mit etwas niedrigeren Kosten als beim C-Netz rechnen können. Angestrebt werden von den beiden Netzbetreibern Telekom und Mannesmann Gerätekosten um etwa 4.500,00 DM.

Gebühren D1-Netz

Einmalige Bereitstellungsgebühr: 74,10 DM

Monatliche Grundgebühr: 79,80 DM

Verbindungsgebühren Inland: In der Zeit des Normaltarifes montags bis freitags 7-20 Uhr, je Minute 1,67 DM. In der übrigen Zeit (Billigtarif) je Minute 0,52 DM.

113

Abb. 80: Karte D1-Netz in der Ausbauphase 1 (Telekom)

3.3 birdie - Telefonieren auf der Straße

birdie ist ein neues Mobilfunkangebot der DBP Telekom und bietet mobiles Telefonieren mit kleinen handlichen Endgeräten überall im Bereich einer Stadt zu preisgünstigen Konditionen. Ein Funktelefon für diesen Dienst kann mit einem festen Anschluß im Büro oder in der Wohnung über TAE-Stecker verbunden werden und entspricht damit der Funktionsweise eines schnurlosen Telefons. Außerhalb, auf der Straße, im Café oder wo man sich gerade innerhalb der Stadt in der Nähe einer birdie-Funkstation befindet, kann man selber anrufen, aber nicht von anderen erreicht werden.

Am 24. Oktober 1990 hat die Post mit der Erprobung von birdie im Rahmen eines Feldversuches in Müster begonnen. Anfang 1991 folgte das Testgebiet München. In beiden Städten wurden rund 350 birdie-Stationen aufgebaut. In deren Umkreis, einem Empfangsbereich mit einem Radius von ca. 150 m, ist es möglich, mit birdie-Telefonen Gespräche zu führen.

Endgeräte

birdie-Telefone sollen mit Einführung des birdie-Regeldienstes von der Telekom und dem privaten Handel angeboten werden.

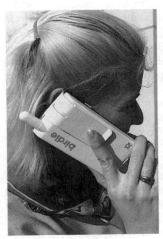

Abb. 81: birdie (Telekom)

Kosten

Für den Regeldienst sind von der Telekom folgende Gebühren und Kosten geplant:

Monatliche Grundgebühr je Endgerät: 8,80 DM.

Verbindungsgebühr im Außenbetrieb: 0,39 DM je Einheit.

Verbindungsgebühr über privaten Anschluß: Wie im normalen Telefonverkehr.

Ein birdie-Telefon soll ca. 300,00 DM kosten (ohne Heimstation).

Die Miete für die Heimstation soll ca. 15,00 DM monatlich betragen.

Weitere Informationen gibt es bei der "Beratungsstelle birdie" kostenlos unter der Telefonnummer 0130 0175 (mo-fr, 9-15 Uhr).

3.4 Bündelfunkdienst Chekker

Im rund 40 Jahre alten Betriebsfunk gab es 1990 über 700.000 angeschlossene Funkstellen. In Ballungsgebieten ist dieses System inzwischen überlastet, so daß sich der neue öffentliche Bündelfunkdienst Chekker anbietet. Er löst als Mobilfunkangebot der Telekom für Unternehmen, Betriebe, Behörden und für den Außendienst den Betriebsfunk Zug um Zug ab, wobei das Netz zunächst in Großstädten eingerichtet wird.

Gegenüber dem Betriebsfunk bietet Chekker ein Bündel von Funkkanälen und größere Reichweiten. Dem Funkgerät wird bei einem Gespräch nicht mehr ein fester, sondern ein jeweils anderer, gerade freier Kanal aus einem Bündel von Kanälen zugeordnet. Diese Zuordnung geschieht dabei rechnergesteuert. Nach dem Ende der Verbindung kann der gleiche Funkkanal wieder von einem anderen Kunden des Dienstes genutzt werden. Durch dieses Verfahren werden die knappen Funkfrequenzen wesentlich ökonomischer genutzt.

Der Verbindungsaufbau erfolgt bei Chekker schneller, und das Mithören durch andere Funkgeräte, wie dies bei Gemeinschaftsfrequenzen des herkömmlichen Betriebsfunks der Fall war, ist nicht mehr möglich. Die Reichweite kann in großen Ballungsgebieten bis 100 km betragen. Für die Nutzung dieses Mobilfunkdienstes benötigt man nur noch die entsprechenden Funkgeräte.

Leistungsmerkmale

- Gruppenruf ermöglicht gleichzeitig mit mehreren Empfängern zu sprechen;

- Konferenzverbindung zwischen mehreren Funkempfängern;

- Rufumleitung;

- Übertragung von kurzen Texten, die im Display des Funkgerätes angezeigt werden können;

- Zugang zum Telefonnetz mit der Möglichkeit, auch Funktelefone, Cityruf- und Eurosignalempfänger zu erreichen;

- Nutzung desselben Funkgerätes in mehreren Checker-Netzen nach Anmeldung.

Endgeräte

Die Endgeräte werden über den Fachhandel vertrieben, wobei drei Arten zu unterscheiden sind:

❶ Ortsfeste Funkgeräte für die Einsatzzentrale.

❷ Mobile Funkgeräte zum Einbau in Fahrzeugen.

❸ Tragbare Funkgeräte.

Chekker-Funkgeräte kosten je nach Ausstattung zwischen 2000 und 4500 DM.

Gebühren

Erstanmeldung pro Kunde: 65,00 DM (unabh. von der Zahl der Endgeräte).

Monatliche Grundgebühr:

1. bis 9. Funkstelle: je 52,00 DM.

10. bis 49. Funkstelle: je 47,00 DM.

Ab 50. Funkstelle: 45.- DM.

Gesprächsgebühren innerhalb eines Chekker-Netzes (Stadt oder Region) werden für die Funkverbindungen nicht erhoben. Die Gebühr für den Zugang zum Telefonnetz beträgt monatlich 23,00 DM. Die Verbindungsgebühren für Gespräche mit Telefonanschlüssen entsprechen dem Zeittakt im Funktelefonnetz C.

Ausbau des Netzes

Chekker wird im Endausbau in allen wichtigen Wirtschaftsräumen in Deutschland angeboten.

Bis April 1992 waren folgende Regionen mit Chekker versorgt:

- Berlin (gesamtes Stadtgebiet, inkl. Potsdam)
- Chemnitz mit Zwickau und Plauen
- Dresden mit Meißen, Freital, Bischofswerda und Bautzen
- Erfurt mit Eisenach, Jena und Gera
- Frankfurt/Main mit Hanau, Offenbach, Friedberg, Bad Homburg, Wiesbaden, Mainz, Rüsselsheim und Darmstadt
- Hamburg mit Harburg, Norderstedt, Pinneberg und Buchholz
- Leipzig mit Halle, Bitterfeld und Wittenberg
- Mannheim mit Ludwigshafen, Heidelberg, Karlsruhe und Pforzheim
- München mit Freising, Erding, Starnberg, Fürstenfeldbruck
- Nürnberg mit Fürth, Erlangen, Bamberg, Ansbach und Neumarkt
- Rhein/Ruhr-Gebiet (Raum Köln/Bonn und Duisburg/Essen)
- Stuttgart mit Ludwigsburg, Backnang, Waiblingen, Böblingen, Esslingen, Heilbronn, Tübingen, Reutlingen und Göppingen

Neben diesen von der Telekom betriebenen Netzen sind weitere von privaten Anbietern im Aufbau.

118

4. Telefongebühren der DBP Telekom

Aufgeführt werden die Gesprächs- bzw. Verbindungsgebühren über das öffentliche Telefonnetz, allgemein geltende Gebühren für die Einrichtung bzw. Änderung von Anschlüssen und monatliche Grundgebühren für das Telefon. Darüber hinausgehende oder andere Gebühren für weitere Telekommunikationsdienste sind in den jeweiligen Kapiteln enthalten.

4.1 Gesprächsgebühren innerhalb Deutschlands

Mit der letzten Gebührenänderung bzw. -anhebung zum 1. April 1991 blieb zwar die Gebühreneinheit von 0,23 DM, der Zeittakt wurde jedoch von 8 auf 6 Minuten beim Normaltarif (Montag bis Freitag, 8.00 bis 18.00 Uhr) reduziert.

Der Billigtarif in der übrigen Zeit, rund um die Uhr an bundeseinheitlichen Feiertagen und zwischen dem 24. und 31. Dezember, wird zu einem Zeittakt von 12 Minuten je 0,23 DM berechnet. Die bisherige Einteilung in vier Zonen wurde zugunsten einer Verbilligung von Gesprächen über eine Entfernung von mehr als 50 km aufgegeben.

	Normaltarif	Billigtarif
Orts-/Nahzone	6 Minuten	12 Minuten
Regionalzone bis 50 km	1 Minute	2 Minuten
Weitzone über 50 km	21 Sekunden	42 Sekunden

Für Verbindungen vom Westen in die neuen Bundesländer bestehen aus technischen Gründen vorerst andere Zeittakte: 21 Sekunden beim Normaltarif und 28 Sekunden beim Billigtarif.

Die Gesprächsgebühren gelten nicht nur für das Telefonieren, sondern auch für die Verbindung zwischen Telefax-Geräten und Computern bzw. Rechnern, wenn Datenfernübertragung über das Telefonnetz betrieben wird (Ausnahme: Btx zum Nahtarif).

Die Freieinheiten, die monatlich jedem Anschluß (nicht je Inhaber eines Anschlusses) gewährt werden, wurden von 20 auf zehn Einheiten in den alten

Bundesländern reduziert. Ab dem 1. Juli 1991 gibt es für die neuen Bundesländer erstmals zehn Freieinheiten.

Neue Vorwahlen für die neuen Länder, Wegfall der "0037" zum 1. Juni 1992

Ab sofort sind aus Westdeutschland alle Teilnehmer in den neuen Ländern und in ganz Berlin unter neuen Ortsnetzkennzahlen zu erreichen (z.B. Gera: vorher "003770", jetzt "0365"). Das aktuelle amtliche Verzeichnis der Ortsnetzkennzahlen (AVON) wird bis Mitte Mai an alle Haushalte verteilt.

Die Telekom bittet alle Kunden im Westen Deutschlands, nur noch die neuen Ortsnetzkennzahlen zu nutzen und alle Geräte mit Rufnummernspeicher umzuprogrammieren. Die bisherige Wahlmöglichkeit über "0037" besteht noch übergangsweise bis zum 1. Juni 1992 und entfällt dann.

Auch aus dem Ausland ist ganz Deutschland schon jetzt über die einheitliche Länderkennzahl "49" mit den neuen Ortsnetzkennzahlen zu erreichen. Die alte DDR-Länderzahl "37" wird am 22. Juli abgeschaltet.

Ab Ende Juli führt die Telekom in den neuen Ländern Zug um Zug die neuen Ortsnetzkennzahlen ein. Über den genauen Zeitpunkt der Umstellung wird sie Ihre Kunden rechtzeitig und umfassend informieren. Ende 1993/Anfang 1994 hat ganz Deutschland dann endgültig ein einheitliches Telekommunikationsnetz.

4.2 Ferngespräche international

Auch bei Ferngesprächen gilt eine Gebühreneinheit von 0,23 DM. Für Verbindungen innerhalb von Europa gibt es eine einfache Faustregel: Für 1 Minute zahlt man entweder 1,15 DM oder 1,38 DM beim Normaltarif (werktags 8.00 - 18.00 Uhr) und generell 0,92 DM beim Billigtarif.

Europa-Fernzone 1

Zu dieser Fernzone 1 in Europa zählen zu den Tarifen 1,15 DM bzw. 0,92 DM:

Belgien, Dänemark, Frankreich, Großbritannien, Irland, Luxemburg, Niederlande, Österreich und die Schweiz.

Außerdem, jedoch mit Normaltarif von 8.00 bis 20.00 Uhr:

Griechenland, Italien, Portugal, San Marino, Spanien und Vatikanstadt.

Zur Fernzone 1, jedoch generell zum Tarif von 1,38 DM ohne Billigtarif zählen:

Finnland, Jugoslawien, Norwegen, Schweden und Türkei.

Europa-Fernzone 2

Zur Europa-Fernzone 2 und Bereich Mittelmeer gehören die übrigen europäischen Länder mit Selbstwählferndienst sowie Ägypten, Algerien, Israel, Jordanien, Libyen, Marokko, Syrien und Tunesien ganztägig zum Tarif von ca. 1,29 DM. Für die übrige Welt gilt ganztägig gilt der Zeittakt von 4,42 Sekunden. Dies sind 3,12 DM je Minute.

USA

Zum 1. Mai 1992 wurde der Tarif für Verbindungen nach Nordamerika von z.B. 9,43 DM auf 5,98 DM bei 3 Minuten Gesprächsdauer gesenkt. Der Zeittakt im Selbstwähldienst wurde erhöht.

4.3 Monatliche Grundgebühren

Telefonanschluß

Einzelanschluß: 24,60 DM
Sozialanschluß: 19,60 DM

Was viele noch gar nicht so richtig registriert haben: Hinzu kommen monatlich 2,90 DM für das Standardtelefon (Modell 01LX mit Tasten). Viele Millionen Telefonnutzer zahlen diese monatliche Mietgebühr, ohne sich folgenden Sachverhalt bewußt zu machen:

Die Gebühr wird nicht erhoben, wenn man ein Telefon von der Telekom oder einem anderen Anbieter kauft. Dies macht im Jahr 34,80 DM, in beispielsweise fünf Jahren schon 174,00 DM. Ein Preis, für den man schon ein ansehnliches Komforttelefon erhält. Voraussetzung ist natürlich, man hat eine TAE-Dose und keinen alten, festen Anschluß.

Doppelanschluß

Zwei Telefonanschlüsse in zusammenhängenden Räumen: 35,20 DM. Inbegriffen sind zehn freie Gebühreneinheiten je Anschluß, also insgesamt 20 Einheiten. In den neuen Bundesländern gibt es 20 bzw. 40 freie Gebühreneinheiten. Zu der Grundgebühr von 35,20 DM kommen zweimal 2,90 DM monatlich, wenn man zwei Standardtelefone anschließt.

Einmalige Bereitstellungs- oder Änderungsgebühren

Dies bezieht nicht nur den Fall einer Neueinrichtung eines Telefonanschlusses mit Installation einer Steckdose ein, sondern alle Anmeldungen oder Änderungen (z.B. nach einem Umzug) von Anschlüssen für ein Telefon, Telefonanlagen, Faxgerät, Btx oder Modem.

Einmaliger Betrag: 65,00 DM

Bei mehreren gleichzeitigen Änderungen eines Anschlusses wird die einmalige Gebühr nur einmal erhoben, z.B. Ortswechsel mit gleichzeitiger Rufnummernänderung. In diesem Betrag sind seit 1.07.1990 eventuelle Anfahrts- und Installationskosten nicht enthalten. Am besten läßt man sich vor einem Auftrag vom technischen Vertriebsberater der Telekom ein Angebot erstellen.

Gebührenzählung

Die während eines Telefongespräches angefallenen Gebühren bzw. Einheiten können von komfortablen Telefonen mit Gebührenzähler oder über einen separaten Einheitenzähler der Telekom (vergl. Kapitel 2. "Telefonzubehör") kontrolliert werden. Außerdem ist die sogenannte Summenzählung möglich, d.h. solange man diese Funktion nicht zurückstellt, werden die Kosten aller geführten Gespräche zusammengerechnet und angezeigt.

Dies beinhaltet jedoch nur in begrenztem Maße eine Kontrolle der Telefonrechnung, da dies nur funktioniert, indem die Telekom die eigenen Zählimpulse an den Telefonapparat bzw. das Zusatzgerät übermittelt. Dies wird von ihr in der Vermittlungsanlage geschaltet, d.h. es werden also keine Arbeiten am Telefonanschluß selber vorgenommen.

Die Einrichtung der Gebührenzählung kostet einmalig 65,00 DM. Die monatliche Gebühr beträgt 1,00 DM.

Miete oder Kauf?

Bei vielen Geräten, die die DBP Telekom anbietet, hat man die Wahl zwischen Miete und Kauf. Bei der Miete eines Gerätes sind alle Kosten für Wartung, Reparatur und Wegezeiten im Preis enthalten. Der Mietvertrag wird für mindestens ein Jahr abgeschlossen. Beim Kauf eines Gerätes kann der Service auf Wunsch in Anspruch genommen werden. Die Berechnung erfolgt dann nach Aufwand. Man kann auch Serviceverträge abschließen, um die Leistungen ohne zusätzliche Berechnung beanspruchen zu können, die im Mietfall zum Service gehören.

Gebührenermäßigung aus sozialen Gründen

Für Teilnehmer mit geringem Einkommen (Studenten, Arbeitslose, Rentner) bietet die Telekom eine Gebührenermäßigung an: 19.80 DM als Grundgebühr plus 50 Freieinheiten. Ansonsten steht es dem Teilnehmer frei, für ein Komforttelefon mehr zu bezahlen.

Um in den Genuß der Gebührenermäßigung aus sozialen Gründen zu kommen, muß man einen Antrag bei dem zuständigen Sozialamt der jeweiligen Stadt stellen. Dieser Antrag ist jedoch gekoppelt mit einer Befreiung von der Rundfunk- und Fernsehgebührenpflicht. Mit der Bescheinigung der GEZ-Gebührenbefreiung geht man dann zum Telefonladen, der alles weitere für die Gebührenermäßigung in die Wege leitet.

4.4 Telefonkarten

Telefonkarten haben die Größe von Scheck- oder Kreditkarten. Es gibt sie in zwei Ausführungen, als Telefonkarte mit Guthaben, mit der in Höhe eines festgesetzten Betrages telefoniert werden kann, und als Telekarte, die wie eine Kreditkarte funktioniert. Die Beträge werden bei dieser Karte mit der Telefonrechnung abgebucht.

Die Telefonkarten enthalten einen elektronischen Speicherbaustein (Chip). Sie können nur an öffentlichen Kartentelefonen verwendet werden und ersetzen das Telefonieren über Münzfernsprecher. Kartentelefone werden hauptsächlich von der DBP Telekom auf Flughäfen und in großen Bahnhöfen aufgestellt. Es ist geplant, ein flächendeckendes Netz zu installieren.

Telefonkarte mit Guthaben

Gegenüber dem Münztelefon bietet das Telefonieren mit Karte einige Vorteile. Man ist unabhängig vom Kleingeld, braucht während eines Gespräches nicht immer wieder Münzen nachzuwerfen und bezahlt nur den Betrag, der tatsächlich angefallen ist, denn Münzfernsprecher geben häufig das Restguthaben nicht zurück. Der Nachteil liegt darin, daß man eine Karte mehr (neben EC-Karte, Kredit- oder Kundenkarte) mit sich tragen muß.

Die Karten können bei Postämtern und privaten Verkaufsstellen, die mit dem Telefonkartensymbol gekennzeichnet sind, erworben werden. Es gibt sie mit zwei Guthabenbeträgen, zu 12,00 DM mit 40 Gebühreneinheiten und zu 50,00 DM mit 200 Gebühreneinheiten.

Beim Kauf der Karte zu 50,00 DM spart man 10,00 DM, da das Telefonieren an öffentlichen Telefonzellen generell 0,30 DM je Einheit kostet.

Die Karte wird vor der Wahl der Telefonnummer in einen Schlitz am Kartentelefon eingesteckt. Die verbrauchten Gebühren werden während des Gesprächs laufend mit dem auf dem eingebauten Chip enthaltenen Wert gegengerechnet. Das Restguthaben der Karte erscheint auf einer Anzeige am Telefon. Karten können nicht "nachgeladen" werden.

Telekarte

Die Telekarte wird auf den Namen des Käufers ausgestellt und ist durch eine Geheimzahl, die man selber ändern kann, gegen den Gebrauch durch andere geschützt. Die Karte gibt es in drei Ausführungen, als internationale für In- und Auslandsgespräche, als nationale, für Inlandsgespräche und als lokale Telekarte, nur für Gespräche im Ortsnetz.

Anders als bei der einfachen Telefonkarte kostet die Gebühreneinheit bei der Benutzung einer Telekarte, wie beim Telefonieren vom eigenen Anschluß aus, 0,23 DM. Sie hat die Funktion einer Kreditkarte für das Telefonieren und verfällt nicht. Je Telekarte wird eine monatliche Bearbeitungsgebühr in Höhe von 3,00 DM erhoben.

Wer eine gesonderte Fernmelderechnung wünscht, zahlt statt der 3,00 DM sogar 7,00 DM. Telekarten werden bei der Anmeldestelle des zuständigen Fernmeldeamtes beantragt. Die einmalige Gebühr für die Bereitstellung beträgt 20,00 DM. Will man die Karte nach Verlust sperren lassen, kostet dies 15,00 DM.

Telekarten erfreuen sich immer größerer Beliebtheit als Sammlerstücke, da sie nicht nur von der Telekom, sondern auch von Firmen als Werbegeschenk grafisch gestaltet und ausgegeben werden. In Offenbach ist unter dem Postfach 100316 ein Club für Hobby-Telekartensammler erreichbar.

Seltene Telekarten haben bereits Spitzenpreise unter Sammlern von 3.000,00 DM erreicht. Einen Katalog (Spezial-Handbuch Telefonkarten) gibt es für 28.- DM zzgl. Porto bei:

TeleKart/Info Club
Postfach 1224
W-6093 Flörsheim 1
Tel. (06145) 52100, Fax (06145) 53437
oder über Btx * 24082 #.

4.5 Geschäftsbedingungen der DBP Telekom

Seit 1.07.1990 gelten generell privatrechliche Vertragsverhältnisse zwischen der Telekom und ihren Kunden, wie sie auch z.B. beim Kauf eines Autos oder Mietverhältnissen angewandt werden.

Die Regelung besonderer Bestimmungen zwischen den Vertragspartnern wird in den Allgemeinen Geschäftsbedingungen der Telekom vorgenommen. Außerdem gilt für einige Bereiche eine Telekommunikationsverordnung, die die Bundesregierung für die Inanspruchnahme von Dienstleistungen des Staatsunternehmens erlassen hat.

Die Allgemeinen Geschäftsbedingungen der DBP Telekom sind in einem Amtsblatt veröffentlicht, das bei der Anmeldestelle des örtlichen Fernmeldeamtes, im Telefonladen der Telekom und bei Beratungsstellen ausliegt.

5. Telefondienste

Die DBP Telekom bietet Ihnen verschiedene Dienste an, zu denen die allgemein bekannte Telefonauskunft ebenso gehört wie Auftragsdienste, Erinnerungs-, Benachrichtigungs- und Weckauftrag sowie die Fernsprechansagedienste.

Der Service 0130 ermöglicht Interessenten von Unternehmen und Verbänden den Anruf zum Nulltarif. Über die Sprachbox kann man eine gesprochene Nachricht für den Abruf durch andere hinterlassen.

Schließlich zählen zu den Telefondiensten auch noch die Anrufweiterschaltung, die Telefonkonferenz (das Zusammenschalten mehrerer Telefonteilnehmer) und Deutschland Direkt, ein Angebot an USA-Reisende, von dort aus komfortabel nach Deutschland zu telefonieren.

Der zu erwähnende Doppelanschluß ist eigentlich keine Dienstleistung, sondern ein günstiges Gebührenangebot für zwei Amtsleitungen an Vieltelefonierer.

Die hier angegebenen Telefonnummern gelten für den Fall, daß der entsprechende Dienst innerhalb des Ortnetzes verfügbar ist. Ist dies nicht der Fall, muß eine 0 vorgewählt werden.

5.1 Sonderdienste

Service	Telefonnummer	Gebühren
Telefonauskunft Inland:	1188	Ortsgespräch
Telefonauskunft Ausland:	00118	frei
Zeitansage	1191	
Fernamt national	010	Ortsgespräch
Fernamt international	0010	frei

Satelliten-Seefunkdienst zu Schiffen

Atlantischer Ozean: Vorwahl 00871
Pazifischer Ozean: Vorwahl 00872
Indischer Ozean: Vorwahl 00873

Nach der Vorwahl wird die Schiffsnummer gewählt.

Störungsannahme für Telefon, Btx: 1171
Störungsannahme für Telex, Teletex, Datendienste und Telefax: 1172
Störungsannahme für Kabelanschluß, Ton- und Fernsehrundfunk, Funkdienste 1174

Telegrammaufnahme 01131

Cityruf Funkrufaufnahme 016951
Cityruf Zugangskennzahlen: Alphanumerik 01691
                            Numerik 0168
                            Nur-Ton 0164

5.2 Auftragsdienste

Vier Auftragsdienste stehen unter der gleichen Telefonnummer zur Verfügung:

Weckauftrag

Mit einem Einzelweckauftrag kann man sich an einem bestimmten Tag zu einer bestimmten Uhrzeit wecken lassen. Ein Dauerweckauftrag ermöglicht es, an mehreren Tagen zur gleichen Uhrzeit geweckt zu werden.

Gebühren:

Einzelweckauftrag: je Weckruf 2,00 DM.

Dauerweckauftrag (mehrere Wecktage mit gleicher Weckzeit), je Weckruf 1,50 DM.

Abwesenheitsauftrag

Der Telefonauftragsdienst übernimmt die gleichen Aufgaben wie ein Anrufbeantworter. So werden Anrufe unter der eigenen Rufnummer entgegengenommen, eine vereinbarte Mitteilung dem Anrufer gegeben und kurze Nachrichten aufgezeichnet.

Die DBP Telekom weist darauf hin, daß ein Abwesenheitsauftrag nur in Ortsnetzen erteilt werden kann, in denen eine ausreichende Nachfrage vorhanden ist.

Beim Telefonauftragsdienst können Sie sich unter der Rufnummer 11 41 bzw. 0 11 41 erkundigen, ob ein Abwesenheitsauftrag im eigenen Ortsnetz möglich ist. Außerdem sollten Sie Ihre Aufträge frühzeitig bei der Auftragstelle beantragen.

Gebühr Abwesenheitsauftrag I S!:

Entgegennehmen von Anrufen, Aufzeichnen und Bekanntgabe von kurzen Nachrichten sowie Ansage einer vereinbarten Mitteilung an die Anrufer, je Kalendertag 7,00 DM.

Gebühr Abwesenheitsauftrag II S:

Entgegennehmen von Anrufen und Zusprechen einer vereinbarten Mitteilung an die Anrufer, je Kalendertag 5,00 DM.

Erinnerungsauftrag

Wer mit seinem Kalender nicht zurecht kommt, kann den Auftrag erteilen, an einen gewünschten Termin (z.b. den Hochzeitstag - Originaltext Deutsche Bundespost) erinnert zu werden. Man kann dabei festlegen, daß nur solche Leute die Nachricht erhalten, die sich namentlich vorstellen oder ein vorher bestimmtes Codewort nennen.

Gebühren:

Annehmen und Zusprechen des gewünschten Erinnerungstextes zu einer bestimmten Zeit kostet 3,00 DM.

Zusprechen nach besonderem Verfahren - nur an ganz bestimmte Personen, zusätzlich 1,00 DM.

Benachrichtigungsauftrag

Ganz praktisch, wenn man es für angemessen hält: Man kann mit einem Benachrichtigungsauftrag der Großmutter zum Geburtstag vom Auftragsdienst alles Gute wünschen lassen, während man sich im Urlaub in der Sonne rekelt.

Dem Telefonauftragsdienst kann der Auftrag erteilt werden, zu einer bestimmten, vorher vereinbarten Zeit einen Benachrichtigungstext (bis zu 20 Worte) an eine bestimmte Rufnummer zu sprechen, die von Ihnen genannt wurde und sich im Bereich der Deutschen Bundespost befindet. Sie können dabei festlegen, daß die Nachricht nur ganz bestimmten Personen zugesprochen wird, die ihren Namen oder ein vereinbartes Kennwort nennen.

Gebühren:

Annahme des Benachrichtigungstextes und Zusprechen an eine genannte Rufnummer im Bereich der Deutschen Bundespost 4,30 DM. Zusprechen nach besonderem Verfahren - nur an ganz bestimmte Personen, zusätzlich 1,00 DM. Zusprechen des Benachrichtigungstextes an weitere Empfänger (Rufnummern), zusätzlich je Rufnummer 1,50 DM.

5.3 Telefonansagen

Die Deutsche Bundespost gibt allen Telefonteilnehmern die Möglichkeit, Informationen von allgemeinem Interesse über Telefon abzufragen. Der Inhalt der Informationen wird in bestimmten Zeitabständen akualisiert. Zu diesen Ansagen gehören etwa Zeitansagen, Kochrezepte, Wettervorhersagen etc.

Insgesamt gibt es 31 Ansagen, von denen 14 national und die restlichen regional verfügbar sind. Einige Ansagen können nur zeitlich begenzt abgerufen werden. Telefonansagen sind grundsätzlich gebührenpflichtig.

Nationale Ansagen

Aktuelles aus dem Gesundheitswesen	11502 (*)
Ärztlicher Bereitschaftsdienst	11500 (*)
Ausstellungen, Messen, Sonderveranstaltungen	11516 (*)
Börsennachrichten aus dem Inland	1168
Börsennachrichten aus dem Ausland	11608
Dienstbereite Apotheken	11500 (*)
Fahrplanhinweise der Bahn im Fernverkehr	11531 (*)
Fernsehprogramme	11503 (*)
Fußballtoto	11 61
Gedichte und Kurzprosa	11510 (*)
Hinweise für Wintersportler - Schneetelefon	11530 (*)
Hochwassermeldungen	11530 (*)
Hörtest	11505 (*)

Kabarett, Varieté	11518
Kinoprogramme	11511 - 11515
Kirchliche Nachrichten	1157
Klassenlotterie	11607
Küchenrezepte	11 67 (0 11 67)
Konzert, Theater	11517 (*)
Kulturelle Veranstaltungen	1151 (*)
Letzte Anschlüsse (Straßenbahn, Bus usw.)	11537 (*)
Lokalnachrichten für Blinde	1155 (*)
Medizinmeteorologische Hinweise (Pollenflug usw.)	11601
Nachrichten vom Tage	1165
Normstimmton	11530 (*)
Pferdetoto, Rennsportergebnisse	1152 (*)
Reisevorschläge	11539 (*)
Reisewetter-Vorhersage/ Wintersportbericht	11600
Seebäderdienst	11530 (*)
Seewetterbericht	11509 (*)
Segelflugwettervorhersage	11606
Sonderansagen (bei Bedarf)	1166
Sonderfahrten, Ausflüge	11538 (*)
Sportnachrichten	1163
Stellenangebote der Arbeitsämter	11501 (*)
Straßenzustandsbericht (zeitlich begrenzte Ansage)	1169
Sturmflutwarnungen	11530
Taubenauflaßzeiten	11536 (*)
Verbraucher- und Einkaufstips	11506 (*)
Wasserstandsmeldungen	1158 (*)
Wettervorhersage	1164
Witterungshinweise für die Landwirtschaft	1154 (*)
Zahlenlotto / Rennquintett	1162
Zeitansage	1191

*(*)   Diese Ansagedienste existieren nur in bestimmten Ortsnetzen. Nähere
Informationen hierzu sind in jedem örtlichen Telefonbuch zu finden.*

5.4 Anrufweiterschaltung

Die Anrufweiterschaltung als Dienst der Telekom bietet Ihnen mehr als nur die einfache Weiterschaltung eines gerade nicht besetzten Telefonanschlusses an einen anderen. So kann z.B. eine Firma die Weiterschaltung in bestimmten Ortsnetzen einrichten lassen und dort auch in den Telefonbüchern vertreten sein, obwohl sie in den Orten nicht über eine Filiale verfügt.

Anrufer eines Anschlusses mit Anrufweiterschaltung zahlen nur die Gebühr für die Verbindung der gewählten Nummer, oft also nur den Orts- oder Nahtarif. Die Gebühren für diesen Dienst und die weitergeschalteten Gespräche übernimmt der Auftraggeber der Anrufweiterschaltung.

Die Anrufweiterschaltung gibt es in vier Ausführungen.

Ausführung 1

In geschäftlich interessanten Orten, in denen eine Firma aus wirtschaftlichen Gründen keine Vertretung einrichten kann, entsteht durch die Anrufweiterschaltung eine telefonische "Zweigniederlassung". Wahlweise kann die Firma eine örtliche oder eine bundeseinheitliche Rufnummer erhalten. Hierfür muß die Firma noch nicht einmal ein Telefon in dem Ort aufstellen, da alle Anrufe zu dieser Nummer durch die Anrufweiterschaltung automatisch weitergeleitet werden. Die Kunden dieser Firma zahlen für den Anruf nur die normale Orts- oder Nahgebühr.

Ausführung 2

Ein Firma verfügt über ein zusätzliches Büro, das nicht ständig besetzt ist. Dort wird eine fest programmierte Anrufweiterschaltung eingerichtet. Wenn das Büro nicht besetzt ist, kann ein Mitarbeiter per Tastendruck die Weiterschaltung von Anrufen an einen anderen Anschluß aktivieren. Dieser muß vorher festgelegt worden sein und kann in der Privatwohnung des Mitarbeiters, in der Firmenzentrale oder auch im Ausland liegen.

Ausführung 3

Mit dieser Möglichkeit erhält man eine variable Anrufweiterschaltung: Der Zielanschluß, zu dem die Gespräche weitergeschaltet werden, kann jederzeit neu bestimmt werden. Dies entspricht der Funktion der Anrufweiterschaltung, wie sie in einigen Anrufbeantwortern eingebaut ist (vergl. entsprechendes Kapitel). Die DBP Telekom berechnet für diesen Dienst eine monatliche Gebühr von 133,00 DM!

Ausführung 4

Die Ausführung 4 ermöglicht wie die Ausführung 3 die Weiterschaltung ankommender Wählverbindungen zu beliebigen anderen Telefonanschlüssen und zu beliebigen Zeiten.

Darüber hinaus kann man mit Hilfe eines Handprogrammiersenders auch von unterwegs die Anrufweiterschaltung aktivieren bzw. deaktivieren oder eine neue Rufnummer als Zielanschluß bestimmen.

Auch diese Funktionen der Ausführung 4 sind in einigen Anrufbeantwortern eingebaut. Das von der Telekom als Handprogrammiersender bezeichnete Gerät ist nichts weiter als der Signalgeber bei Anrufbeantwortern mit Fernabfrage.

Einmalige Gebühr

Die einmalige Einrichtungsgebühr beträgt für jede Ausführung 65,00 DM. Darin ist die Anschließung eines besonderen Tastentelefons für die Bedienung bei Ausführung 2 (programmierte Anrufweiterschaltung) und Ausführung 3 (variable Anrufweiterschaltung) enthalten. Bei Verwendung eines entsprechenden Anrufbeantworters benötigt man das besondere Tastentelefon nicht!

Monatliche Gebühren

Ausführung 1

Mit örtlicher Rufnummer: 98,00 DM.

Mit bundeseinheitlicher Rufnummer: 118,00 DM.

Ausführung 2

(Programmierte Anrufweiterschaltung)

Einschließlich Telefon und der monatlichen Grundgebühr für den Telefonanschluß: 157,58 DM.

Ausführung 3

(Variable Anrufweiterschaltung)

Einschließlich Telefon und der monatlichen Grundgebühr für den Telefonanschluß: 130,58 DM.

Ausführung 4

(Variable Anrufweiterschaltung mit Fernsteuerung)

Einschließlich der monatlichen Grundgebühr für den Telefonanschluß und den Handprogrammiersender: 140,58 DM.

Gesprächsgebühren

Die Gebühren für weitergeschaltete Gespräche werden nach den üblichen Tarifen berechnet, die für die Entfernung zwischen dem Anschluß mit Weiterschaltung und dem Zielanschluß gelten, zu dem weitervermittelt wird.

5.5 Deutschland Direkt

Dieser Service ermöglicht Auslandsreisenden komfortables Telefonieren nach Deutschland. Von jedem Telefon im Ausland erreicht man über eine bestimmte Rufnummer unentgeltlich die "Deutschland Direkt"-Zentrale der Telekom in Frankfurt am Main. Dort vermittelt ein sogenannter Operator, eine Deutsch sprechende Vermittlungskraft das Gespräch an einen gewünschten Teilnehmer.

Die Gesprächsgebühren können über Tele-Karte, C-Netz-Berechtigungskarte oder wie ein R-Gespräch, bei dem die Kosten der Angerufene trägt, abgerechnet werden. Dies ist bequemer als die Bedienung eines Münztelefons, von dem jedoch "Deutschland Direkt" ebenfalls genutzt werden kann, und es ist angesichts der teilweise hohen Hotelaufschläge eine preiswerte Lösung. Die monatliche Gebühr für eine Buchungskarte beträgt 3,00 DM, bei Ausstellung einer eigenständigen Fernmelderechnung, auf der nur über die Karte geführte Gespräche berechnet werden, 7,00 DM.

"Deutschland Direkt" (Country Direct Service)

Land	Gesprächsgebühren (DM)		
	Erste 3 Min.	Jede weitere angefangene Min.	Rufnummer Operator
Belgien	15,50	1,15	078-11-0049
Brasilien	22,50	3,22	000-80-49
Dänemark	15,50	1,15	800-1-0049
Finnland	16,50	1,38	9800-1-0490
Frankreich	15,50	1,15	19-0049
Großbritannien	15,50	1,15	0-800-89-0049
Hongkong	22,50	3,22	008-0049
Irland	15,50	1,15	1800-55-0049
Japan	22,50	3,22	00-39-491
Kanada	19,00	2,07	1-800-465-0049
Luxemburg	15,50	1,15	0-800-0049
Neuseeland	22,50	3,22	000-949
Niederlande	15,50	1,15	06-022-0049
Norwegen	16,50	1,38	050-199-49
Portugal	15,50	1,15	050-500-49
Schweden	16,50	1,38	020-799-049
Spanien	15,50	1,15	900-99-0049
Ungarn	16,50	1,38	00*-800-049-11
USA	19,00	2,07	1-800-292-0049 (AT&T) 1-800-766-0049 (MCI-Internat.) 1-800-927-0049 (US Sprint)

* 2. Wählton abwarten

5.6 Doppelanschluß

Sehr praktisch und preisgünstig für größere Familien, in denen häufig telefoniert wird oder auch für Freiberufler, die Fax, Btx oder andere Dienste neben dem Telefon benutzen, ist der Doppelanschluß der Telekom. Dabei wird der vorhandene Telefonhauptanschluß um einen zweiten vollwertigen, aber billigeren Anschluß mit eigener Rufnummer und eigener Gebührenrechnung erweitert. Der Eintrag der Rufnummer hierfür im Telefonbuch kann entfallen. Voraussetzungen sind, daß für beide Nummern der gleiche Anschlußinhaber auftritt, und daß die beiden Anschlüsse in einer Wohnung, einem Haus oder Büro eingerichtet sind.

Allerdings gilt das nicht für Benutzer, die einen Anschluß mit Gebührenvergünstigung aus sozialen Gründen haben. Außerdem dürfen Doppelanschlüsse nicht an Nebenstellenanlagen mit mehr als zwei Amtsleitungen im Endausbau vergeben werden.

Gebühren

Die monatliche Grundgebühr für den Doppelanschluß beträgt 35,20 DM. Das sind für den ersten Telefonanschluß 24,60 DM, für den zweiten 10,60 DM. Wer die zehn freien Gebühreneinheiten nutzt, die auch für den zweiten Anschluß gewährt werden, erhält somit den zweiten Anschluß für 10,60 DM minus 2,30 DM Gebühreneinsparung, also für monatlich nur 8,30 DM einschließlich zweitem Sprechapparat.

5.7 Service 130

Der Service 130 wird von vielen Firmen und Institutionen als Marketinginstrument für Werbung, Kundenservice und -beratung oder für Bestellannahme bzw. Auftragsabwicklung genutzt. Speditionen und Versicherungen setzen ihn auch zur Außendienststeuerung ein.

Service-130-Teilnehmer erhalten die vom Firmensitz unabhängige Vorwahlnummer 0130 und eine vier- oder sechsstellige Rufnummer. Der Anruf ist aus dem Bereich der Deutschen Bundespost unabhängig von der Entfernung zum gerufenen Teilnehmer im In- oder auch Ausland gebührenfrei. Die Gesprächsgebühren werden dem Service-130-Teilnehmer berechnet.

Service 130 Regional

Bei Service 130 Regional ist der Service-130-Teilnehmer nur in einem der 63 von der Telekom eingerichteten regionalen Bereichen erreichbar. Alle Anrufe aus den anderen Regionalbereichen werden abgeblockt.

Service 130 National

Bei Service 130 National ist der Service-130-Teilnehmer entweder aus dem gesamten Bereich der Deutschen Bundespost oder aus mehreren Einzugs- bzw. regionalen Bereichen erreichbar.

Die Zielanschlüsse müssen sich im Bereich der Deutschen Bundespost befinden. Es ist also z.b. für ein holländisches Unternehmen nicht möglich, sich über Service 130 von deutschen Anschlüsssen aus anrufen zu lassen.

Service 130 International

Unternehmen im Ausland können sich über den Service 130 International von deutschen Teilnehmern gebührenfrei anrufen lassen. Diese Unternehmen erhalten dabei ebenfalls eine 4- oder 6-stellige Service-Nummer ohne besonderen Zusatz, aus dem für den Teilnehmer erkennbar wäre, daß eine Telefonverbindung ins Ausland geschaltet wird.

Umgekehrt können deutsche Unternehmen den Service 130 International auch nutzen, um sich vom Ausland aus wahlweise gebührenfrei oder zu einer dem Ortstarif vergleichbar günstigen Gebühr anrufen zu lassen. Die tatsächlichen Kosten für einen Anruf aus dem Ausland trägt auch in diesem Fall dann der Inhaber der Service-130-Nummer.

Gebühren

Einmalige Gebühren:

Bereitstellung oder Änderung einer Service-130-Rufnummer am vorhandenen Telefonanschluß 65,00 DM.

Monatliche Gebühren:	350.- DM.
je 4-stellige Service-130-Rufnummer	700.- DM.
je 6-stellige Service-130-Rufnummer	130.- DM.

Gesprächsgebühren:

Die Gebühren für die Gespräche, die von den Anrufern zum Nulltarif geführt werden, trägt der Service-130-Teilnehmer. Bei Münzfernsprechapparaten müssen (je nach Apparatetyp) entweder 0,30 DM eingeworfen werden, die nach Gesprächsende zurückgegeben werden, oder aber es ist kein Münzeinwurf erforderlich.

Eine individuelle Beratung zu den Einsatzmöglichkeiten des Service 130 erfolgt bei der Technischen Vertriebsberatung des örtlichen Fernmeldeamtes oder bei dem Service-130-Beratungsteam der Telekom unter der Rufnummer 0130 01 01.

5.8 Sprachbox

Bei der Sprachbox wird eine Nachricht in einem Speicher in digitaler Form gespeichert und kann über bestimmte Zugangsprozeduren abgefragt werden. Der Teilnehmer am Sprachbox-Dienst erhält dabei ein persönliches "Postfach". Dies ist vergleichbar mit einer elektronischen Mailbox, nur, daß bei der Sprachbox die gesprochene und nicht die schriftliche Nachricht hinterlegt wird. Die Sprachbox befindet sich bei der DBP Telekom noch im Betriebsversuch, ist also noch kein Regeldienst.

Funktionen der Sprachbox

- Nachrichten speichern oder löschen;
- Weiterleiten von Nachrichten - mit oder ohne Kommentar - an andere Sprachboxen;
- Nachrichten direkt beantworten;
- Anwahl von Eurosignal- oder Cityruf-Empfängern;
- Absenden einer Nachricht, z.B. Geburtstagsglückwünsche, die in die Box gesprochen wurden, zu einer bestimmten Zeit an einen Telefonteilnehmer;
- Rundsenden einer Nachricht über einen Verteiler an mehrere Empfänger.

Handhabung / Nutzung

Bisher wurden drei Sprachspeichersysteme im Bereich der Deutschen Bundespost Telekom eingerichtet. Als Standorte wurden die Städte Berlin, Essen und Hannover ausgewählt.

Wie im Telefondienst üblich, erfolgt die Anwahl der Systeme mit der Vorwahlnummer der entsprechenden Städte und der Systemrufnummer 19 3 19. Von jedem Telefon, also auch von einem Münztelefon, kann das System über Orts-, Nah- oder Fernwählverbindungen aus dem Bereich der Deutschen Bundespost und auch weltweit erreicht werden. Das System wird mit Tonfrequenzen gesteuert. Hierzu eignen sich Telefone, die auf das Mehrfrequenzwahlverfahren (MFV-Wahl) umschaltbar sind, oder man verwendet einen Tonfrequenzsender.

Der Sender ist vergleichbar dem Signalgeber für die Fernabfrage von Anrufbeantworter und hat die Größe einer Zigarettenschachtel. Diesen Sender benötigt man für den mobilen Einsatz, z.b. das Abfragen der Sprachbox vom "Münzer" oder aus dem Hotelzimmer. Dabei wird der Tonfrequenzsender auf das Mikrofon des Telefonhörers aufgelegt und die entsprechenden Befehle eingetastet.

Gebühren

- Einmalige Bereitstellungsgebühr (je Kunden-Auftrag max. 20 Boxen): 65,00 DM.

  Monatliche Grundgebühr je Box:

für 1 Box	40,00 DM
ab 2 Boxen	30,00 DM
ab 4 Boxen	25,00 DM

- Monatliche Benutzungsgebühr (im Betriebsversuch): je Box 20,00 DM.
- Geplante Gebühr im Wirkbetrieb: monatlich je Box 30,00 DM.
- Monatliche Miete eines posteigenen Tonfrequenzsenders: 5,00 DM.
- Einmaliger Kaufpreis eines Tonfrequenzsenders: 55,01 DM.
- Als Verbindungsgebühren zum Sprachspeichersystem werden die gleichen Gebühren wie für Wählverbindungen im Telefondienst berechnet.
- Auskünfte und Beratung erteilt die Technische Vertriebsberatung des Fernmeldeamtes der Telekom.

5.9 Telefonkonferenz

Eine Telefonkonferenz ist die Zusammenschaltung mehrerer Telefonanschlüsse. Die Teilnehmer sitzen in ihrem jeweiligen Büro - möglicherweise in verschiedenen Städten oder sogar Ländern - und sind per Telefon miteinander verbunden. Jeder kann hören, was ein anderer sagt und kann selbst zu allen sprechen.

Eine Telekonferenz kann über die Service-Nummer der Telekom 0130 0161 gebührenfrei angemeldet werden (spätestens 30 Minuten vor Konferenzbeginn). Für die Anmeldung benötigt die Telekom Angaben über

- Datum und Uhrzeit der Konferenz,
- voraussichtliche Dauer,
- Vorwahl und Rufnummer des Anmeldenden,
- Telefonnummern der Konferenzteilnehmer.

Telefonkonferenzen sind mit 197 Ländern der Erde möglich. Gebühren fallen dabei erst an, wenn der letzte Teilnehmer zugeschaltet ist. Das Gespräch ist beendet, sobald der Anmeldende den Hörer auflegt. Die Gebühren werden in der Fernmelderechnung dem Anschluß angerechnet, von dem das Konferenzgespräch angemeldet worden ist.

Gebühren für eine Konferenzschaltung

Gesprächsgebühren Inland:

Gesprächsdauer bis 3 Minuten: 3,75 DM; je weitere angefangene Minute: 1,25 DM.
C-Funk-Telefonanschluß bis 3 Minuten: 3,00 DM; je weitere angefangene Minute: 1,00 DM.
Zuschlagsgebühr für jeden am Konferenzgespräch im Netz der DBP beteiligten Telefonanschluß: 3,75 DM.

Gesprächsgebühren Ausland:

Zwischen 8,40 DM und 15,00 DM für die ersten 3 Minuten je nach Tarifzone. Danach zwischen 2,80 DM und 5,00 DM je weitere angefangene Minute.

Zuschlagsgebühr für jeden am Konferenzgespräch Beteiligten im Ausland:
je Telefonanschluß: 8,40 DM bis 15,00 DM.

5.10 Tele-Info-Service

Unter dem Begriff "Tele-Info-Service" (TIS) läuft seit 1. Oktober 1991 in Nordrhein-Westfalen ein Betriebsversuch mit von privaten Anbietern betriebenen telefonischen Ansagediensten. Die Telefonnummern dieser Dienste beginnen mit der Kennzahl 0190, so daß der Tele-Info-Service auch entsprechend dem Service 0130 als Service 0190 bezeichnet wird. International ist der Begriff

"Audiotex" üblich und bezeichnet z.B. die in Großbritannien oder den USA schon seit längerem mit großem Erfolg laufenden telefonischen Ansagedienste.

Dabei gibt es jedoch für den Anrufer einen entscheidenden Unterschied. Während bei Service 0130 keine Telefongebühren für den Nutzer anfallen, erfolgt die Verbindung zu einem privaten Telefondienst im 12-Sekunden-Zeittakt. D.h. während einer Minute Gesprächszeit fallen 1,15 DM Gebühren an.

Ein gutes Geschäft also sowohl für die Telekom, als auch für den jeweiligen privaten Anbieter. Das Gebührenaufkommen teilen sich beide nach einem festen Schlüssel, wobei die Telekom die Einnahmen für den Programmanbieter über die Telefonrechnung einzieht, auf der jedoch die außerordentlichen Gebühren für den Telefonteilnehmer nicht gesondert aufgeführt werden.

Im Rahmen des Pilotprojektes in NRW werden neben Unterhaltung, wie z.B. ein Lindenstraßen-Telefon mit Informationen zur Fernsehserie, die von Schauspielern gesprochen werden, auch Sport- und Wirtschaftsnachrichten angeboten. Weiterhin gibt es Anbieter, bei denen Produkte oder Reisen bei einer Last-Minute-Börse bestellt werden können. Außerdem sollen Informationen für Fan-Clubs der Vereine Schalke 04 und Borussia Dortmund über einen Tele-Info-Service angeboten werden.

Die DBP Telekom erklärt sich für die angebotenen Inhalte zwar als nicht zuständig, bemüht sich jedoch im Rahmen eines von ihr angeregten Arbeitskreises um eine halbwegs seriöse und verbraucherfreundliche Einrichtung des neuen Dienstes.

So sind die privaten Anbieter, verpflichtet auf Anzeigen und zu Beginn der Ansagetexte auf den teuren Zeittakt bei der Verbindung mit einer 0190er-Nummer hinzuweisen. Außerdem soll dafür gesorgt werden, daß die in einigen anderen Ländern äußerst lukrativ laufenden Sex-Ansagedienste in Deutschland erst gar nicht aufkommen. Es ist zu hoffen, daß diese Absicht auch erfolgreich umgesetzt wird, da es wohl kaum zu verhindern ist, daß auch einmal Kinder über das Telefon zu Hause solche Nummern anrufen können.

In einer Hinsicht kann die geplante bundesweite Einführung des Tele-Info-Dienstes eine Besserung bringen. Die Anzeigen von Informationsdiensten in Zeitschriften häufen sich und viele Menschen, oft aber auch Jugendliche, wählen diese Dienste unbedacht an. Wenig später flattert dann eine gepfefferte Telefonrechnung über mehrere hundert DM ins Haus.

Was den Anrufern nicht aufgefallen ist: es handelte sich um einen telefonischen Ansagedienst im Ausland, den man jedoch leicht daran erkennen kann, daß die Telefonnummer nicht nur ungewöhnlich lang ist, sondern zwei Nullen für ein Auslandsgespräch z.B. nach Australien vorangestellt ist. Derartige besonders für Jugendliche sehr attraktive Dienste sind Fan-Informationen für Fernsehstars, wie David Hasselhoff oder für Fußballvereine.

6. Anrufbeantworter

Manche Werbeprospekte schwelgen in Superlativen und preisen Anrufbeantworter als Ersatz für Telefonisten an. Hier wird die Bedeutung des Wortes allzusehr übertrieben, auch wenn Anrufbeantworter inzwischen Funktionen besitzen, die vor wenigen Jahren noch nicht denkbar waren. Stellen Sie sich die Möglichkeiten eines Anrufbeantworters vor: Sie verpassen keinen Anruf mehr, Sie können entscheiden, ob Sie mit dem Anrufer reden möchten oder nicht. Zwei Gründe, die die Anschaffung eines solchen Geräts überlegenswert machen, und die sicherlich dazu geführt haben, daß sich Anrufbeantworter einer zunehmenden Beliebtheit erfreuen.

Anrufe konnten diese Geräte in eigentlichen Sinn noch nie beantworten. Denn dazu wäre so etwas wie Künstliche Intelligenz notwendig. Anrufbeantworter können sich aber selbst in der einfachsten Ausführung melden und dem Anrufer einen Text vom Band vorspielen, den der Angerufene vorher daraufgesprochen hat. Danach erhält der Anrufer die Möglichkeit, einen Text auf dieses Band über die Telefonleitung zu sprechen.

Bei eingeschaltetem Anrufbeantworter setzt das Gerät also den telefonischen Rufton in ein Signal zum Start des Tonbandes um und schaltet nach Abspielen des Textes automatisch auf Aufnahme. Anrufbeantworter sind demnach fernsteuerbare Tonbandgeräte. In dieser Funktion haben sie sich zu teilweise sehr komfortablen Kommunikationsgeräten gemausert. Während man noch vor zehn Jahren für viele hundert Mark ein Gerät bekam, daß nur kurze Nachrichten von ca. zwei Minuten aufzeichnen konnte, gibt es heute Anrufbeantworter zu erschwinglichen Preisen, die man aus der Ferne abfragen kann oder die sogar einen Anruf weiterleiten und einen Cityruf auslösen können.

6.1 Leistungsmerkmale einfacher Anrufbeantworter

Unterschieden wird zwischen einfachen Anrufbeantwortern, wie man sie eher für den privaten Gebrauch einsetzen wird, und Geräten mit Komfortfunktionen, wie sie z.B. ein Geschäftsmann benötigt, der häufig unterwegs ist und von außerhalb erfahren will, wer im Büro angerufen hat. Zu beachten ist dabei, daß zunehmend Geräte erhältlich sind, die die Funktion der Fernabfrage wahlweise anbieten, so daß schon sehr preisgünstige Anrufbeantworter der unteren Leistungsklasse nachträglich mit der Fernabfrage bzw. dem entsprechenden Zusatzgerät ausgerüstet werden können.

Ein einfaches Gerät für den privaten Gebrauch, wie der Voxi-100 ist ohne Zulassung bereits ab 100,00 DM und mit Zulassung ab 300,00 DM erhältlich. Derartige Anrufbeantworter besitzen folgende Grundfunktionen:

Speichermedium / Kassette

Anrufbeantworter verfügen über zwei Kassettenlaufwerke: Für die Aufzeichnung und das Abspielen des Ansagetextes wird entweder eine kleine Steno-Kassette, wie sie bei Diktiergeräten verwendet wird, oder eine etwas größere Mikro-Kassette als Endlosband eingesetzt.

Eine gute und preisgünstige Lösung bieten Anrufbeantworter mit Doppelkassettenlaufwerk für normale Kassetten, wie man sie vom Tonbandgerät bzw. Rekorder kennt.

Je nach Aufzeichnungszeit der Kassetten - 30 oder 60 Minuten - werden diese mit "C-15 normal", "C-30 normal" oder "C-60 normal" bezeichnet. Damit hat man für die Aufzeichnung von Gesprächen ein Band von einer Stunde Länge.

Eine Ausnahme bietet der Anrufbeantworter Voxi-100, der mit einem RAM-Speicherbaustein für eine Aufnahmezeit des Ansagetextes von 10 bis 20 Sekunden ausgestattet ist.

Ansagefunktionen

Mikrofon und Lautsprecher

Diese Elemente sind inzwischen in fast allen, auch einfachen Anrufbeantwortern eingebaut.

Ansagelänge

Für die Dauer des Ansagetextes sind auf den entsprechenden Endloskassetten 30 oder 60 Sekunden vorgesehen. Komfortable Geräte verfügen über eine normale Kassette C-30, um die Ansagelänge variabel zu halten oder mehrere Ansagetexte aufzunehmen.

Ansagetext

In der Regel verfügen Anrufbeantworter über einen Ansagetext, der allerdings vom Benutzer beliebig geändert werden kann. Komfortgeräte der oberen Leistungsklasse bieten mehrere, frei wählbare Ansagetexte für z.B. die Standardansage, für die Nachrichtenweiterleitung ("Bitte warten, Sie werden weiterverbunden." oder "Bin zur Zeit nicht im Büro, aber ein Eurosignalruf wird ausgelöst.").

Schlußansage

Die Schlußansage ist ein vom Benutzer auf das Ansageband gesprochener, kurzer Text, der dem Anrufer eingespielt wird, wenn die Kassette voll ist.

Aufnahmezeit

Die Aufnahmezeit bezieht sich auf die Länge einer Nachricht, die auf Band gesprochen werden kann. Die meisten Geräte begrenzen die Dauer der Aufnahmezeit (häufig auf eine Minute) und gestatten dem Benutzer eine Einstellung bis max. vier Minuten.

Diese Voreinstellung verhindert, daß Anrufer ein Band bis zum Ende besprechen und daß somit kein Platz mehr für weitere Anrufe bleibt.

Abb.82: Anrufbeantworter KX-T 1430 (Panasonic)

Auskunftgeber

Manche Geräte können nur für einen Ansagedienst genutzt werden, d.h. es wird der Ansagetext bei einem Anruf abgespielt, aber keine Aufzeichnung einer Nachricht des Anrufers ermöglicht.

Batteriebetrieb

Der Anrufbeantworter Voxi-100 bietet durch Batterien einen Schutz vor Stromausfall, so daß das Gerät eine gewisse Zeit lang weiter in Betrieb bleibt. Nur wenige Anrufbeantworter bieten diese Funktion. Der Voxi-100 verfügt nur deshalb über Batterien, weil sonst bei einem Stromausfall der im RAM-Baustein gespeicherte Ansagetext gelöscht werden würde.

Wahlverfahren

Wahlweise Einstellung auf IWF- oder MFV-Betrieb, um den Anrufbeantworter an Nebenstellen betreiben zu können. In der Regel verfügen Anrufbeantworter nicht über diese Funktion, da sie meist in Verbindung mit einem Telefonhauptanschluß betrieben werden.

6.2 Leistungsmerkmale und Funktionen komfortabler Anrufbeantworter

Über die Grundfunktionen hinaus bieten Anrufbeantworter weitere komfortable Funktionen z.B. für Gesprächsaufnahme, Anzeige der Zahl aufgenommener Gespräche, Fernabfrage und Anrufvermittlung an einen anderen Telefonanschluß.

Gesprächsfunktionen

Zeitgesteuert

Die Aufnahmezeit von Gesprächen wird über diese Funktion durch eine entsprechende Angabe (in der Regel ein bis vier Minuten) begrenzt.

Sprachgesteuert

Durch diese Funktion beendet der Anrufbeantworter die Aufzeichnung eines Gesprächs, wenn nach einem Zeitraum, der je nach Gerät zwischen drei und acht Sekunden betragen kann, kein Ton zu hören war.

Anschaltverzögerung

In der Regel starten eingeschaltete Anrufbeantworter unmittelbar nach dem ersten Rufton mit dem Abspielen des Ansagetextes. Manche Geräte bieten die Möglichkeit, die Zahl der Rufe bis zu fünf zu erhöhen. Dadurch kann der Benutzer trotz eingeschaltetem Anrufbeantworter frühzeitig den Hörer des Telefons abheben, um ein Gespräch selber entgegenzunehmen.

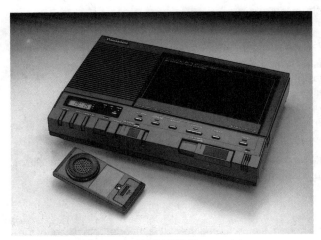

Abb.83: Anrufbeantworter KX-T1727 (Panasonic)

Mithören

Während der Anrufer seine Nachricht auf das Band spricht, kann diese mitgehört werden. Diese Funktion eröffnet Ihnen ungeahnte Möglichkeiten: Stellen Sie sich vor, jemand ruft Sie an, den Sie nicht sprechen möchten. Durch die Mithörfunktion können Sie sich vorher entscheiden, den Hörer abzuheben oder nicht.

Lauthören

Mit dieser Funktion können andere Personen im Raum die Nachricht während einer laufenden Aufnahme mithören.

Übernehmen

Automatisches Unterbrechen der Aufnahme einer Nachricht, wenn der Angerufene den Hörer abnimmt und das Gespräch persönlich übernimmt.

147

Mitschneiden

Aufnahme eines beliebigen Telefongespräches.

Diktierfunktion / Info-Intern oder Memo-Funktion

Damit kann vom Inhaber des Anrufbeantworters die Begrenzung der Aufnahmezeit außer Kraft gesetzt und eine eigene Nachricht oder eine Diktat in beliebiger Länge aufgezeichnet werden.

Automatische Wiedergabe / Auto-Logic

Nach Drücken der Taste "Wiedergabe" spult der Anrufbeantworter automatisch die Aufzeichnungskassette zurück, startet die Wiedergabe aufgezeichneter Nachrichten und schaltet sich danach wieder in die Telefonbereitschaft. Dabei werden die alten Nachrichten nicht gelöscht.

Endesignalisierung Aufnahmeband

Der Anrufer bekommt durch ein akustisches Signal angezeigt, daß in Kürze das Aufnahmeband abgelaufen ist.

LED und Display

Bei Anrufbeantwortern haben kleine Lämpchen (LED) oder ein Display bestimmte Aufgaben:

Eingegangene Anrufe

Zeigt an, ob Anrufe eingegangen sind.

Anzahl der Anrufe / Gesprächszähler

Zeigt die Anzahl der Anrufe an.

Uhrzeit der Anrufe

Zeigt an, wann die Anrufe eingegangen sind.

Ansagetextdauer

Registriert bei eingebauter Uhr die genaue Dauer eines Ansagetextes.

Fehleranzeige

Anzeige von Codes, die Auskunft über bestimmte Fehlfunktionen des Geräts geben können.

Die Fernabfrage

Die Fernabfrage ermöglicht es dem Inhaber eines Anrufbeantworters, von außerhalb das eigene Gerät anzurufen und z.B. aufgezeichnete Nachrichten abzuhören. Dies geschieht mit Hilfe eines Fernabfragesignalgebers (Code-Sender), der an die Hörmuschel eines Telefons gehalten wird. Der Code-Sender verfügt über eine Tastatur, mit der Ziffern eingegeben werden können. Für den Anrufbeantworter werden die Ziffern in akustische Signale umgewandelt und lösen verschiedene Funktionen aus. Der Signalgeber für die Fernabfrage muß in der Regel zusätzlich zum Anrufbeantworter erworben werden.

Abb.84: Handhabung des Fernabfragesignalgebers

Fernabfragen bieten im allgemeinen folgende Features:

Vorlauf

Dieses Signal löst den Vorlauf des Aufnahmebandes aus, der sonst über Tastendruck am Gerät vorgenommen wird.

149

Zurücksetzen

Ermöglicht das Zurückspulen des Aufnahmebandes, um Platz für weitere Aufzeichnungen zu schaffen.

Wiederholen

Wiederholtes Abhören einer oder mehrerer Aufzeichnungen.

Infobox / Mailbox

Über diese Funktion kann von außerhalb eine Nachricht abgehört werden, die z.B. eine Sekretärin ihrem Chef zum Abruf nach Feierabend auf das Band gesprochen hat.

Anrufzähler

Abfrage der Anzahl angenommener Anrufe. Dies geschieht über ein einfaches akustisches Signal, daß vom Anrufbeantworter zum Mitzählen übermittelt wird.

Fernvorabfrage

Über die Fernvorabfrage erfährt der Besitzer eines Anrufbeantworters von außerhalb durch eine Klingelcodeübermittlung (Übermittlung einer Folge von Ruftönen), ob Gespräche aufgenommen wurden. Diese Abfrage erfolgt gebührenfrei, da hierbei keine Verbindung hergestellt wird. Zugelassene Geräte deutscher Produktion verfügen nicht über die Fernvorabfrage.

Anrufspeicher

Mit dieser Funktion können nur diejenigen Gespräche wiedergegeben werden, die der Anrufbeantworter seit der letzten Fernabfrage aufgenommen hat.

Ferndiktat

Auslösen der Diktierfunktion über die Fernabfrage.

Ansagetext ändern

Auf das Ansageband kann von außerhalb ein neuer Text gesprochen werden.

Aufnahme löschen

Dieses Signal löst den Löschvorgang für das Aufnahmeband aus, der sonst über Tastendruck am Gerät vorgenommen wird.

Rufumleitung ändern

Auswahl, ob der Anruf an einen anderen Telefonanschluß weitergeleitet oder ein Ruf über Cityruf bzw. Eurosignal ausgelöst werden soll. Über diese Funktion kann auch die Nummer des Telefonanschlusses für die Weiterleitung über die Fernabfrage geändert werden.

Raumüberwachung

Das eingebaute Mikrofon wird aktiviert, womit der Raum akustisch überwacht werden kann.

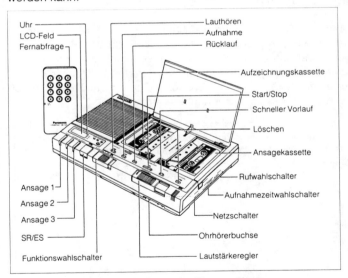

Abb. 85: Techn. Zeichnung KX-T1727 (Panasonic)

Fernabfragecodes

Codes, mit denen das unerwünschte Abhören aufgezeichneter Nachrichten verhindert wird. Es steht meist eine größere Anzahl Codes zur Verfügung, aus denen frei gewählt werden kann.

Anrufvermittlung / Nachrichtenweiterleitung

Anrufbeantworter der Spitzenklasse können den Anrufenden an einen vom Inhaber gewünschten Telefonanschluß weiter vermitteln. Dies kann ein beliebiger, auch im Ausland befindlicher Anschluß sein. Der Benutzer braucht nur vorher die entsprechende Nummer einzugeben. Weiterhin besteht die Möglichkeit, daß nach einem Anruf ein Ruf über Eurosignal oder Cityruf ausgelöst wird.

6.3 Anrufbeantworter im Vergleich

Die folgende Übersicht bietet den Vergleich von Anrufbeantwortern unterschiedlicher Leistungsklassen, liefert aber keine Übersicht zur Preisorientierung. Mehrere Anrufbeantworter aus der breiten Angebotspalette von Panasonic wurden zusammengestellt, um die Unterschiede in den Leistungsmerkmalen deutlicher aufzeigen zu können. Den Panasonic-Geräten steht der Voxi-100 gegenüber, der von Völkner electronic vertrieben wird.

	Völkner Voxi-100	Panasonic KX-T 1430	Panasonic KX-T 1435	Panasonic KX-T 1445	Panasonic KX-T 1727
Preis (DM)*	99,95	249,-	249,-	499,-	799,-
Zulassung	-	+	+	+	+
Grundfunktionen					
Ansagelänge					
(Sekunden)	15 (RAM)	bis 60	bis 60	bis 60	variabel
Speichermedium	C-60 norm.	C-60 norm.	C-60 norm.	C-60 norm.	C-60 norm.
Anzahl Ansagetexte	1	1	1	1	3
Schlußansage	-	1	1	1	1

	Völkner Voxi-100	Panasonic KX-T 1430	Panasonic KX-T 1435	Panasonic KX-T 1445	Panasonic KX-T 1727
Aufnahmezeit (Minuten)	bis 1	bis 4	bis 4	bis 1	bis 1
Automatische Wiedergabe	-	+	+	+	+
Auskunftgeber	-	-	-	-	+
Batteriebetrieb	+	-	-	-	-
Gesprächsaufnahme					
Zeit-/ sprachgesteuert	+/+	+/+	+/+	+/+	+/+
Anschaltverzögerung	-	-	--	+	-
Mithören	-	+	+	+	+
Lauthören	-	-	-	+	+
Übernehmen	+	+	+	+	+
Mitschneiden	-	-	-	+	+
Diktierfunktion/ Info-int.	-	+	+	+	+
Endesignalisierung Aufn.	-	+	+	-	-
Anzeigen					
Eingegangene Anrufe	+	+	+	+	+
Anzahl der Anrufe	-	15	15	99	99
Uhrzeit der Anrufe	-	-	-	-	+
Ansagetextdauer	-	-	-	+	+
Fehleranzeige	-	-	-	+	+
Anrufvermittlung					
Telefonanschluß	-	-	-	-	+
Euro-Signal/ Cityruf	-	-	-	-	+/-

	Völkner Voxi-100	Panasonic KX-T 1430	Panasonic KX-T 1435	Panasonic KX-T 1445	Panasonic KX-T 1727
Fernabfrage					
Preis (DM)*	-	-	98.-	98.-	98.-
Wiedergabe	-	-	+	+	+
Vorlauf	-	-	-	+	+
Zurücksetzen	-	-	+	+	+
Wiederholen	-	-	+	+	+
Infobox/Mailbox	-	-	-	-	+
Anrufzähler	-	-	+	+	+
Anrufspeicher	-	-	+	+	+
Ferndiktat	-	-	+	+	-
Ändern Ansagetext	-	-	-	-	-
Löschen Aufnahme	-	-	-	+	-
Ändern Rufumleitung	-	-	-	-	+
Raumüberwachung	-	-	-	+	+
Abfragecodes/ frei wählbar	-	-	96/3	100/10	100/100

* Unverbindliche Preisempfehlung, Stand Mai 1992

6.4 Telefone mit Anrufbeantworter

Nicht so häufig auf dem Markt sind Telefone mit eingebautem Anrufbeantworter zu finden. Die wenigsten Geräte besitzen eine Zulassung der Post für die Bundesrepublik, viele jedoch eine EG-Zulassung und dürfen immerhin an privaten Nebenstellenanlagen betrieben werden.

CODE-A-PHONE 1650

Geräte des Herstellers CODE-A-PHONE werden hauptsächlich über Versandhäuser vertrieben. Das Multifunktionstelefon mit Anrufbeantworter CODE-A-PHONE 1650 besitzt keine Zulassung und hat folgende Merkmale:

Telefon

- Wahlwiederholung
- Lautstärke der Klingel regulierbar
- Beleuchtetes Tastenfeld
- IWF/MFV umschaltbar

Anrufbeantworter

- 1 Mikro-Kassette
- Einknopfbedienung
- 1 Ansagetext bis zu 10 Minuten Dauer
- Sprachgesteuerte Aufnahmezeit
- Mithören
- Diktierfunktion
- Anrufzähler
- Anschaltverzögerung (nach zweitem oder viertem Rufton)

Fernabfrage:

- Einschalten des Gerätes;
- Fernvorabfrage (gebührenfreie Abfrage, ob Gespräche aufgenommen wurden durch Klingelcodeübermittlung);
- wiederholen;
- zurücksetzen.

Preis: 199,00 DM bis 298,00 DM, Codierer für Fernabfrage ca. 48,00 DM.

6.5 Anrufbeantworter: Anschluß leicht gemacht

Dieses Kapitel behandelt den Anschluß von Anrufbeantwortern in Verbindung mit einem Telefon nach der TAE-Norm. Dabei wird auf die in Kapitel 1.9 und 1.10 behandelten Themen zur Anschlußtechnik aufgebaut.

Anrufbeantworter mit anderen Anschlüssen, wie Western-Norm (Modular-Stecker und -Buchsen) oder ADo können entsprechend angeschlossen werden, indem Sie sich einen passenden Adapter aus den in Kapitel 1.10 vorgestellten heraussuchen. Anrufbeantworter werden entweder anschlußfertig mit

Schnur und TAE-Stecker (N-Codierung) für die TAE-Steckdose geliefert oder mit Buchsen im Gehäuse nach der Western-Norm.

Viele Geräte verwenden zwei Western-Buchsen. In eine wird das Telefon eingesteckt, in die andere kommt eine Schnur zur Verbindung mit der Telefondose. Man braucht hierbei also im Unterschied zum vorher angesprochenen, getrennten Anschluß von Anrufbeantworter und Telefon nur eine Schnur zum Telefonanschluß.

Anrufbeantworter und Telefon getrennt angeschlossen

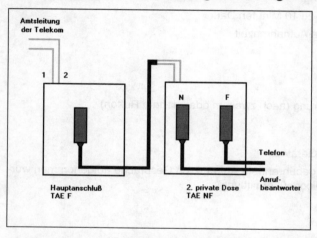

Abb. 86: *Getrennter Anschluß eines Anrufbeantworters mit TAE-Stecker an eine TAE NF-Dose*

Bei beiden Lösungen gilt folgende Regel auf Grund der internen Schaltung der TAE-Dosen. Zusatzgeräte, die an die N-Buchse der TAE NF- oder auch NFN-Dose angeschlossen sind, werden vor das Telefon geschaltet, d.h. sie sind grundsätzlich bevorrechtigt und erhalten im eingeschalteten Zustand die Amtsleitung vor dem Telefon zugewiesen. Dabei verhalten sich die verschiedenen Zusatzgeräte (Anrufbeantworter, Fax, Modem usw.) unterschiedlich.

Ist der Anrufbeantworter in Betrieb, wird der Ruf an dieses Gerät geleitet und das Gerät beginnt, den Ansagetext abzuspulen. Anrufbeantworter gehören jedoch zum dem Typ Zusatzgerät, das die Leitung nicht festhält, sondern frei gibt, wenn der Hörer am Telefon abgenommen wird. Voraussetzung ist jedoch, daß die Geräte wie hier beschrieben und nicht parallel, d.h. beide gleichzeitig an der Amtsleitung (1 bzw. La und 2 bzw. Lb) betrieben werden.

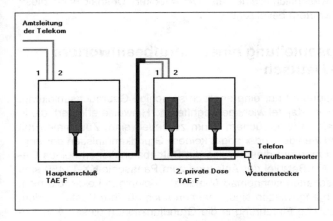

Abb. 87: Getrennter Anschluß eines Anrufbeantworters mit Westernbuchse an eine TAE NF-Dose

Telefon an den Anrufbeantworter angeschlossen

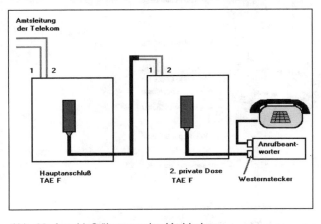

Abb. 88: Anschluß über nur eine Verbindung

157

Eine häufige Lösung: der Anrufbeantworter besitzt zwei Westernbuchsen. In die eine kommt die Amtsleitung, also die Verbindung über ein Adapterkabel Western-TAE und in die andere wird das Telefon eingesteckt. Westernstecker und -buchsen sind wesentlich kleiner als TAE-Stecker. Deshalb wird diese Norm bei Anrufbeantwortern bevorzugt.

6.6 Bedienungsanleitung eines Anrufbeantworters Englisch - Deutsch

Importierte Geräte haben oft nur eine englisch-sprachige Gebrauchsanleitung. Daher werden in diesem Kapitel wichtige Begriffe und Hinweise erläutert, die in aller Regel in normalen Wörterbüchern kaum zu finden sind. Zusammen mit den Illustrationen und wenigen (oder sogar keinen) Grundkenntnissen der englischen Sprache wird man auf diese Weise die Betriebsfunktionen seines Gerätes kennenlernen. Am Beispiel der Anleitung zum Panasonic KX-T1450 sind alle wichtigen Eigenschaften sinngemäß übersetzt. Diejenigen Leser, die nicht auf eine Übersetzung angewiesen sind, kommen auch auf ihre Kosten, indem sie hier eine anschauliche Einführung in die Grundfunktionen dieses Anrufbeantworters finden.

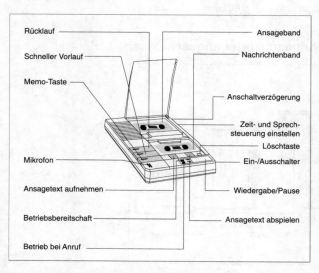

Abb. 89: Technische Zeichnung KX-T1450 (Panasonic)

158

"AUTOMATIC TELEPHON ANSWERING SYSTEM"	ANRUFBEANTWORTER
"A. LOCATION OF THE CONTROLS"	A. ANORDNUNG DER BEDIENUNGSELEMENTE UND FUNKTIONSTEILE
"OGM Play Button"	Abspieltaste für den Ansagetext
"OGM Recording (REC) Button"	Aufnahmetaste für den Ansagetext
"Rewind (REW) Button"	Taste für Rücklauf des Bandes
"Fast Forward (FF) Button"	Taste für schnellen Vorlauf des Bandes
"MEMO Button"	Aufnahmetaste für persönliche Nachrichten (Diktierfunktion / Info-intern)
"Microphone (MIC)"	Eingebautes Mikrofon
"POWER/IN USE Indicator"	Anzeige (LED) für die Betriebsbereitschaft (Anrufbeantworter ist eingeschaltet)
"ANSWER/CALL Indicator"	Anzeige (LED) für den Betrieb während eines Anrufes bei eingeschaltetem Gerät
"Outgoing Message (OGM) Tape"	Band für den Ansagetext
"RING Selector (RINGS)"	Schalter zur Einstellung der Anschaltverzögerung
"Recording Time (REC TIME) Selector"	Schalter zur Einstellung auf zeit- oder sprachgesteuerte Gesprächsaufnahme
"Incoming Message (ICM) Tape"	Band zur Aufnahme der Nachrichten von Anrufern
"ICM ERASE Button"	Taste zum Löschen aufgezeichneter Nachrichten
"POWER ON/OFF Switch"	Ein-, Ausschalter des Gerätes
"PLAYBACK/PAUSE Button"	Taste zur Wiedergabe aufgezeichneter Nachrichten bzw. zum Anhalten (Pause) während der Wiedergabe

"VOLUME CONTROL"	Lautstärkeregler
"REMOTE CODE Selector"	Einstellung des Abfragecodes
"Telephone Jack"	Buchse (Western-Norm) für die Verbindung zum Telefon
"Telephone Line Jack"	Buchse (Western-Norm) für die Verbindung mit der Telefonanschlußdose
"DC Jack"	Anschlußbuchse für den Akku
"CPC Selector	Umschaltung Anrufbeantworter auf Auskunftgeber

"B. INTRODUCTION"	B. EINLEITUNG
"You can use this Model KX-T1450 to:	Mit dem Modell KX-T1450 können Sie:

• Answer calls and record messages when you cannot answer the telephone or do not want to be disturbed	• Anrufe beantworten und Nachrichten aufzeichnen, wenn Sie nicht selbst ans Telefon gehen können oder nicht gestört werden wollen;
• Monitor (screen) calls	• während der Aufzeichnung einer Nachricht mithören;
• Record your personal messages"	• eigene Nachrichten aufzeichnen.

"By using the advanced remote-control features of your KX-T1450, you can also	Mit den Funktionen der Fernabfrage können sie weiterhin

• Call in from another touch tone telephone to listen to your messages	• von einem anderen Telefon aus anrufen und aufgezeichnete Nachrichten abfragen;
• Record a new Outgoing Message even when you are away from your unit	• auch von außerhalb einen neuen Ansagetext aufzeichnen;
• Leave a message while you are away from your unit"	• selber eine Nachricht hinterlassen (Diktierfunktion / Info-Intern).

"Accessories:	Zubehör:

- 1 AC Adapter
- 1 Telephone Cord
- 1 Outgoing Message Tape
- 1 Incoming Message Tape"

"C. PREPARATION: CONNECTION"

"DC Jack"

"Cord Holder"

"Fasten the cord to the holder."

"Single-Line Modular Jack"

"AC Adaptor"

"To Power Outlet"

"Do not connect the AC adaptor to the AC outlet before inserting the OGM and ICM tapes."

"D. PREPARATION: INITIAL SET-TINGS"

"CPC: Calling Party Control Setting"

"Set to "A": no call waiting service line"

- 1 Akku für den Netzanschluß
- 1 Telefonschnur
- 1 Band für den Ansagetext
- 1 Band für die Gesprächsaufnahme

C. VORBEREITUNG DES GERÄTES: ANSCHLUSS

Anschlußbuchse für den Akku

Halterung für die Schnur

Befestigen Sie die Schnur an der Halterung.

Einfach-Anschlußdose fürs Telefon

Netzwandler

Akku zur Umwandlung der Stromspannung aus dem Netz (in diesem Fall 120 Volt) auf 12 Volt. In Deutschland erhältliche ausländische Geräte sind in der Regel mit einem Akku zum Anschluß an die bei uns übliche Spannung von 220 Volt ausgestattet.

Zur Steckdose

Verbinden Sie den Akku nicht mit der Steckdose, bevor die beiden Bänder für Ansagetext und Gesprächsaufnahme eingelegt sind.

D. VORBEREITUNG DES GERÄTES: EINSTELLUNG DER GRUNDFUNKTIONEN

CPC: Umschalten auf Auskunftgeber

Auf "A" gesetzt: Keine Funktion als Auskunftsgeber.

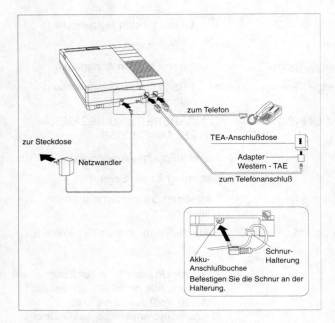

zum Telefon

TEA-Anschlußdose

zur Steckdose

Netzwandler

Adapter
Western - TAE

zum Telefonanschluß

Akku-
Anschlußbuchse

Schnur-
Halterung

Befestigen Sie die Schnur an der
Halterung.

Abb. 90: Technische Zeichnung CONNECTION

"RINGS: Number of Rings

- 2: The unit will answer a call on the second ring.

- 4: The unit will answer a call on the fourth ring.

- Auto: See "TOLL SAVER" on this page."

"REC TIME: Recording Time Selector

- VOX: The unit will record for as long as the caller speaks.

Anschaltverzögerung

- 2: Das Gerät beantwortet einen Anruf nach dem zweiten Rufton.

- 4: Das Gerät beantwortet einen Anruf nach dem vierten Rufton.

- Auto: Siehe weiter unten in dem Abschnitt: "Gebührenfreie Abfrage".

Wahl der Gesprächsdauer

- VOX: Das Gerät zeichnet ein Gespräch so lange auf, wie der Anrufer spricht.

162

- 1 MIN: The unit will record up to 1 minute."

"REMOTE CODE"

"The remote code number is made up of 2 digits."

"The first digit is factory preset, and the second digit is selectable. (2 or 8)"

"Example: Factory preset is 4, for CODE NO. 48 select 8."

"E. CASSETTE TAPE INSTALLA-TION"

❶ Open the panel and insert the Outgoing Message (OGM) and Incoming Message (ICM) tapes.

❷ Connect the AC adaptor to the AC outlet.

❸ Set the POWER ON/OFF switch to ON.

The unit will start to reset the OGM tape."

"F. HOW TO RECORD AN OUT-GOING MESSAGE (OGM)"

"Recording the OGM

❶ Push OGM REC until a long beep is heard, then release it.

❷ After the long beep, speak clearly and loudly into the micro-phone (MIC), approximately 8 inches away.

- 1 MIN: Das Gerät zeichnet ein Gespräch bis zu einer Minute auf.

Fernabfragecode

Der Fernabfragecode besteht aus einer 2-stelligen Zahl.

Die erste Stelle ist vom Hersteller fest vorgegeben, die zweite Stelle ist frei wählbar (2 oder 8).

Beispiel: Voreinstellung ist 4, für die Code-Nr. 48 wählen Sie 8.

E. INSTALLATION DER KASSET-TEN

❶ Öffnen Sie die Klappe am Gerät, und legen Sie die Kassetten für den Ansagetext und die Ge-sprächsaufnahme ein.

❷ Stecken Sie den Akku-Stecker in die Steckdose.

❸ Setzen Sie den Schalter PO-WER ON/OFF auf EIN (ON). Das Gerät wird in Betrieb ge-setzt und spult die Aufnahme-kassette zurück an den Anfang.

F. AUFNAHME EINES ANSAGE-TEXTES

Aufnahme des Ansagetextes

❶ Taste OGM REC gedrückt hal-ten bis ein Dauerton zu hören ist, dann die Taste loslassen.

❷ Nach dem Dauerton laut und deutlich in einem Abstand von etwa acht Zoll (1 Zoll = 2,54 cm) in das eingebaute Mikrofon (MIC) sprechen.

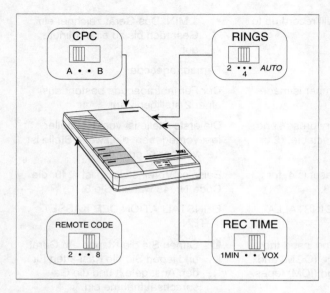

Abb. 91: Technische Zeichnung INITIAL SETTINGS

❸ When recording is finished, push OGM REC again.

The unit will rewind the tape to the beginning, and be ready for Incoming Calls."

"Checking your OGM

Push OGM PLAY.

• The unit will play back the OGM, then rewind the tape to the beginning.

• Use the VOLUME CONTROL on the left side of your unit to regulate the volume during playback if necessary.

❸ Nach Beendigung der Aufnahme die Taste OGM REC nochmals drücken. Das Gerät spult das Band an den Anfang zurück und ist bereit, Anrufe anzunehmen.

Kontrolle / Abhören des Ansagetextes

Drücken Sie die Taste OGM PLAY.

• Das Gerät gibt den Ansagetext wieder und spult das Band dann zurück an den Anfang.

• Falls notwendig, regulieren Sie die Lautstärke der Wiedergabe über den Regler VOLUME CONTROL an der linken Seite des Gerätes.

- To stop the operation while playing back the OGM, push the OGM PLAY button."

"G. RECORDING THE CALLERS' MESSAGES"

"Push POWER ON/OFF to ON.

The POWER indicator will light."

"H. LISTENING TO THE RECORDED MESSAGES"

"When incoming Messages have been recorded, the ANSWER/CALL indicator will flash. (Three flashes followed by a pause means that 3 messages were recorded.)"

"Push PLAYBACK/PAUSE."

"Auto-Logic (One-Touch Operation)"

"I. RECORDING A PERSONAL MESSAGE (MESSAGE MEMO)"

❶ Push MEMO until a beep is heard.

❷ Speak into the MIC. The IN USE indicator will flash.

❸ When finished recording, push MEMO again.

New messages will be automatically recorded after your memo."

"J. SAVING THE RECORDED MESSAGES"

- Um die Wiedergabe zu unterbrechen, drücken Sie die Taste OGM PLAY.

G. AUFZEICHNUNG VON ANRUFEN

Setzen Sie den Schalter ON/OFF auf EIN (ON).

Die Anzeige für die Betriebsbereitschaft leuchtet.

H. WIEDERGABE AUFGEZEICHNETER ANRUFE

Wenn Anrufe aufgezeichnet wurden, blinkt die Anzeige ANSWER/CALL. (So bedeutet z.B. dreimaliges Blinken gefolgt von einer Pause, daß drei Anrufe aufgenommen wurden.)

Drücken Sie die Taste PLAYBACK/PAUSE.

Automatische Wiedergabe

I. AUFNAHME EINER PERSÖNLICHEN NACHRICHT (DIKTIERFUNKTION/INFOINTERN)

❶ Drücken Sie die Taste MEMO, bis Sie einen Ton hören.

❷ Sprechen Sie in das Mikrofon. Die Anzeige IN USE blinkt.

❸ Nach dem Ende der Aufnahme drücken Sie wieder die Taste MEMO.

Weitere Anrufe werden automatisch nach Ihrer Nachricht aufgezeichnet.

J. AUFGENOMMENE NACHRICHTEN SICHERN

"You can save the desired messages.

❶ Play back the tape through the message you want to save.

❷ Push PLAYBACK/PAUSE to pause.

❸ Push PLAYBACK/PAUSE and REW simultaneously.

The ANSWER/CALL indicator will light."

Sie können aufgezeichnete Nachrichten vor dem Überspielen sichern.

❶ Spielen Sie die gewünschte Nachricht ab.

❷ Stellen Sie die Taste PLAY-BACK/PAUSE auf Pause.

❸ Drücken Sie die Tasten PLAY-BACK/PAUSE und REW gleichzeitig.

Die Anzeige für ANSWER/CALL leuchtet, und das Gerät ist wieder bereit für die Aufnahme von Anrufen, wobei der nächste Anruf erst hinter der gesicherten Nachricht aufgenommen wird.

"K. ERASING THE RECORDED MESSAGES"

"After you have played back the recorded messages, you can erase them by simply pushing the ICM ERASE button."

K. AUFNAHMEN LÖSCHEN

Nachdem Sie die Wiedergabe der aufgenommenen Anrufe beendet haben, können Sie diese einfach durch Drücken der Taste ICM ERASE löschen.

"L. MONITORING THE INCOMING CALLS"

"While an Incoming Message is being recorded, you can hear it, then you may choose to pick up telephone handset and speak to the caller before your caller finishes leaving a message."

L. MITHÖREN UND ÜBERNEHMEN EINES ANRUFES

Während der Aufnahme eines Anrufes können Sie mithören und den Telefonhörer abnehmen, wenn Sie mit dem Anrufer sprechen möchten, bevor er nach dem Ende seiner Nachricht auflegt.

"M. HOW TO OPERATE FROM A REMOTE PHONE"

M. BEDIENUNG ÜBER FERNAB-FRAGE VON EINEM ANDEREN TELEFON

Für das Auslösen der Funktionen muß jeweils nur eine ent. Ziffer auf einer Taste gedrückt werden.

"Playing back messages

You can listen to the recorded messages by simply pushing your own code number. Call your unit and push the Code No. during the OGM."

"1/2 - Rewinding/Fast Forwarding tape while hearing the messages"

"Recording a marker message"

"3 - Resetting the ICM Tape for future messages"

"4 - Memory Playback

Push "4" right after you hear the beep tones indicating the number of the recorded messages."

"5 - Monitoring room sound"

"7/9 - Changing the Outgoing Message"

"* - Skipping the OGM for ICM recording"

"Setting/Cancelling (0 - Turn Off) the answer mode"

Wiedergabe

Wählen Sie Nummer Ihres eigenen Anschlusses und geben Sie die Code-Nummer über den Signalgeber für die Fernabfrage ein, während der Ansagetext abgespielt wird.

Zurückspulen/schneller Vorlauf des Bandes während der Wiedergabe.

Setzen einer Marke (Datum, Uhrzeit) für den Anrufspeicher. (Automatische Aufnahme nach den letzten beiden Ruftönen nach der letzten Aufzeichnung.)

Zurücksetzen des Aufnahmebandes, um Platz für weitere Aufzeichnungen zu schaffen.

4 - Wiedergabe nur der neuen Aufzeichnungen seit der letzten Fernabfrage. Drücken Sie die Taste mit der Ziffer 4 auf dem Signalgeber, nachdem Sie die Tonfolge für die Anzahl aufgezeichneter Gespräche gehört haben.

Raumüberwachung

Ändern Ansagetext

Überspringen des Ansagetextes, um sofort die aufgezeichneten Gespräche abzuhören.

Setzen (durch Auflegen des Hörers nach 15 Ruftönen) / Zurücksetzen der Betriebsbereitschaft: Anrufbeantworter ist damit nicht völlig ausgeschaltet, sondern kann wieder über die Fernabfrage aktiviert werden.

167

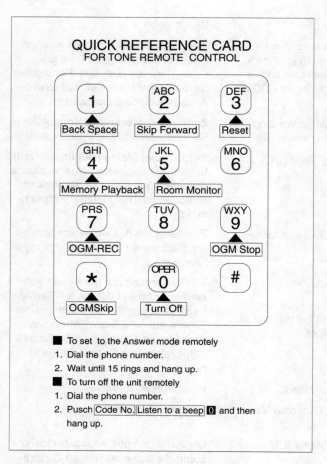

Abb. 92: Quick Reference Card (Panasonic)

7. Telefax

Telefax ist ein Telekommunikationsdienst zur Übertragung von Fernkopien über das Telefonnetz. Jeder Anschluß besteht aus einem Telefonanschluß, einer Anschlußdose und einem Telefaxgerät.

Eilige Nachrichten, Zeichnungen, Pläne, Dokumente, Urkunden oder andere kopierfähige Vorlagen werden mit Fernkopierern (Faksimiliegeräten) schwarz auf weiß, originalgetreu und schnell übermittelt. Auch farbige Fernkopien können inzwischen mit entsprechenden Geräten, die allerdings noch verhältnismäßig teuer sind, übertragen werden.

Beim Fernkopieren wird die Vorlage fotoelektronisch in Rasterpunkte zerlegt. Diese werden dann in elektrische Signale umgewandelt und über das Telefonnetz übertragen. Das Telefaxgerät des Empfängers kehrt den ganzen Vorgang wieder um, wobei die empfangene Fernkopie sofort ausgedruckt wird. Internationale Normen für Endgeräte (nach CCITT) ermöglichen weltweites Fernkopieren.

Der Telefaxdienst ist am 1. Januar 1979 eingeführt worden. In seinem ersten Jahr konnte der Dienst gerade 2.000 Teilnehmer verzeichnen. Im März 1992 hingegen registrierte die DBP Telekom über 1 Mio. Faxteilnehmer mit zugelassenen Anschlüssen. Monatlich kommen ca. 30.000 neue Anschlüsse hinzu.

Vorsichtige Schätzungen gehen von mindestens 200.000 weiteren, nicht zugelassenen Telefaxanschlüssen aus, denn seit TAE-Anschlußdose und Stecker in jedem Kaufhaus zu beschaffen sind, ist der Anschluß mehr als leicht.

Seit die Preise für Faxgeräte drastisch sinken, erlebt der Telefaxdienst in der Bundesrepublik Deutschland einen Boom. Während ein einfaches Modell 1988 noch ca. 3.700.- DM kostete, wurde Anfang 1991 ein derartiges Modell von einem Versandhaus für knapp ca. 800.- DM angeboten.

169

Abb. 93: Fax 100 von Quelle

Das Fax 100 von Quelle verzichtet für ca. 800.- DM auf jeglichen Komfort.

Telefax - schneller als jeder Eilbrief

Der entscheidende Vorteil von Telefax liegt in der hohen Geschwindigkeit, mit der eine Nachricht oder ein Brief übermittelt wird. Innerhalb von 30 bis 50 Sekunden (je Seite) landet ein Fax auf dem Schreibtisch des Empfängers. Kein Brief dagegen kann in weniger als einem Tag übermittelt werden. Dabei ist diese Leistung des Faxdienstes auch unter Gebührenaspekten sehr günstig, da die Übertragung eines Telebriefes nach den Gebührensätzen des Telefondienstes berechnet wird.

Nach einer Berechnung des Verbandes der Postbenutzer in Offenbach kostet ein einseitiges Fax je nach Entfernung und Tageszeit zwischen 0,68 DM und 1,14 DM, wogegen das Porto für einen Brief eine Mark beträgt. Dabei ist von 50 Telekopien (voll beschriebene DIN-A4-Seiten) monatlich, einer Übertragungszeit von 50 Sekunden und einer Telefon-Grundgebühr von 22,40 DM auszugehen. Bei 300 Telekopien im Monat sinken die Gebühren auf 0,30 DM bis 0,76 DM je Sendung bzw. Seite.

Auch im Vergleich mit anderen Diensten schneidet Telefax hervorragend ab: Die Übertragung einer Teletex-Seite kostet rund 3,55 DM, die einer Telex-Seite zwischen 2,40 DM und 5,20 DM. In diesen Berechnungen nicht enthalten sind die Anschaffungskosten für ein Faxgerät, dessen Lebensdauer jedoch relativ hoch angesetzt werden kann (ca. fünf bis zehn Jahre).

7.1 Gerätegruppen / Geräteklassen

Fernkopierer werden im wesentlichen nach ihrer Übertragungsgeschwindigkeit und Auflösungsqualität international in verschiedene Gruppen unterteilt.

Fernkopierer Gruppe 2

Standardmerkmale sind eine Auflösung von 3,85 Zeilen/mm und eine Übertragungsgeschwindigkeit von drei Minuten für eine DIN-A4-Seite. Diese Standardmerkmale gelten auch bei Kommunikation zwischen Fernkopierern der Gruppe 2 und 3. Fernkopierer der Gruppe 2 werden zunehmend durch Geräte der Gruppe 3 ersetzt.

Fernkopierer Gruppe 3

Bei der Auflösung wird hier unterschieden zwischen einer normalen von 3,85 Zeilen/mm (gleich Gruppe 2) und einer feinen Auflösung von 7,7 Zeilen/mm. Die Übertragungsdauer beträgt dabei eine Minute für eine DIN-A4-Seite (normal) und zwei Minuten für eine DIN-A4-Seite in feiner Auflösung. Weitere Standardmerkmale sind Abwärtskompatibilität zu Geräten der Gruppe 2 und Teilnehmer-Kennung.

Fernkopierer Gruppe 4

Mit den neuen Fernkopierern der Gruppe 4 können die Vorteile von ISDN optimal ausgeschöpft werden. Dies bedeutet vor allem: Übertragungsgeschwindigkeit von 64 kbit/s im ISDN; dies entspricht einer Übertragungsdauer von ca. fünf bis zehn Sekunden je DIN-A4-Seite. Doppelt hohe Auflösung im Vergleich zur Gruppe 3

Billig- oder Komfortgerät?

Der Kaufpreis von Faxgeräten wird im wesentlichen davon beeinflußt, ob nur einfache Schwarzweiß-Kopien oder Zeichnungen bzw. Fotos mit Grautönen oder gar Farben übertragen werden können. Standard-Geräte können nur Schwarz übertragen. Für getippte oder handschriftlich verfaßte Schreiben und einfache Zeichnungen genügt dies völlig.

Darüber hinaus wird zwischen Geräten unterschieden, die 8, 16 oder 64 Graustufen übertragen. Dies setzt jedoch voraus, daß das Gerät auf der Gegenseite über die gleichen Eigenschaften verfügt.

Bei zugelassenen Geräten muß eine gute Sende- und Empfangsqualität unabhängig vom Preis gewährleistet sein. Weiterhin ist der Preis entscheidend von den zur Verfügung gestellten Leistungsmerkmalen abhängig, wie z.B. dem automatischen Einzug von mehreren zu übertragenden Seiten. Auch eine automatische Wahlwiederholung bei besetztem Anschluß des Empfängers ist praktisch, vor allem angesichts der sprunghaft steigenden Teilnehmerzahlen am Faxdienst.

Bei Billiggeräten wird häufig auch an der Sende- und Empfangsidentifikation gespart, so daß auf der übertragenden Vorlage Fax-Nummer und Name des Absenders fehlen.

Wer aufmerksam Geräte verschiedener Hersteller in der gleichen Leistungsklasse vergleicht, wird teilweise erhebliche Preisunterschiede feststellen. Preisvergleiche, unter Umständen auch der Verzicht auf ein weniger wichtiges Leistungsmerkmal, lohnen sich also bei Faxgeräten sehr. Man kann dabei teilweise mehrere hundert Mark einsparen.

7.2 Leistungsmerkmale und Gerätefunktionen

Leistungsmerkmale und Funktionen von Faxgeräten zu kennen ist nicht nur für die Auswahl des geeigneten Modells und der dem Geldbeutel angepaßten Preisklasse wichtig. Viele, vor allem einfach gestaltete Prospekte von Herstellern und auch preisgünstigen Händlern glänzen mit kurz gefaßten technischen Angaben, die für den Laien unverständlich bleiben. Kennt man jedoch diese Leistungsmerkmale, so kann man selbst Markengeräte sehr günstig erwerben.

Beschaffenheit der Vorlagen

Um eine optimale Übertragungsqualität zu gewährleisten, müssen die Vorlagen bestimmten Mindestanforderungen genügen:

Schriftarten und Schriftgrößen

An die Schriftarten werden keine Forderungen gestellt, weil alles originalgetreu übertragen wird. Man sollte jedoch folgende Faustregeln beachten:

Mindeststrichstärke:	0,2 mm,
Mindestschrifthöhe:	4,0 mm,
Mindestabstand zwischen	
zwei Strichen:	0,5 mm,
Mindestschrifthöhe bei	
Schreibmaschinenschrift:	3,75 mm.

Vorlagenformate

Grundsätzlich werden Fernkopien immer im Format DIN A4 (Breite: 210 mm, Höhe: 297 mm) übertragen. Dies entspricht der Größe eines normalen Schreibmaschinenblattes.

A4-Vorlage

Vorlage im Format DIN A4. Es wird unterschieden zwischen maximaler Lesebreite (auch Aufzeichnungsbreite) und maximaler Schreibbreite. Die Lese- oder Abtastbreite von Faxgeräten beträgt mindestens 208 mm (von 210 mm des DIN-A4-Formates) und kann bis zu 280 mm betragen, damit größere Vorlagenformate gelesen werden können. Die maximale Schreibbreite bezeichnet die Breite, in der das Gerät beim Empfang eine Fernkopie ausdrucken kann.

B4-Vorlagenformat

Neben DIN-A4-Vorlagen können Sie damit auch Vorlagen im B4-Format übertragen. Diese werden vom Fernkopierer auf DIN-A4-Format verkleinert und dann zur Gegenstelle übermittelt.

A3-Vorlagenformat

DIN-A3-Unterlagen müssen vor der Übertragung nicht verkleinert werden, da das Faxgerät dies während der Übermittlung selbständig erledigt. Das Empfangsgerät druckt das Dokument wie gewohnt im DIN-A4- oder einem etwas größeren Format aus.

Papier

Das Papiergewicht sollte zwischen 50 und 120 g/m betragen. Eingerissene, zerknitterte, geklebte oder geheftete Vorlagen können zu Störungen bzw. Beschädigungen im Fernkopierer führen. Fast alle Faxgeräte sind auf das relativ teure Thermopapier angewiesen. Durch das punktuelle Erhitzen des Papiers ist

173

diese Ausgabetechnik nahezu geräuschlos. Thermo-Ausdrucke eignen sich jedoch schlecht zur Archivierung, da sie schnell altern. Lichteinstrahlung beschleunigt diesen Prozeß.

Ganz neu sind Geräte, die mit Normalpapier arbeiten. Zu nennen ist hier der Laserfax L 760 von Canon, das einige interessante Features bietet, so eine Auflösung mit 64 Graustufen und eine automatische Fehlerkorrektur. Mit einem Preis von etwa 6000 Mark dürfte der L 760 aber kaum für den Privathaushalt in Frage kommen. Etwas preiswerter ist ein Tintenstrahl-Faxgerät, das ebenfalls mit Standard-Papier arbeitet: das Panafax UF 300 von Panasonic. Das Gerät verfügt über eine Auflösung von 300 dpi mit 16 Graustufen und kostet ca. 5000 Mark.

Kleine Faxgeräte fassen Papierrollen in nur 30 Metern Länge, was immerhin max. 90 Faxschreiben entspricht. Diese kleinen Rollen sind jedoch gegenüber den großen 100-Meter-Rollen im Verhältnis erheblich teurer.

Manuelle und automatische Übertragung

Alle Fernkopierer erkennen bei einem Anruf automatisch, ob es sich um den Ruf eines anderen Faxgerätes handelt und leiten die entsprechende Verbindung ein. Zu unterscheiden ist jedoch zwischen der manuellen und der automatischen Übertragung.

Manuelle Betriebsweise

Faxgeräte ohne Wahltastatur und entsprechende Zusatzfunktionen für den Faxbetrieb können nur manuell betrieben werden. Bei manuellen Fernkopierern muß man über das zusätzlich angeschlossene Telefon die Nummer der Gegenseite anwählen und die Übertragung eines Dokuments vereinbaren. Sobald das Signal "Empfangsbereit" (Dauerton) ertönt, wird durch die Starttaste am Faxgerät der eigentliche Übertragungsvorgang eingeleitet. Sollen nach der ersten Vorlage weitere übertragen werden, ist jeweils eine ständige telefonische Abstimmung nötig.

Automatische Betriebsweise

Automatische Fernkopierer nehmen Dokumente Tag und Nacht ohne telefonische Absprache selbsttätig an. Sendet man mit einem automatischen Telefaxgerät, so können mehrere Vorlagen nacheinander übertragen werden.

Diese Geräte verfügen meist über eine automatische Wahlwiederholung, d.h. das Gerät wiederholt selbst den Verbindungsaufbau bei besetzter Leitung auf der Gegenseite. Der Anschluß eines Telefons mit Wahlwiederholung an den Fernkopierer ersetzt diese Funktion nicht, da es sich hier in den allermeisten Fällen um eine manuelle Wahlwiederholung handelt. D.h. man muß selber kontrollieren, ob die Faxverbindung zustande gekommen ist und gegebenenfalls die Taste für Wahlwiederholung am Telefon drücken.

Wichtige Funktionen

Übertragungsgeschwindigkeit

Die Übertragungsgeschwindigkeit wird in bit/s (Bit pro Sekunde) oder in bps (bit per second) angegeben. Alle Faxgeräte der Gruppe 3 verfügen über eine Übertragungsrate von 9.600 bit/s, wobei eine Rückschalteautomatik (fallback) bei schlechter Telefonverbindung automatisch für eine Reduktion der Geschwindigkeit sorgt (auf 7.200, 4.800 oder 2.400 bit/s).

Wichtiger als diese sowieso bei den heute gängigen Geräten stets gleiche technische Angabe ist die Dauer einer Seitenübertragung in Sekunden. Bei Testberichten in Fachzeitschriften ist dies ein aussagekräftiges und verläßliches Kriterium (vergl. hierzu "Codierung"). Vorsicht ist geboten, wenn die Übertragungszeit je Blatt nach Herstellerangaben aufgeführt wird, da hierbei kein wirklicher Vergleich gegeben ist, wie etwa bei einem echten Test mit der gleichen Vorlage für alle Geräte.

Wahltastatur

Noch keine Selbstverständlichkeit bei Faxgeräten ist eine Wahltastatur, so daß die Anwahl einer Faxnummer über ein angeschlossenes Telefon erfolgen muß.

Automatische Wahlwiederholung

Im Besetztfall wird der Zielanschluß automatisch wieder angewählt. Ist danach immer noch keine Verbindung hergestellt, erfolgt eine entsprechende Information. Diese Funktion gibt es nur bei Geräten mit Wahltastatur.

Rufnummernspeicher

Speicher, der die Rufnummern für Zielwahl und Kurzwahl (s.u.) aufnimmt.

Zielwahl

Auf speziellen Ziehlwahltasten (Namentasten) können in der Regel Rufnummern fest gespeichert und bei Bedarf auf Knopfdruck automatisch angewählt werden. Dies ist besonders praktisch, wenn man mit vielen wichtigen Geschäftspartnern per Fax korrespondieren will. Faxgeräte mit Zielwahltasten erlauben im allgemeinen die Speicherung von bis zu 20 Rufnummern.

Kurzwahl

Über eine spezielle Taste können Sie ein individuelles Kurzwahlregister anlegen. Im Unterschied zur Zielwahl muß man hierbei aber eine zweistellige Kurzwahlnummer eingeben, danach wird die Verbindung zum gewünschten Empfänger automatisch hergestellt. Kurzwahlregister können je nach Modell zwischen 20 und 80 Rufnummern aufnehmen.

Journalausdruck und Sendebericht

Nach einer bestimmten Anzahl von Übertragungen wird automatisch ein Journal ausgedruckt mit Angabe über Datum, Uhrzeit und Absenderkennung. Wahlweise kann auch unmittelbar nach einer Übertragung ein Sendebericht ausgedruckt werden, der z.B. den Hinweis auf eine fehlerhaft übertragene Seite enthalten kann.

Fehlt diese Funktion, so wird sie durch Einzelmeldungen nach jedem übertragenen Blatt ersetzt.

Fehlerkorrektur (nach CCITT)

Der Fernkopierer erkennt Übertragungsfehler automatisch. Das bedeutet, daß fehlerhaft versendete Unterlagen einfach noch einmal losgeschickt werden. Die Fehlerkorrektur ist allerdings nur möglich, wenn auch das Empfangsgerät über diese Einrichtung verfügt.

Automatischer Vorlageneinzug

Die Vorlagen werden auf den Vorlagehalter gelegt und automatisch während des Übermittlungsprozesses Blatt für Blatt eingezogen. Es sollten wenigstens fünf Vorlagen automatisch eingezogen werden können. Komfortgeräte schaffen bis zu 30 Vorlagen.

Display

Faxgeräte verfügen über ein Display, das der Anzeige der gewählten Faxnummer und bestimmter Hinweise (wie z.B. der Hinweis auf eine besetzte Leitung) dient. Displays sind ein- oder zweizeilig und können außerdem verschiedene Gerätefunktionen anzeigen, die über eine Taste ausgewählt werden.

Vorlagenkontrasteinstellung

Diese Funktion gibt es automatisch und manuell. Bei der automatischen Vorlageneinstellung wird der Kontrast während der Übertragung reguliert. Bei Vorlagen mit offensichtlich kontrastarmem Schriftbild (beispielsweise ein schlechter Computerausdruck oder ein Dokument auf grauem Umweltschutzpapier) kann die Kontrasteinstellung von vorneherein manuell vorgenommen werden.

Codierung

Der Modified Huffman Code (MH-Code) bezeichnet eine Methode zur Datenkompression, eine Eigenschaft der Gruppe-3-Geräte zur Beschleunigung der Übertragungszeiten. Darüber hinaus gibt es ein Packverfahren mit der Bezeichnung Modified Read (MR), das etwa zehn Prozent schneller als der MH-Code arbeitet. Da diese Verfahren genormt sind, gibt es keine "Verständigungsprobleme" zwischen Geräten unterschiedlicher Hersteller. Vorsicht ist jedoch geboten bei herstellerspezifischen Packverfahren, die zwar sehr schnell sein können, aber nur zwischen Geräten desselben Modells funktionieren. Die verwendeten Codierungs-Verfahren sind ausschlaggebend bei der Übertragungszeit für ein und dieselbe Seite, die sich bei verschiedenen Modellen um bis zu 100 Prozent unterscheiden kann.

Sender-/Empfängerkennung

Wird auch als Empfangsprotokoll oder Kennung bezeichnet. Die Sender-/Empfängerkennung bezeichnet den Ausdruck auf dem Fax folgender Daten:

- Telefax-Nummer,
- Sendername,
- Datum/Uhrzeit,
- Seitenzahl,
- Automatische Seitennummerierung.

7.3 Komfortfunktionen

Zeitversetztes Senden

Unterlagen werden selbständig zur vorprogrammierten Zeit übertragen. Mit dieser Funktion können die kostengünstigen Telefontarife während der Nacht oder an Wochenenden genutzt werden, was besonders für Serienbriefe interessant ist. Einen weiteren Vorteil bietet das zeitversetzte Senden nach Übersee. Man kann von hier ein Fax während der Nacht abschicken lassen (möglichst mit automatischer Wahlwiederholung) und die Belastung des Telefonnetzes tagsüber umgehen. Manchmal trifft man auf den Fall, daß Faxpartner ihr Gerät nachts abstellen, dann kommt man gar nicht umhin, nachts zu senden, damit das Fax in Übersee am Tag oder am Morgen empfangen werden kann.

Speicher

Wie bereits erwähnt lesen Faxgeräte Vorlagen automatisch ein und wandeln die Information der Vorlage in elektrische Signale um. Diese Signale können dann bis zur Übertragung in einem Zwischenspeicher abgelegt werden. Der Speicher ist eine notwendige Voraussetzung für das zeitversetzte Senden (auch Rundsenden genannt), wobei die Größe eines Speichers in KB (Kilobyte) angegeben wird. Ein Speicher mit 320 KB faßt etwa 22 DIN-A4-Seiten. Für ein Rundschreiben werden die Daten aus dem Speicher geholt und an die jeweilige Adresse abgeschickt.

Rundsenden oder Gruppenwahl

Anwahl mehrerer, vorher eingegebener Fax-Empfängernummern, die das gleiche Fax erhalten sollen.

Blockübertragung

Es können gezielt nur einzelne Textabschnitte eines Dokumentes versendet werden.

Paßwort

Diese Einrichtung verhindert, daß vertrauliche Dokumente in falsche Hände geraten. Die Übertragung erfolgt nur bei Übereinstimmung der Paßwörter von Absende- und Empfangsgerät.

Pollen / Polling

Mit dieser Funktion kann ein Faxgerät selbständig Vorlagen von anderen Geräten abrufen. Dazu lassen Sie die Vorlage in Ihr Faxgerät einlesen. Von einem anderen Faxgerät können Sie dann die Vorlage abschicken. Außerdem ist die Wahlwiederholung von diesem anderen Gerät möglich. Ein Paßwort schützt davor, daß Unbefugte die Vorlage aufrufen können.

Automatische Papierschneideeinrichtung

Damit wird ein mehrseitiges Fax ordentlich Seite für Seite geschnitten und nicht, wie üblich, als langes, unhandliches Papierband von der Rolle abgespult.

Express

Dokumente mit hohem Weißanteil, z.B. Texte mit großem Zeilenabstand, werden mit Hilfe dieser Funktion wesentlich schneller versendet, wenn auch das Empfangsgerät im Express-Betrieb arbeiten kann. Da die Faxgeräte die Vorlage pixelweise einlesen, kann man bei weißen Stellen auf die Umrechnung verzichten. Beim Expressbetrieb werden also weiße Stellen vernachlässigt.

Lokalbetrieb als Kopierer

Einige Fernkopierer können auf Knopfdruck in beschränktem Maße als normaler Bürokopierer eingesetzt werden. Das Kopieren geht sehr langsam vor sich und es können nur einzelne Blätter kopiert werden.

7.4 Faxgeräte im Vergleich

	NEC Nefax 200	Telekom AF 310T	Schneider SPF 101	Quelle FAX 100
Preis (DM)*	2.340.-	1.598.-	999.-	799.-
Maße (BxTxH cm)	31x32x12	35x29x13	31x28x13	31x28x13
Gewicht (kg)	4,5	5,3	4,7	4,7
Vorlagenbreite max. (cm)	21,6	21,6	21,6	21
Lesebreite max. (cm)	20,8	21,5	20,5	21
Aufzeichnungsbreite (cm)	20,8	21	20,8	21
Vorlageneinzug (Blatt)	bis 5	bis 15	bis 5	bis 5

	NEC Nefax 200	Telekom AF 310T	Schneider SPF 101	Quelle FAX 100
Papiervorrat (Meter)	50	40	30	30
Papiervorrat/Endeanzeige	+/+	+/+	+/+	+/+
Display	16 Zeich.	16 Zeich.	-	-
automat. Wahlwiederholung	+	+	-	-
automat. Papierschneide.	-	+	-	-
Rufnummernspeicher	100	30	-	-
Graustufen/Kontrastwahl	16/autom.	16/manuell	-/autom.	-/3 Stufen
Sender-/ Empfängerkennung:				
- Telefax-Nr.	+	+	+	+
- Sendername	+	+	-	+
- Datum/Uhrzeit	+/+	+/+	-/-	+/+
- Seitenzahl	-	+	-	-
- automat. Seitennummer	+	+	+	+

* Unverbindliche Preisempfehlung, Stand Mai 1992

Faxgeräte können von der DBP Telekom oder von privaten Anbietern gekauft bzw. bezogen werden. Die DBP Telekom bietet neben dem Mietkauf (Leasing) auch die Miete für eine Mindestüberlassungszeit von ein, drei oder fünf Jahren an. Die Miete eines Gerätes vom Postunternehmen erfolgt einschließlich einer pauschalen Gebühr für Wartungs- und Reparaturkosten (inkl. Wegekosten). Beim Kauf kann man wählen, ob man diese Leistungen zusätzlich in Anspruch nehmen will.

Die Mietkonditionen sind relativ günstig. Auch sind einzelne, gemessen an den günstigen Preisen derzeit noch ungewöhnliche Leistungsmerkmale, wie eine Papierschneidevorrichtung, ein eingebautes Telefon oder ein Anschluß für einen Anrufbeantworter, nicht zu verachten. Geräte mit eingebautem Telefon haben den gleichen Anschluß für das Faxgerät und für das Telefon, was mit Vorteilen, aber auch mit Nachteilen verbunden sein kann. Doch dazu später mehr.

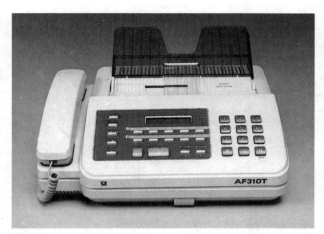

Abb. 94: AF 310T (Telekom)

Das Faxgerät AF 310T der DBP Telekom ist für 1.598.- DM mit Papierschnei-devorrichtung zu bekommen. Als AF 310, ohne eingebautes Telefon und An-schluß für einen Anrufbeantworter, kostet es 1.395.- DM.

Die vier hier verglichenen Geräte kann man zur Mittelklasse zählen, wobei zwei der Geräte über eine Wahltastatur verfügen (mit den entsprechenden Funktio-nen Nummernspeicher und Wahlwiederholung).

Die in dieser Auswahl angebotenen Leistungsmerkmale und die auftretenden, erheblichen Preisunterschiede kann man derzeit als repräsentativ für den Markt der Faxgeräte ansehen.

Eingehende Preisvergleiche vor dem Kauf lohnen sich sehr. Der Nefax 200 von NEC ist das teuerste Gerät. Er kostet fast das Doppelte des AF 310 der Tele-kom, bietet aber nicht wesentlich mehr oder bessere Leistungsmerkmale. Bei einer Preisdifferenz von fast 1.000.- DM gibt es folgende Unterschiede zwi-schen den beiden Geräten:

	NEC Nefax 200	Telekom AF 310
Preis (DM)*	2.340.-	1.395.-
Vorlageneinzug (Blatt)	bis 5	bis 15
Papiervorrat (Meter)	50	40
Display	16 Zeich.	16 Zeich.
Papierschneideeinrichtung	-	+
Rufnummernspeicher	100	30
Graustufen/Kontrastwahl	16/autom.	16/manuell
Sender-/Empfängerkennung: Seitenzahl	-	+

* Unverbindliche Preisempfehlung, Stand Mai 1992

Die in der vorherigen Übersicht aufgeführten Geräte von Schneider und Quelle liegen in einem akzeptablen Preis-Leistungsverhältnis zueinander. Sie sind die derzeit preiswertesten Faxgeräte, können jedoch wegen der fehlenden Wahltastatur nur manuell betrieben werden.

Sie sind vergleichbar mit einem nicht aufgeführten Gerät von Canon, dem Canon FAX 80. Dieses Gerät verfügt bis auf die fehlende Kontrastwahl über die gleichen Merkmale wie das SPF 101 von Schneider, wird jedoch zu ganz verschiedenen Preisen angeboten. So kostet es von 849.- DM bis zu völlig überzogenen 1650.- DM.

Faxgeräte mit Telefon und Anrufbeantworter

Es gibt bisher nur wenige Faxgeräte, die ein Telefon und einen Anrufbeantworter in einem Gerät integrieren. Dies bietet sich zunächst für denjenigen an, der Telefax und Telefon an einem Anschluß betreiben will - verbunden jedoch mit dem Nachteil, daß bei einem Telefongespräch natürlich die Amtsleitung besetzt ist und kein Fax empfangen werden kann. Für den gelegentlichen Faxnutzer ist dies jedoch vertretbar.

Sinn macht ein derartiges Faxgerät auch an einem separaten Anschluß in kleinen Unternehmen bzw. für Selbständige oder am privaten Doppelanschluß, wenn man von dort aus häufiger telefonieren möchte.

Sehr wichtig bei diesen kombinierten Geräten ist die Funktion, während man abwesend ist bei einem eingehenden Ruf zu erkennen, ob es sich um ein Telefongespräch oder ein Fax handelt. Diese Erkennung leistet der eingebaute Anrufbeantworter, der dann eine Faxverbindung an das Faxgerät weitergibt oder ein Telefongespräch aufzeichnet. Natürlich kann man die drei Gerätekomponenten (Fax, Telefon und Anrufbeantworter) auch einzeln kaufen und beim Anschluß miteinander verbinden. Für den unter Umständen geringeren Kaufpreis hat man jedoch einigen "Kabelsalat" und größeren Platzbedarf.

Im folgenden ein Vergleich von Faxgeräten mit Telefon und Anrufbeantworter.

Telekom, Canon und Panasonic im Vergleich

	Panasonic Fax-Tam *1	Canon Fax-170*1	Telekom AF 320 TA *1
Preis (DM)*1	2.479.-	2.098.-	2.198.-
Zulassung	+	-	+
Fax			
Vorlagenbreite max. (cm)	21	21	21
Lesebreite max. (cm)	20,8	20,8	20,8
Vorlageneinzug (Blatt)	bis 5	bis 5	bis 5
Papiervorrat (Meter)	30	30	30
Display	16 Zeich.	16 Zeich.	16 Zeich.
Wahlwiederholung	+	+	+
Rufnummernspeicher	100	100	50
Graustufen/Kontrastwahl	16/automat.	64/automat.	16/automat.
Aut. Umschalt. Tel./Fax	+	+	+
Kopiererfunktion	+	+	+
Aut. Papierschneider	-	-	-
Sender-/Empfängerkennung			
Telefax-Nr.	+	+	+
Sendername	+	+	+
Datum/Uhrzeit	+/+	+/+	+/+
Seitenzahl	+	+	+
Aut.Seitennum.	+	+	+

	Panasonic Fax-Tam *1	Canon Fax-170*1	Telekom AF 320 TA *1
Anrufbeantworter			
Memo-Funktion	+	+	+
Fernabfrage	+	+	+
Handsender	optional	optional	optional
Gesprächszähler	bis 99	bis 99	bis 99
Aufnahmezeit sprach-/zeitgest.	+/+	+/+	+/+
Mithören ankommender Rufe	+	+	+

*1 Unverbindliche Preisempfehlung, Stand Mai 1992

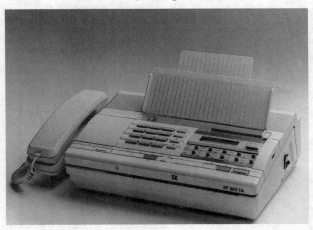

Abb. 95: FAX-Gerät mit Telefon und Anrufbeantworter: AF 330 TA (Telekom)

Der AF 330 TA der DBP Telekom ist Faxgerät, Telefon und Anrufbeantworter und kostet z. Zt. 1.998.- DM. Es kann auch gemietet werden.

7.5 ISDN-Fax

Eher für den gewerblichen Vielnutzer ist ISDN-Fax geeignet. Fax mit ISDN (vergleiche entsprechendes Kapitel) zu betreiben bringt neben einer deutlich verbesserten Übertragungsqualität vor allem eine erhebliche Beschleunigung der Übertragungszeiten.

Die verbesserte Qualität ist weniger von Bedeutung, solange es nicht um die Übermittlung grafischer Vorlagen, sondern vorrangig um Schriftunterlagen geht. Eine Übertragungszeit von fünf bis zehn Sekunden je Seite im ISDN erweitert die Möglichkeiten der Übermittlung von Dokumenten per Telefonleitung dagegen schon erheblich.

Mit einem der gängigen Fernkopierer (der Gruppe 3) benötigt man z.B. für ein 10-seitiges Schriftstück eine Übertragungszeit von etwa 7 1/2 Minuten. Ein ISDN-Faxgerät braucht hierfür nur etwa 1 1/2 Minuten.

Der Ersparnis bei den Telefongebühren wegen der verkürzten Verbindungszeiten steht die Grundgebühr für den ISDN-Anschluß in Höhe von 75.- DM monatlich und vor allem der hohe Anschaffungspreis für einen ISDN-Fernkopierer entgegen.

ISDN-Fax DF 412 (Telekom)

Das ISDN-Faxgerät DF 412 der DBP Telekom kostet ca. 13.000.- DM und bietet eine Reihe von Komfortfunktionen, die die Eignung von ISDN-Fax für den professionellen Vielnutzer unterstreichen. Die äußerst wichtige Kompatibilität zu den gängigen Faxgeräten der Gruppe 3 ist gegeben, so daß man mit diesem Gerät auch Vorlagen an Empfänger übermitteln kann, die nicht über einen ISDN-Anschluß verfügen.

Abb. 96: ISDN-Fernkopierer DF 412 (Telekom)

Besondere Leistungsmerkmale DF 412

- Übertragungsgeschwindigkeit: 64.000 bit/s
- Sehr hohe Auflösung (bis zu 400x400 ppi - Gruppe 4, bis zu 15,4 Linien/mm - Gruppe 3)
- Abtastung: ca. acht Sekunden je A4-Seite
- Grauwertübertragung: 64 Stufen
- Automatischer Vorlageneinzug von bis zu 30 Seiten
- Kurzwahl: 99 Rufnummern (zweistellig)
- Zielwahl: 72 Rufnummern
- Integrierter Sendespeicher für 30 Seiten
- Rundsenden (bis zu 175 Gegenstellen), zeitversetztes Senden (bis zu 32 Sendezeiten)
- Gebührenausdruck in Einheiten und in DM
- Abrufbetrieb (mit oder ohne Paßwort)
- Lokalbetrieb als echter Kopierer (Laser-Drucker mit Normalpapier), mit bis zu 99 Kopien.

Preis ca. 11.000.- DM

7.6 Telefaxanschluß leichtgemacht

Jeder kann ein Faxgerät kaufen, es mit einer vorhandenen Telefonanschluß-dose TAE verbinden und mit dem Faxen loslegen. Denn für den Faxdienst gibt es keine besonderen Gebühren, wie z.B. die monatliche Grundgebühr beim Btx-Dienst. Alle Verbindungen des Faxgerätes mit dem Telefondienst werden zu den Verbindungsgebühren von Telefongesprächen abgerechnet.

Anmeldung des Telefaxanschlusses

Die DBP Telekom verlangt die Zulassung eines Gerätes, aber nicht die aus-drückliche Anmeldung des Fernkopierers bzw. eines Faxanschlusses. Einziger Nachteil: Man erscheint nicht als Teilnehmer im Telefaxverzeichnis der Tele-kom. Ein unerheblicher Nachteil zumindest im Geschäftsleben, da in der Regel der Schriftverkehr auch per Fax erst nach einem vorhergegangenen Kontakt aufgenommen wird und man die Faxnummern in diesem Fall bereits ausge-tauscht hat.

Für die Anmeldung eines Faxanschlusses bei der DBP Telekom gibt es einen gesonderten Antrag, den "Auftrag im Telefaxdienst" - ähnlich dem Antrag für einen Telefonanschluß. Mit diesem Antrag wird auch ein eventuell gewünschtes Faxgerät der Telekom zur Miete und ein neu anzuschaltender Telefonanschluß bestellt, sofern man Fax nicht am vorhandenen Anschluß nutzen will. Will man einen privat erworbenen Fernkopierer anmelden, muß die Zulassungs-Nummer der Post für diese Endeinrichtung angegeben werden.

Wichtig zu wissen: Bei der "Installation einer privaten Telefaxendeinrichtung" - so der Postjargon - will das Staatsunternehmen auch noch die "Anschrift der Errichtungsfirma der Telefaxendeinrichtung" und die "Zulassungs-Nr. der DBP für die Errichtungsfirma" angegeben haben.

Dies bedeutet: Man kann eine private Firma mit dem Anschluß des Faxgerätes an den Telefonanschluß beauftragen. Dies ist nach Postvorschriften jedoch nur notwendig, wenn man noch keine TAE-Telefondose (TAE NF oder TAE NFN / vergl. Kapitel Telefontechnik) besitzt, über die man ja per Stecker den Anschluß einfach selber herstellen kann und darf. Wird der Telefaxanschluß in Verbindung mit einer zusätzlichen Amtsleitung beantragt, ist auf jeden Fall die einmalige Gebühr für die "Anschaltung im Telefonnetz" in Höhe von 65.- DM zu bezahlen. Hinzu kommen die Kosten für die Anfahrt und eventuelle Installationskosten.

Fax am vorhandenen Telefonanschluß

Die preisgünstige Lösung, Telefon und Fax an einem Anschluß zu betreiben liegt nahe. Es ist jedoch nicht einfach zu realisieren, beide Geräte an eine TAE NF-Dose (oder auch TAE NFN) anzuschließen. In diesem Fall würde bei jedem Anruf das Faxgerät nach wenigen Sekunden die Verbindung aufnehmen, wenn Sie nicht schnell genug den Hörer abgenommen haben.

Auf Grund der internen Schaltung der TAE-Dose ist die Buchse mit der N-Codierung, an die das Faxgerät angeschlossen wird, vor die Buchse (F-Codierung) für das Telefon geschaltet. Das Faxgerät ist also grundsätzlich bevorrechtigt und erhält im eingeschalteten Zustand die Amtsleitung vor dem Telefon zugewiesen.

Faxgeräte gehören zu dem Typ Zusatzgeräte, die die Leitung während einer Verbindung nicht freigeben, wenn - wie beim Anrufbeantworter - der Hörer am Telefon abgehoben wird. Dies geschieht erst, wenn eine Faxübertragung abgeschlossen ist. Leider gilt dies auch, wenn ein Gesprächspartner versucht, mit

Ihnen Verbindung aufzunehmen. Hat sich das Faxgerät eingeschaltet, können Sie diese Verbindung nicht mehr unterbrechen. Abschalten des Gerätes bringt nichts, da dann die Verbindung ganz abgebrochen wird. So hilft auch der im folgenden vorgestellte Umschalter nicht viel weiter.

Fax-Telefonumschalter

Wenn man während der Abwesenheit Fax-Schreiben empfangen will, benötigt man einen speziellen Anrufbeantworter mit einem Leitungsumschalter. Ein solches Gerät bietet z.B. Grundig mit dem Teleboy FX an.

Abb. 97: Der Teleboy 3500 FX (Grundig)

Es erkennt im eingeschalteten Zustand, ob ein Telefongespräch oder eine Fax-verbindung vorliegt und schaltet automatisch entweder auf das angeschlossene Fax oder in den Anrufbeantworterbetrieb. Der Teleboy FX arbeitet mit einer 30er Steno-Cassette und ist für Fernabfrage nachrüstbar.

Anschluß eines kombinierten Faxgerätes

Ideal sind bei nur einer Amtsleitung die in Kapitel 7.4 beschriebenen kombinierten Faxgeräte mit Telefon und Anrufbeantworter der Telekom und von Panasonic, die eine praktikable interne Schaltung für den Betrieb an nur einer Amtsleitung besitzen. Diese Geräte werden einfach mit einer einzigen Schnur in eine TAE F-Anschlußdose gesteckt. Kommt ein Ruf an, so klingelt zuerst das Telefon. Ist das Piepsen eines anderen Faxgerätes zu hören, drückt man einfach auf die Taste mit der Faxfunktion "Start" und die Verbindung wird hergestellt. Handelt es sich um einen Gesprächspartner, kann normal telefoniert werden, ohne daß sich das Faxgerät einschaltet. Bei Abwesenheit leitet der eingeschaltete Anrufbeantworter die Anrufe entsprechend um.

Fax am Doppelanschluß

Wer so häufig telefoniert oder das Faxgerät nutzt, daß sich beide Funktionen an nur einer Amtsleitung blockieren würden, bestellt sich am besten den preiswerten Doppelanschluß bei der Telekom. Die monatliche Gebühr für die zweite vollwertige Telefonnummer beträgt nur die Hälfte des normalen Tarifes einer zweiten getrennten Amtsleitung (s. Kapitel 4.3). Außerdem ist dies die einzige praktikable Lösung, wenn man kein kombiniertes Faxgerät, sondern getrennte Geräte besitzt.

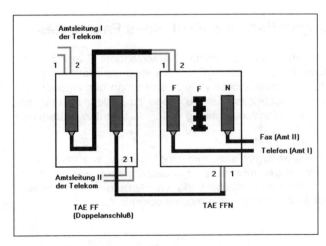

Abb. 98: Fax und Telefon am Doppelanschluß

Bei der TAE FFN-Dose ist nur einer Amtsleitung die Buchse mit N-Codierung für ein Zusatzgerät - in diesem Fall Amt II für Fax - zugeordnet.

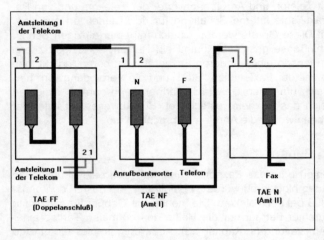

*Abb. 99: Fax und Telefon mit Anrufbeantworter am Doppel-
anschluß*

7.7 Entscheidungshilfen zum Kauf eines Faxgerätes

Bevor man daran geht, die Leistungsmerkmale verschiedener Faxmodelle zu vergleichen, um herauszufinden, welches Gerät bei etwa gleichem Preis z.B. über den größeren Rufnummernspeicher verfügt, sollte man den eigenen Bedarf klären. Dies bedeutet, sich zunächst die Frage zu stellen, ob man bestimmte Funktionen, wie Wahlwiederholung oder Graustufen, überhaupt braucht.

Die Antwort auf diese Frage ergibt sich zum einen daraus, wie häufig man Faxe versenden und empfangen möchte, zum anderen daraus, wie die Vorlagen beschaffen sind (Texte oder grafische Vorlagen). Außerdem ist zu bedenken, ob man häufig Serienfaxe verschicken möchte oder nicht.

Gelegentlicher Faxbetrieb

Ein Faxgerät zu besitzen kann auch bei nur gelegentlichem Bedarf bequem und sehr vorteilhaft sein. Dem privaten Nutzer kann es einfach Spaß machen; den Freiberufler kann es von Terminnöten befreien, wenn er für die Abgabe eines Dokumentes oder einiger Seiten Text beim Geschäftspartner ein, zwei oder mehrere Tage gewinnt, die sonst der Versand per Briefpost beansprucht. Für den gelegentlichen Faxbetrieb genügt eines der schon erwähnten Billiggeräte, die nur die manuelle Betriebsweise bieten.

Auf folgende Funktionen kann dabei verzichtet werden:

* Wahltastatur

* Automatische Wahlwiederholung

* Rufnummernspeicher bzw. Zielwahl/Kurzwahl

* Automatische Papierschneidevorrichtung

* Display

* Graustufen (sofern keine grafischen Vorlagen übertragen werden)

* Folgende Leistungsmerkmale genügen:

* Vorlageneinzug mit bis zu fünf Blättern

* Papiervorrat (Rolle): 30 Meter

* Manuelle Kontrastwahl in drei Stufen

* Sender-/Empfängerkennung für Faxnummer, Datum/Uhrzeit und automatische Seitennummerierung

Ein Faxanschluß lohnt sich zusammen mit dem Telefon an einem Telefonanschluß in Verbindung mit einem Fax/Telefon-Switch oder bei privater Nutzung am Telefon-Doppelanschluß. Ansonsten empfiehlt sich ein kombiniertes Faxgerät mit eingebautem Telefon und Anrufbeantworter.

Mehr Vorlagen empfangen als versenden

Außendienststellen oder Filialen beispielsweise erhalten häufiger neue Preis- bzw. Angebotslisten oder geänderte Produktdatenblätter per Fax, als daß sie Schreiben an Dritte herausschicken müssen. Auch hier kann ein Billiggerät bzw. ein Faxgerät der unteren Preis- und Leistungsklasse genügen.

Auf folgende Funktionen kann dabei verzichtet werden:

- Wahltastatur
- Automatische Wahlwiederholung
- Rufnummernspeicher bzw. Zielwahl/Kurzwahl
- Display
- Graustufen (sofern keine grafischen Vorlagen übertragen werden)

Folgende Leistungsmerkmale genügen:

- Vorlageneinzug mit bis zu fünf Blättern
- Papiervorrat (Rolle): 30 Meter (= ca. 90 Blätter DIN A4)
- Manuelle Kontrastwahl in drei Stufen
- Sender-/Empfängerkennung für Faxnummer, Datum/Uhrzeit und automatische Seitennummerierung

Folgende Funktionen bzw. Leistungsmerkmale werden empfohlen:

- Automatische Papierschneidevorrichtung
- Endeanzeige Papiervorrat

Auf jeden Fall sollte eine zusätzliche Amtsleitung für den Faxanschluß eingerichtet bzw. eine Leitung bei einer Nebenstellenanlage reserviert werden.

Häufiger Faxbetrieb

Das heißt: Viele Vorlagen versenden und häufig Faxe empfangen. Es sollte auf jeden Fall ein Faxgerät mit automatischer Betriebsweise angeschafft werden.

Folgende Funktionen sind unverzichtbar:

- Wahltastatur
- Automatische Wahlwiederholung
- Rufnummernspeicher bzw. Zielwahl/Kurzwahl (Größe ermitteln aufgrund der Anzahl häufig benötigter Geschäftskontakte)
- Vorlageneinzug mit mindestens bis zu fünf Blättern
- Display

- Sender-/Empfängerkennung für Faxnummer, Datum/Uhrzeit und automatische Seitennummerierung
- Kontrastwahl, mindestens in drei Stufen, möglichst automatisch
- Endeanzeige Papiervorrat

Folgende Funktionen und Leistungsmerkmale werden empfohlen:

- Sender-/Empfängerkennung zusätzlich für Sendername und Seitenzahl
- Papiervorrat (Rolle): mehr als 30 Meter
- Automatische Papierschneidevorrichtung
- Graustufen (sofern auch grafische Vorlagen übertragen werden)

Auf jeden Fall sollte eine zusätzliche Amtsleitung für den Faxanschluß eingerichtet bzw. eine Leitung bei einer Nebenstellenanlage reserviert werden.

Sehr häufiger Faxbetrieb

In diesem Fall empfiehlt sich ein Faxgerät mit Komfortfunktionen der oberen Preisklasse, selbstverständlich mit automatischer Betriebsweise, eventuell sogar ein ISDN-Fax.

Neben Standardfunktionen sollte auf folgende Komfortfunktionen bzw. auf entsprechende Leistungsmerkmale nicht verzichtet werden:

- Rufnummernspeicher bzw. Zielwahl/Kurzwahl für insgesamt mindestens 80 Nummern
- Rundsenden / Gruppenwahl
- Zeitversetztes Senden
- Abrufbetrieb (mit und ohne Paßwort)
- Vorlagenverkleinerung
- Automatischer Vorlageneinzug mit bis zu 15 Blättern
- Integrierter Sendespeicher für bis zu 15 Seiten
- Automatische Kontrastwahl
- Automatische Papierschneidevorrichtung
- Papiervorrat (Rolle): 50 Meter
- Funktionsauswahl bzw. Programmsteuerung über Display

193

Faxanschluß

Auf jeden Fall sollte eine zusätzliche Amtsleitung für den Faxanschluß eingerichtet bzw. eine Leitung bei einer Nebenstellenanlage reserviert werden. Bei einem ISDN-Anschluß können mehrere verschiedene Dienste bzw. Geräte am selben Anschluß betrieben werden.

Serienfaxe verschicken

In diesem Fall kann von den angegebenen Funktionen und Leistungsmerkmalen bei häufigem Faxbetrieb ausgegangen werden. Vorhanden sein müssen:

*   Ein großer Rufnummernspeicher,
*   Rundsenden / Gruppenwahl,
*   Zeitversetztes Senden,
*   Sendespeicher mit mindestens 15 Seiten,
*   möglichst großer Papiervorrat.

Grafische Vorlagen empfangen bzw. verschicken

Grafische Vorlagen sind Fotos, technische und architektonische Zeichnungen und Illustrationen. Wer nur gelegentlich neben normalen Faxschreiben grafische Vorlagen versenden oder empfangen will, kann sich damit zufrieden geben, wenn der Fernkopierer über 16 Graustufen verfügt. Dieses Merkmal ist bei Billiggeräten zwar noch nicht zu finden, bei höherwertigen Faxgeräten aber häufig vorhanden.

Will man grafische Vorlagen häufiger versenden, wird man im Regelfall einzelne Dokumente und keine umfangreichen Vorlagen zu übermitteln haben. Weiterhin ist der Einsatz von Telefax für diesen Zweck durch das relativ kleine Format beschränkt. Es kommt hier also weniger auf Funktionen und Leistungsmerkmale an, die für den häufigen Faxbetrieb mit Textvorlagen benötigt werden, wie z.B. Rufnummernspeicher oder automatischer Papiereinzug bei einer großen Blattzahl.

Unverzichtbar sind:

*   Graustufen: 16, 32 oder 64,
*   Automatische Kontrastwahl,
*   möglichst große Vorlagen müssen gelesen werden können.

194

Sinnvoll ist auch der Lokalbetrieb als Kopierer. Faxgeräte, die auch farbige Vorlagen übermitteln können, gibt es noch wenige und nur zu hohen Preisen. Sehr ratsam vor dem Kauf eines Gerätes sind eingehende Tests, die man am besten selber beim Händler mit eigenen, typischen Vorlagen durchführt.

7.8 Fax auf dem PC (MS-DOS)

Faxen ist auch mit dem PC möglich. So bieten einige Firmen sogenannte Fax-karten an, die in den PC eingesteckt werden. Mit Hilfe der Faxkarten können Sie Texte, die Sie zuvor mit einem Textverarbeitungsprogramm erstellt haben, über die Faxleitung versenden.

Zum 1. Juli 1990 hat die DBP Telekom die Bestimmungen für den Telefax-dienst liberalisiert. Seitdem ist ein Faxteilnehmer - kaum zu glauben - nicht mehr verpflichtet, sein Faxgerät 24 Stunden rund um die Uhr eingeschaltet zu lassen. Außerdem entfällt für den Nutzer einer Faxkarte die Verpflichtung, sich Scanner und Drucker anzuschaffen. Der - auf Wunsch auch papierlose - Faxbetrieb ist also nicht mehr nur technisch möglich, sondern auch von der Post erlaubt.

Faxkarten entsprechen den Leistungsmerkmalen der Gruppe 3. Sie erinnern sich: Das waren Geräte, welche über eine Auflösung von 7,7 Zeilen/mm und einer Übertragungsdauer von ca. einer Minute für eine DIN-A4-Seite verfügen.

Sie erfüllen in der Regel folgende Funktionen:

* Automatische Wahlwiederholung

* Zielwahl

* Zeitversetztes Senden

* Journalausdruck bzw. Sendebericht

Teilweise erfolgt von den Herstellern keine Angabe über das Codierungsver-fahren. Dies sollte man auf jeden Fall vor dem Kauf nachfragen, damit man hinterher keine Probleme bei der Kommunikation mit Faxgeräten anderer Her-steller bekommt.

Spezifische Funktionen und Leistungsmerkmale von Faxkarten

Speicherbedarf Festplatte

Zu einer Faxkarte gehört eine Software zur Steuerung des Faxbetriebes. Derartige Programme sind sehr umfangreich und benötigen ca. 1 MByte Speicherplatz. Hinzu kommt der Speicherbedarf für Faxschreiben, so daß man eine Faxkarte also nur in Verbindung mit einer Festplatte sinnvoll nutzen kann.

Speicherbedarf Arbeitsspeicher

Die zur Faxkarte gehörigen Programme benötigen zwischen 384 und 640 KByte im Arbeitsspeicher des Computers.

Grafikadapter

Faxkarten können meist mit allen gängigen Grafikkarten betrieben werden: Hercules, CGA, EGA, VGA.

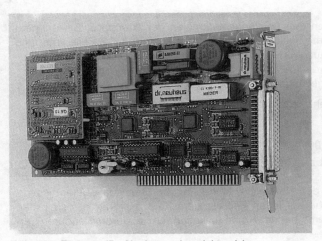

Abb. 100: Faxkarte (Dr. Neuhaus microelektronic)

Faxkarten werden in einen Steckplatz im PC gesteckt. Es gibt sie als lange und kurze Steckkarten, wobei ein TAE-Anschlußkabel und Software zum Lieferumfang gehört, mit der die Installation auf Festplatte vorgenommen, die

Schnittstelle zur Datenübertragung konfiguriert sowie Texte und Grafiken als Faxe auf dem PC verwaltet werden können. So ist es möglich, beispielsweise eine mit einer Tabellenkalkulation erstellte Geschäftsgrafik direkt über die Faxkarte zu verschicken.

Abb. 101: Scanner (Dr. Neuhaus microelektronic)

Wenn man nicht nur im PC gespeicherte Daten per Fax übermitteln möchte, benötigt man einen zusätzlichen Scanner. Dies ist ein Gerät, das Vorlagen optisch abtastet und punktweise in Grafiken auflöst, die auf dem PC gespeichert werden können. Die Faxkarte auf dem PC ist weniger als Alternative zum herkömmlichen Faxgerät, sondern eher als Ergänzung im geschäftlichen Bereich anzusehen. Zwar sind Faxkarten ohne Zulassung bereits zwischen 500,00 DM und 1.500,00 DM erhältlich, der niedrigere Preis kann jedoch kaum die Nachteile gegenüber einem Fax-Tischgerät wettmachen.

Um empfangsbereit zu sein, muß der PC ständig eingeschaltet und die Software geladen sein. Der zusätzliche Scanner muß ebenfalls gekauft werden, der Aufwand für die Übertragung einer Grafik, z.B. einer Buchillustration, kann also erheblich hoch sein. Dagegen bietet ein Faxgerät die Möglichkeit, jede beliebige Grafik einzulegen und mühelos übertragen zu lassen.

Interessant wäre es, auf einem PC empfangene Faxe in das ASCII-Format umzuwandeln, so daß sie von einem Textverarbeitungsprogramm weiterverarbeitet werden können. Leider verfügt noch keine Telefaxkarte über diese Eigenschaft.

Die Vorteile von Faxkarten liegen in anderen Bereichen: Beispielsweise bei der Übermittlung von Texten und Grafiken, die mit dem Computer erstellt wurden oder beim Verschicken von Serienfaxen an eine große Zahl von Empfängern. Dies geht mit einer Faxkarte und der dazugehörigen Software wesentlich schneller und komfortabler als mit einem Tischgerät.

Eine Komplettlösung für den Büroalltag bietet neuerdings Epson an. Das Paket "office" umfaßt eine zugelassene Faxkarte, Software für den Faxbetrieb sowie ein Textverarbeitungsprogramm, mit dem Texte im ASCII-Format geschrieben, weiterbearbeitet und als Fax versandt werden können. Zusätzlich verfügt "office" über eine Adreßverwaltung, einen Terminkalender und ein Lexikon zur Rechtschreibprüfung. Alle Komfortfunktionen eines Faxgerätes sind dabei auch vorhanden. Der Preis liegt bei ca. 1200.- DM.

Leistungsmerkmale von Software für Faxkarten

Zur Zeit gibt es noch keine Programme, die verschiedene Faxkarten unterstützen, wie es bei Terminal- bzw. DFÜ-Programmen, die mit nahezu jedem Modem zusammenarbeiten können, üblich ist. Jede auf dem Markt angebotene Faxkarte wird also mit einem eigenen Faxprogramm ausgeliefert. Auf welche Leistungsmerkmale sollte man also achten?

Zunächst einmal muß man davon ausgehen, daß die meisten Programme von DOS aus gestartet werden und nur sehr wenige bisher unter Windows arbeiten, was die Möglichkeit bietet, aus jeder laufenden Anwendung heraus zu faxen.

Konfiguration

Vor allem, wenn man bereits eine Modemkarte für Datenfernübertragung oder Btx im PC hat, sollte die Schnittstelle (COM1, COM2 usw.) einstellbar sein. Die eigenen Daten für die Sende-Identifikation, wie Name und Faxnummer müssen eingegeben werden können. Die Grundeinstellung der Übertragungsrate muß bei der höchstmöglichen Rate von 9.600 Baud erfolgen und die Software sollte bei Verbindung mit einem Gerät mit anderer Geschwindigkeit automatisch herunterschalten.

Längst nicht selbstverständlich ist die Unterstützung aller gängigen Grafikkarten auf dem PC. So gibt es Karten bzw. Faxprogramme, die nur Hercules und CGA, aber weder EGA noch VGA unterstützen.

Kompatibilität

Die Codierung sollte nach dem MH-Code entsprechend der Fernkopierer-Gruppe III (vergl. Kapitel 7.1) erfolgen.

Faxversand

Vor allem für den Versand von Serienfaxen muß ein Register mit Faxnummer erstellt und verwaltet werden können. Am besten ist es, wenn die Daten einer Serienbrieffunktion einer vorhandenen Textverarbeitung (z.B. Word) übernommen werden. Eigene Texteditoren von Faxprogrammen sind meist nur sehr dürftig in ihrer Leistungsfähigkeit. Sehr wichtig ist die Verwaltung eines laufenden Faxversands. Hierzu gehören automatische Wahlwiederholung und Registrierung von nicht erreichten Faxanschlüssen.

Grafikeinbindung

Zumindest die auf dem PC erstellten Grafiken sollten in ein Faxschreiben integriert bzw. als Fax versandt werden können. Dann kann vor allem die eigene Unterschrift als Grafik eingebunden werden. Wichtig ist die Unterstützung der gängigen Grafikformate unter MS-DOS.

Fax-Empfang

Wie beim Versand sollten die Daten zur Senderidentifikation beim Empfang übernommen werden. Da Faxprogramme zumeist mit einem eigenen Grafikformat arbeiten, das empfangene Faxe komprimiert enthält, ist eine Konvertierungsroutine in die gängigen Grafikformate wichtig für eine Weiterverarbeitung in anderen PC-Programmen.

Das Faxprogramm sollte dafür sorgen, daß bei einer laufenden Anwendung auf dem PC eingehende Faxe im Hintergrund empfangen werden können, ohne daß das laufende Programm unterbrochen wird oder gar abstürzt. Der PC muß hierfür je nach weiteren installierten Anwendungen einen entsprechend großen Arbeitsspeicher besitzen.

Ideale Kombination PC - Faxgerät

Die Nachteile, die die bisher nur alternativ zur Verfügung stehenden Möglichkeiten für einen Faxbetrieb haben - einzelnes Faxgerät oder PC mit Faxkarte - werden nur durch neue Entwicklungen von Herstellern wie Loewe oder Konica ausgeglichen.

Oder anders herum gesagt, die Vorteile beider Einzellösungen kann man nun mit einem PC-kompatiblen (MS-DOS) Faxgerät wie dem "Konica Fax 720" genießen. Das Gerät besitzt eine V.24-Schnittstelle (parallele Schnittstelle), über die es ständig mit einem PC verbunden wird. So braucht man die über die Textverarbeitung erstellten Faxschreiben nicht mehr auszudrucken, sondern schickt sie über die mitgelieferte Software von Konica direkt an das Faxgerät.

Umgekehrt kann das Gerät auch als Scanner eingesetzt werden, um Texte, Bilder, Zeichnungen oder Grafiken in den PC einzulesen. Die Software bietet weiterhin ein Faxnummernverzeichnis und ermöglicht zeitversetztes Senden. Sie verwaltet den Versand von Serienfaxen, die über ein beliebiges Textverarbeitungsprogramm erstellt wurden, bietet Wahlwiederholung und registriert nicht erreichte Faxanschlüsse.

Ist der PC ausgeschaltet, so bleibt das Faxgerät weiterhin empfangsbereit. Das Gerät von Konica kostet 2.430,00 DM zuzüglich 300,00 DM für die Software "Konica Kom".

Von Loewe gibt es ein vergleichbares Faxgerät für den Anschluß an einen PC unter der Bezeichnung "Loewe Faks". Es kostet ca. 3.000,00 DM. Ratsam ist hier wegen des großen Arbeitsspeicherbedarfs die Kombination mit einem 386er PC.

Bei beiden Faxgeräten darf nicht vergessen werden, daß PCs zumeist über nur eine parallele Schnittstelle für den Druckeranschluß verfügen. Eine zweite kann jedoch preiswert nachgerüstet werden, wenn ein entsprechender Slot im PC frei ist.

7.9 Was sonst noch wichtig ist

Telefaxverzeichnis

Jeder Telefaxteilnehmer erhält regelmäßig und kostenlos das amtliche Telefax- und Telebriefverzeichnis. Es enthält neben den Einträgen der Telefaxteilnehmer auch eine Aufstellung der eingerichteten Telebriefstellen, Angaben über die Schalterstunden und allgemeine Informationen über den Telefax- und Telebriefdienst.

Man sollte daher gründlich Angebote/Zahlungsaufforderungen über Eintragungen in sonstige private "Telefax- bzw. Faksimileverzeichnisse" prüfen, bevor man den Auftrag dafür erteilt. Eintragungen gelten oft mehrere Jahre lang.

Auskünfte über Telefax-Nummern erteilen die Telefon-Auskunftsstellen. Im Rahmen der "Teleauskunft" im Btx-System unter der Seitennummer *1188# wird auch ein elektronisches Verzeichnis für Telefax angeboten.

Telefax international

Fernkopien können im Prinzip weltweit übertragen werden. Die Übertragung von Fernkopien zu Ländern, mit denen die Deutsche Bundespost Telekom noch keinen internationalen Telefaxdienst aufgenommen hat, ist nach ihren Angaben ohne Gewähr möglich, sofern dort der Betrieb von Fernkopierern zulässig ist.

Telefax - Telebrief

Vorlagen können auch an Empfänger übermittelt werden, die keinen eigenen Fernkopierer besitzen. Telefax und Telebrief ermöglichen in Kombination miteinander das Übersenden von Vorlagen vom eigenen Telefaxgerät an ein Postamt mit Telebriefstelle in der Nähe des Empfängers.

Von dort aus können die Kopien in einem verschlossenen Umschlag noch am selben Tag vom Empfänger abgeholt oder von der DBP Postdienst durch Eilzustellung ausgeliefert werden. Anderenfalls kommen die Kopien am nächsten Werktag durch die normale Briefzustellung.

Umgekehrt werden ebenso Vorlagen vom nächsten Postamt mit Telebriefstelle an einen Telefaxteilnehmer versendet oder an ein anderes Postamt, damit die Nachricht von dort ausgeliefert wird. Die Kommunikation über Telebrief oder Telefax ist auch mit vielen Ländern möglich, in denen der Betrieb von Fernkopierern zulässig ist.

Btx - Telefax

Die DBP Telekom bietet im Rahmen eines Betriebsversuches Btx-Teilnehmern die Möglichkeit, Mitteilungen an Telefax-Geräte (Gruppe 3) im In- und Ausland zu versenden, die über den Selbstwählferndienst erreichbar sind. Der Empfang von Telefax-Mitteilungen über Btx ist nicht möglich.

Rechtsgültigkeit von Dokumenten

Per Telefax erhaltene Briefe sind nicht rechtsgültig. Ein Dokument ist nur dann rechtsgültig, wenn es "der Schriftform genügt". Diese Bedingung ist nach §126,

Absatz 1 des Bürgerlichen Gesetzbuches (BGB) erfüllt, wenn das Dokument die "eigenhändige Namensunterschrift" trägt.

Eine auf einem Telefax abgebildete Unterschrift wird nicht anerkannt, denn sie könnte hineinkopiert worden sein. Wer also beispielsweise Aufträge oder Bestellungen per Fax erhält, sollte eine schriftliche Auftragsbestätigung per Briefpost schicken.

Werbung per Fax

Die Zusendung eines Faxes "zur Aufnahme eines erstmaligen geschäftlichen Kontaktes" wird als Belästigung angesehen. Die Begründung findet sich im §1 des Gesetzes gegen unlauteren Wettbewerb (UWG). Ausschlaggebend ist hierbei die Tatsache, daß dem Empfänger der Werbung unfreiwillige Kosten durch den Ausdruck auf das Thermopapier entstehen. Weiterhin wurde in dem Urteil (Landgericht Hamburg, 10.8.1988, Aktenzeichen 15 O250/88) die Blockierung des Gerätes als unzumutbar angesehen.

8. Computer am Telefonnetz

Home- und Personalcomputer nahezu aller Hersteller können ans Telefonnetz angeschlossen werden. Dies geht aber nicht so einfach, wie z.B. der Anschluß eines Druckers. Man benötigt dafür ein Modem und ein Programm, das die Steuerung dieses Zusatzteils und andere Funktionen übernimmt.

Es gibt dabei zwei Möglichkeiten, einen Computer einzusetzen. In Verbindung mit einem Modem kann man eine Telefonnummer aus einem Verzeichnis heraus suchen und automatisch wählen lassen. Ist ein Telefon parallel mit dem gleichen Anschluß wie das Modem verbunden, braucht man nur den Hörer abzunehmen, wenn die Telefonverbindung hergestellt ist. Dies entspricht der Funktion Kurzwahl bzw. Zielwahl, die Komforttelefone bieten. Allerdings ist die Zahl der speicherbaren Telefonnummern bei einem Computer mit entsprechendem Programm weitaus größer.

Die zweite Möglichkeit, den Computer am Telefonnetz einzusetzen, wird häufiger genutzt: Die Übertragung von Computerdaten von einem Computer zum anderen, bzw. die Abfrage von großen Rechenanlagen, die Datenbanken anbieten, über den eigenen Computer, der dann als Terminal fungiert (vergl. hierzu das Kapitel über Btx). Man bezeichnet diese Einsatzmöglichkeit als Datenfernübertragung.

8.1 Anschluß von Computern - Modem bzw. Modemkarte

Der Begriff Modem kommt von modulieren und demodulieren (der MOdulator/DEModulator). Modems werden für den Anschluß von Endgeräten an das Telefonnetz benötigt, das nur die sogenannten analogen Impulse transportieren kann - also Tonschwingungen bzw. Sprache. Endgeräte, wie Faxgerät oder Computer, arbeiten jedoch intern digital, d.h. sie kennen keine analogen Impulse, sondern nur elektrische Impulse in Form von "Stromspannung ein" und "Stromspannung aus". Dies entspricht der äußerst simplen "Sprache" der Computer: 1 oder 0 bzw. Ja oder Nein. Ein Modem fungiert also als Übersetzer zwischen dem Telefonnetz und dem Endgerät.

Modems gibt es in drei Ausführungen. Als Beistellmodem wird es über ein Kabel mit der seriellen Schnittstelle, die fast jeder Computer bereits beim Kauf besitzt, verbunden. Als Einsteckmodem wird es von außen auf diese serielle Schnittstelle aufgesteckt und als Modemkarte in einen freien Steckplatz im

Computer eingebaut. Dies ist die platzsparendste und praktikabelste Lösung. Man braucht dann nur noch eine Telefonschnur mit einem Western-Stecker (4-adrig) am einen Ende in die Buchse des eingebauten Modems und den TAE-Stecker (N-Codierung, 4-adrig) am anderen Ende der Schnur in die Telefonanschlußdose zu stecken.

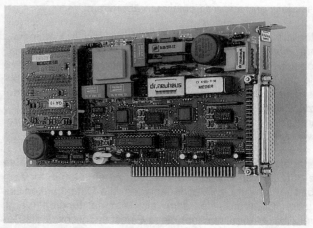

Abb. 102: Modem-Karte für PC (Dr. Neuhaus Microelektronik)

Anschlußprobleme

Wenn man ein Modem zusammen mit anderen Geräten oder einem Telefon an einer TAE-Mehrfachdose über eine Amtsleitung betreiben will, muß die Telefonbuchse des Modems unbedingt alle vier Adern für die Telefonverbindung herausführen. Viele Modems ausländischer Produktion ohne Zulassung bieten nur die beiden Adern für die Amtsleitung. Ist das Modem auf Leitung, werden dann andere Geräte nicht weggeschaltet, so daß es Störungen gibt, wenn jemand beispielsweise den Telefonhörer des angeschlossenen Telefons abhebt (vergl. Kapitel Telefon-Anschlußtechnik).

Modem-Anschluß leichtgemacht

Ein Modem, ob nun als Modem-Karte in den PC eingebaut oder ein externes Modem schließt man in der Regel am besten über einen Western-TAE-Adapter an. Nur wenige Modeme besitzen eine fest angeschlossene Schnur mit TAE-Stecker.

Schließen Sie das Modem parallel mit einem Telefon an eine Amtsleitung an, so haben Sie den gleichen Effekt wie beim parallelen Anschluß zweier Telefone. Die Geräte schalten sich gegenseitig weg, so daß sich das jeweils andere in die Verbindung einschalten kann. Mithören ist also im wahrsten Sinne des Wortes möglich, wenn der Hörer des Telefons abgenommen wird, während eine Verbindung mit dem Modem läuft. Sie hören schnarrende Geräusche und es kann auch passieren, daß dadurch die Datenübertragung gestört wird.

Besser ist also der getrennte Anschluß über eine TAE NF- oder NFN-Dose, wie im Kapitel 6.5 schon für Anrufbeantworter beschrieben wurde. Anstelle des Anrufbeantworters wird der das Modem an die Buchse mit N-Codierung angeschlossen.

Zulassung

Die meisten auf dem Markt erhältlichen preiswerten Modemkarten (ab 200,00 DM) besitzen keine Zulassung. Externe Modems als Beistellgerät, wie sie auch von der DBP Telekom zur Miete angeboten werden, besitzen zwar diese Zulassung, sind jedoch weitaus teurer.

Außerdem arbeiten Modems ausländischer Produktion schon seit langem nach einer internationalen Norm, dem Hayes-Standard, der die reibungslose Kommunikation von Computern und Endgeräten über das Telefonnetz regelt. Diesen Hayes-Standard akzeptiert die Post erst in jüngster Zeit zunehmend in ihren eigenen Modems.

Es wundert daher nicht, daß nach Schätzungen von Branchenkennern monatlich mehrere Tausend dieser nichtzugelassenen Modems bei uns gekauft und angeschlossen werden. Die Post ist selber Nutznießer dieser Entwicklung, denn schließlich fördert der Einsatz von Computern am Telefonnetz das Gebührenaufkommen. Eigene Dienste wie Btx, an den sich monatlich etwa 3.000 Computernutzer anschließen lassen, hätten ohne die zahlreichen illegalen Modembetreiber noch größere Existenzprobleme.

Der Betrieb eines nicht zugelassenen Modems am Telefonnetz ist also verboten. Ob er strafbar ist, scheint aufgrund einiger neuer Gerichtsurteile fraglich. Es wurde einigen Modembetreibern zwar untersagt, ihr Gerät weiterhin anzuschließen, sie erhielten aber keine Geldstrafe. Verbunden waren diese Urteile mit dem Hinweis, daß die Allgemeinheit daraus nicht den Schluß ziehen dürfe, nicht zugelassene Modems seien damit zulässig.

Die Rechtslage bleibt auch in diesem Bereich bis auf weiteres unsicher. Sicher ist dagegen, daß die Telekom keine Möglichkeit hat, Betreiber illegaler Modems über das Telefonnetz anzumessen. Man muß sich also schon "in flagranti" erwischen lassen und sich konstant weigern, das Modem abzuklemmen, um von der Telekom verklagt werden zu können.

8.2 Telefonfunktionen eines Modems / Hayes-Standard

Hayes ist der Name eines amerikanischen Herstellers von Modems. Er realisierte als erster die Idee, dem Benutzer der bis dahin üblichen Modems die Arbeit wesentlich zu erleichtern. Bis dahin mußte die Telefonverbindung von einem Computer zum anderen mehr oder weniger von Hand hergestellt werden. Hayes entwickelte eine Reihe von Befehlen, mit denen man ein Modem einfach über die Tastatur ansteuern konnte. Das erste mit diesen Funktionen ausgestattete Modem trug übrigens den Namen "smart modem" (smart, amerik.: klug, gescheit).

Dieses gescheite Modem konnte auf Tastendruck eine Telefonnummer wählen oder einen Anruf entgegennehmen. Inzwischen hat sich der Hayes-Befehlssatz zu einem weltweit verbreiteten Standard entwickelt, den die meisten Hersteller von Modems anwenden. Derartige Modems werden auch als Hayes-kompatibel bezeichnet.

Hayes-Befehlssatz

Alle Befehle eines Hayes-kompatiblen Modems beginnen mit dem Kommando AT. AT steht für den englischen Begriff "Attention" und bedeutet "Achtung". Die Befehle nach dem Hayes-Standard werden daher auch als AT-Befehle bezeichnet.

Nach dem AT folgen weitere Anweisungen, die nach der erfolgreichen Ausführung durch das Modem mit "OK" für Okay bestätigt werden. Dieser Hinweis erscheint auf dem Computerbildschirm. Konnte die Anweisung nicht ausgeführt werden, wird "ERROR" gemeldet.

Um eine Telefonnummer zu wählen, geben Sie bitte ein:

```
AT D P 0211123456  [Return]
```

D steht dabei für "dial" (wählen)

Darauf folgt die Telefonnummer, wobei Vorwahl (im Beispiel 0211 für Düsseldorf) und Anschlußnummer hintereinander eingegeben werden.

Return ist kein AT-Befehl, sondern steht für die Return - oder Enter -Taste auf der Computertastatur. Mit Return bestätigen Sie das Ende Ihrer Eingabe.

Wichtige Hayes-Befehle

AT   leitet jeden Befehl ein.

D   wählt die danach angegebene Rufnummer.

Im Zusammenhang mit der Rufnummer beziehungsweise dem Wählprozeß können weitere Funktionen realisiert werden.

T   schaltet auf Tonwahl (Touch-Tone) bzw. Mehrfrequenzwahlverfahren (MFV).

P   schaltet auf Pulswahl bzw. Impulswahlverfahren (IWV)

W   gibt dem Modem die Anweisung, mit der Wahl der Rufnummer zu warten, bis ein Freizeichen in der Leitung ertönt.

!   entspricht der Amtsholung in Nebenstellenanlagen (Flash- oder R-Taste).

,   kurze Wählpause, die für manche Auslandsverbindungen benötigt wird.

H   entspricht dem Auflegen des Hörers bei einem Telefon.

L1 oder L2 oder L3

regelt die Lautstärke eines eventuell im Modem eingebauten Lautsprechers (1=leise, 2= mittel, 3=laut), der es ermöglicht, den Wahlvorgang akustisch mitzuverfolgen.

X0   Nach erfolgreicher Verbindung gibt das Modem die Meldung CONNECT auf dem Computerbildschirm aus.

X1   Das Modem gibt zusätzlich die Übertragungsgeschwindigkeit an: CONNECT 1200, CONNECT 2400 usw. Connect heißt Verbindung, der Wert 1200 gibt an, daß 1200 bit bzw. Zeichen pro Sekunde durch die Telefonleitung übertragen werden.

X2   Faßt die Funktionen der Befehle X1 und W in einem Befehl zusammen.

X3   Das Modem erkennt ein Besetztzeichen auf der Gegenseite und gibt die Meldung BUSY aus, sonst wie X1 (busy = geschäftigt, belegt).

X4   Modem wartet auf das Freizeichen und erkennt das Besetztzeichen, sonst wie X1.

Z   Reset (Grund- oder Einschaltezustand) für ein Modem.

Anmerkung:

Zwischen den AT-Befehlen kann man wegen der besseren eigenen Übersicht auch Leerzeichen eingeben.

8.3 Software zur Modem-Steuerung

Mit einem Modem alleine kann der Computer noch nicht über die Telefonleitung mit anderen Rechnern kommunizieren. Es müssen bestimmte Konfigurationen vorgenommen werden, und es ist wünschenswert, die Ausgabe bestimmter Befehlsfolgen des Hayes-Standards sowie die Anwahl verschiedener Rufnummern von anderen Rechnern automatisch erfolgen zu lassen.

Hierfür gibt es die sogenannten Terminal- oder DFÜ-Programme (DFÜ = Datenfernübertragung), die es darüber hinaus ermöglichen, über die Telefonleitung abgerufene Daten auch zu speichern, auszudrucken oder weiter zu bearbeiten.

Es gibt mehr oder weniger komfortable Terminalprogramme. Einfache Ausführungen werden manchmal mit einem Modem zusammen ausgeliefert oder sind kostenlos als Public Domain-Software auf dem Markt erhältlich. Wichtige Leistungsmerkmale werden im folgenden beschrieben.

Konfiguration der Schnittstelle

Computer verfügen über eine oder mehrere serielle Schnittstellen. Auch, wenn man kein externes Modem an eine serielle Schnittstelle über ein Kabel anschließt, sondern es in einen Steckplatz einbaut, belegt das Modem damit einen dieser software-mäßig anzusprechenden seriellen Ports. Diese können unter COM1, COM2, COM3 oder COM4 geführt werden.

Die Einstellung auf einen bestimmten Port bewirkt, daß die Tastatureingaben vom Computer eindeutig an die definierte Adresse, auf der sich das Modem befindet, weitergeleitet werden. Ein Terminalprogramm sollte mindestens die Auswahl zwischen COM1 und COM2 gestatten, da man manchmal neben einem Modem weitere Geräte über eine serielle Schnittstelle betreiben will.

Übertragungsgeschwindigkeit

Die auch als Baud-Rate bezeichnete Geschwindkeit, mit der die Daten über die Telefonleitung gesendet und empfangen werden, ist von der Leistungsfähigkeit des Modems abhängig. Zunehmend gibt es Modems, mit denen Datenübertragung in verschiedenen Baud-Raten möglich ist.

Übertragungsgeschwindigkeiten sind z.b. 300 Baud, 1200 Baud und 2400 Baud bzw. bit/Sekunde. Damit wird die Anzahl der Zeichen (bit) angegeben, die in einer Sekunde gesendet bzw. empfangen werden. Da unterschiedliche Mailboxen oder Datenbanken bzw. Rechner mit verschiedenen Baud-Raten betrieben werden, ist es notwendig, den eigenen Computer vor der Verbindungsaufnahme auf die entsprechende Baud-Rate einzustellen.

Diese Einstellung sollte möglichst zusammen mit der Rufnummer des entsprechenden Rechners, den man anwählen will, gespeichert werden, damit die Anwahl weitgehend automatisiert erfolgen kann.

Neuere Modems bieten einen sogenannten "Intelligent Mode", über den ein kurzes Prüfverfahren mit dem Modem des angewählten Rechners durchgeführt und die Übertragungsgeschwindigkeit ermittelt wird. Die Einstellung auf die Baud-Rate und andere Parameter, die an dieser Stelle nicht besprochen werden müssen, wird dabei während der Verbindung automatisch vorgenommen, so daß die entsprechende Konfiguration über das Terminalprogramm nicht notwendig ist.

Modem-Steuersequenzen

Steuersequenzen sind Befehlsfolgen zur Ansteuerung des Modems für verschiedene Funktionen, die über das Terminalprogramm bleibend abgespeichert werden. Bei Hayes-kompatiblen Modems entsprechen diese Steuersequenzen einfach den AT-Befehlen. So wird z.B. für die Funktion "Wählen" die Folge

```
AT D W P 021112345
```

gespeichert, wenn man mit seinem Computer im Impulswahlverfahren unter der Rufnummer 0211-12345 einen Rechner erreichen will.

Modem-Dateien

Einige Terminalprogramme werden gleich mit Modem-Dateien ausgeliefert, die für gängige Modems fertige Einstellungen enthalten. Um seinen Computer am Telefonnetz zu betreiben, braucht man dann nur noch die zum installierten Modem passende Datei auszuwählen.

Speichern und Drucken

Mit diesen Funktionen kann man über die Telefonleitung in den Arbeitsspeicher des Computers übertragene Daten am angeschlossenen Drucker unmittelbar ausgeben oder auf Diskette bzw. Festplatte zur späteren Weiterverarbeitung speichern.

Für das Drucken ist es wichtig, daß Druckerparameter eingestellt werden können bzw. Parameterdateien für verschiedene gängige Drucker vom Terminalprogramm angeboten werden.

Kommunikationsprogramme

Kommunikationsprogramme sind komfortable Programme, mit denen man nicht nur von Computer zu Computer kommunizieren kann, sondern auch Telefax (bei vorhandener Faxkarte), Btx und den Dialog mit professionellen Mailboxen wahlweise über das gleiche Modem betreiben kann.

8.4 Datenfernübertragung über Mobilfunk

Datenfernübertragung kann bisher nur stationär erfolgen, über einen Computer, der mit einem festen Telefonanschluß verbunden ist. Wenn es schnurlose Telefone und die mobile Sprachkommunikation über Mobilfunk gibt (vergl. Kapitel Mobilfunkdienste und -telefone), dann kann es theoretisch auch mobile Datenkommunikation geben.

Computerdaten werden dabei also über ein Mobilfunknetz (wie die Sprache von einem Autotelefon aus) durch den Äther an andere Computer übermittelt. Genau das beabsichtigt die DBP Telekom mit Modacom als einem neuen Dienst zu verwirklichen.

Mitte 1991 wurde im Städtebereich Wesel-Hamm-Bonn dazu ein Feldversuch gestartet, der offensichtlich Erfolg hatte, denn bis 1994 soll Modacom zu einem annähernd flächendeckenden Netz ausgebaut werden. Nach Angaben der Telekom können vorhandene Einrichtungen (Computer und Modem) und Kommunikations-Software mit leichten Modifizierungen für die mobile Datenkommunikation weiterhin eingesetzt werden, wobei natürlich ein Endgerät zur Teilnahme am Mobilfunk notwendig ist.

8.5 Der Computer als Komforttelefon

Eine wichtige Funktion von Komforttelefonen ist ein Telefonnummernspeicher und Kurz- bzw. Zielwahl. Diese Funktion - und zwar in unbegrenztem Umfang - kann mühelos auch ein PC mit Modem erfüllen. Da mit einem DFÜ-Programm Telefonnummern gespeichert und angewählt werden können, geht dies natürlich auch mit jeder anderen Rufnummer, hinter der keine Mailbox, sondern ein normaler Gesprächspartner steckt.

Da Sie hierzu jedoch jedesmal das entsprechende Programm aufrufen müßten, sind speicherresidente Programme besser geeignet. Ein solches Programm ist das alt bekannte SideKick oder ein anderes Desktop-Programm, das die Funktion "Dial", also "Wählen" bietet.

Hier können Sie ein Telefonregister erstellen bzw. aus einer Adreßdatenbank die Namen und Telefonnummern Ihrer Ansprechpartner auslesen und diese Datei als Telefonregister verwenden. Unter Umständen muß ein zusätzlicher Parameter, wie z.B. "P" für Pulswahl vor die Telefonnummer gesetzt werden, damit das Programm die Ziffernfolge als Rufnummer erkennt.

Wenn Sie also über eine solche Konfiguration verfügen, genügt ein einfaches Telefon, um in den Genuß einer komfortablen Kurzwahl zu kommen. Dabei gibt es nicht wie bei den Komforttelefonen eine Beschränkung auf 20, 30 oder 100 Rufnummern. Das Telefonregister im PC kann fast beliebig lang sein.

Technische Voraussetzung für das Wählen aus dem PC heraus ist die Anschaltung des Modems an einen gemeinsamen Anschluß mit dem Telefon. Dies kann parallel erfolgen durch den Anschluß der beiden amtsführenden Drähte des Modemkabels oder durch Einstecken in eine TAE-Mehrfachdose. Wenn die Verbindung erfolgreich hergestellt wurde, kann einfach der Hörer des Telefons abgehoben werden, und Sie sind mit Ihrem Gesprächspartner verbunden.

Wenn das Modem am selben Amt wie ein Faxgerät angeschlossen ist, kann auf diese Weise auch die Wahl aus einem Faxregister vorgenommen werden. Dazu wird das Faxgerät vor der Anwahl auf Handbetrieb bzw. "Mithören" geschaltet, die Faxnummer wählt der PC und nach erfolgreichem Verbindungsaufbau drücken Sie "Start" zur Übertragung der Vorlage.

Anwahl aus dem PC ohne Modem

Unter der Bezeichnung "Teleint 1.00" gibt es bei der Firma Verweyen GmbH eine speicherresidente Software mit einem kleinen Modul mit Doppelbuchse für den Anschluß an eine TAE-Mehrfachdose (N-codiert). Das Programm besitzt jedoch kein eigenes Telefonregister, sondern liest auf dem Bildschirm dargestellte Ziffern aus einem Textverarbeitungsprogramm oder einer Datenbank. Per Tastendruck bestätigt der Benutzer eine Ziffernfolge und über das an die parallele Schnittstelle angeschlossene Modul wird die Telefonwahl vorgenommen.

Teleint 1.00 ist zugelassen und kostet ca. 250,00 DM.

Bezugsadresse:

Verweyen GmbH
Ulmenstr. 16a,
2000 Hamburg,
Tel .(040) 485347

212

9. Bildschirmtext (Btx)

Btx ist ein Fernmeldedienst der DBP Telekom zur Text- und Datenkommunikation über das Telefonnetz. Btx-Dienste können von jedermann, sowohl privat als auch geschäftlich, genutzt werden und sind rund um die Uhr 24 Stunden lang verfügbar. Rund 3000 Firmen, Institutionen und Verlage bieten Btx-Anwendungen an. Die Telekom stellt die Btx-Vermittlungstechnik, während Inhalt und Gestaltung der Btx-Angebote in der Verantwortung der Anbieter liegen. Die derzeit über 310.000 Btx-Teilnehmer nutzen mit über 7 Millionen Anrufen monatlich das System sehr intensiv. Jeder kann also auf Antrag bei der Telekom Btx-Teilnehmer werden und mit einer entsprechenden Btx-Hardware die Angebote abrufen.

Der Zugriff auf Btx erfolgt für die Teilnehmer immer über eine örtliche bzw. regionale Vermittlungsstelle zum Telefon-Nahtarif, was die Nutzung dieses Dienstes sehr preisgünstig macht. Eine Stunde Verbindung mit dem Btx-System kostet somit ca. 2,30 DM Telefongebühr.

9.1 Einführung in Btx

Gestaltung der Btx-Angebote

Für denjenigen, der bereits Mailboxen oder über Datex-P Datenbanken genutzt hat, bietet Btx zunächst im Prinzip nichts Neues. Die auffälligsten Unterschiede liegen in den Darstellungsmöglichkeiten: Die Informationen werden in Form von Text und hochauflösenden Grafiken mit insgesamt 4096 verschiedenen, freidefinierbaren Farben aufbereitet.

Btx-Seiten

Die Daten, Texte bzw. Grafiken werden auf Btx-Seiten abgelegt und zum Abruf in einem zentralen Rechner der Telekom in Ulm gespeichert. Wie in einem Buch oder einer Zeitschrift werden die Seiten der Btx-Angebote miteinander verknüpft. Inhaltsverzeichnisse weisen den Weg.

Längere Texte - auf eine Btx-Seite passen ca. 600 Buchstaben - sind auf mehreren Seiten verteilt, die man beim Abruf durchblättern kann.

Für den Abruf genügt - wie bei Videotext - bereits eine einfache Fernbedienung für Fernsehgeräte mit Tasten für die Ziffern 0 bis 9 und die beiden Zeichen * und #.

Die einzelnen Btx-Angebote können entweder über eine bekannte Seitennummer direkt angewählt oder aus verschiedenen Verzeichnissen herausgesucht werden.

Dialogfähigkeit von Btx

Ein wesentliches Merkmal besteht in der Dialogfähigkeit dieses Dienstes. Btx ist ein interaktiver Dienst, bei dem Mitteilungen (persönliche und geschäftliche Nachrichten, Bestellungen oder Anfragen) übermittelt und ausgetauscht werden. Diese Anwendungen können aber erst in vollem Umfang bei Verwendung einer alphanumerischen (Schreib-) Tastatur genutzt werden.

Jeder Btx-Teilnehmer verfügt über einen eigenen elektronischen Briefkasten, in den eingegangene Mitteilungen abgelegt werden. Die Übermittlung dieser elektronischen Mitteilungen erfolgt in Sekundenschnelle von einem Btx-Anschluß zum anderen.

Geschlossene Benutzergruppen (GBG)

Viele Firmen nutzen geschlossene Benutzergruppen zur Abwicklung ihrer internen Kommunikation. Aber auch Verbände und Clubs bieten Informationen für ihre Mitglieder über eine GBG an.

Bei Anwahl eines Btx-Angebotes innerhalb einer GBG wird vom Postrechner die Btx-Nummer des betreffenden Teilnehmers abgefragt. Ist die Nummer in der vom Anbieter geführten GBG-Liste eingetragen, wird der Zugriff auf dieses Angebot freigegeben.

Rechnerverbund

Beim Btx-Rechnerverbund werden externe Rechner, also EDV-Anlagen bis hinunter zum PC, über Datex-P mit dem Btx-System gekoppelt, so daß Btx-Teilnehmer auf die Rechner zugreifen können. Der Rechnerverbund bietet im Unterschied zum Btx-Dienst und dem Einsatz einer GBG die volle Anwendungsbreite der EDV.

So können bei Bestellsystemen im unmittelbaren Dialog Auskünfte über z.B. Lieferfristen und -mengen gegeben oder Rendite- und Umsatzberechnungen vorgenommen werden. Aber auch einige hundert Datenbanken sind über Btx im Rechnerverbund anwählbar.

Telesoftware

Telesoftware heißt der Geheimtip für Computer-Nutzer mit Btx-Anschluß. Telesoftware ist fernladbare Software, die man einfach auf Knopfdruck über die Btx-Leitung in seinen Computer lädt.

Dabei sind vor allem preisgünstige Public Domain-Programme (Computerprogramme zur freien, nicht gewerblichen Nutzung) abrufbar.

Anmeldung

In jedem Telefonladen oder beim zuständigen Fernmeldeamt der Telekom gibt es das Formular für den Btx-Anschluß. Telefonische Beratung erhält man an allen Arbeitstagen in der Zeit von 8.00 bis 15.00 Uhr bundesweit zum Nulltarif über die Nummer 0130 0190.

Gaststatus

Der Gaststatus ist ein anonymer Zugang, über den Interessenten mit Modem oder Akustikkoppler Btx kennenlernen können, ohne über eine eigene Zugangsberechtigung zu verfügen. Der Gaststatus ist bei allen Zugangsgeschwindigkeiten nutzbar.

Möglich ist dabei nur der Zugang zu Leistungsmerkmalen und Btx-Angeboten, für die keine Gebühren oder Vergütungen bezahlt werden müssen. Die Verbindung ist natürlich kostenpflichtig und wird zum Telefontarif abgerechnet.

9.2 Btx-Hardware

Für den Btx-Zugang benötigt man neben der Zugangsberechtigung (Ausnahme: Gaststatus) den (meist) vorhandenen Telefonanschluß, die Btx-Anschlußbox der Telekom (oder einen Modem bzw.Akustikkoppler) und ein Btx-Endgerät. Dies kann ein Btx-fähiger Fernseher, ein Computer mit Decoder oder ein Btx-Telefon sein.

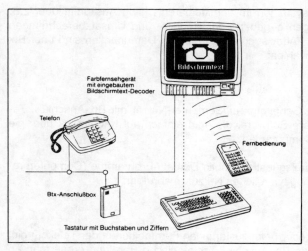

Farbfernsehgerät
mit eingebautem
Bildschirmtext-Decoder

Telefon

Fernbedienung

Btx-Anschlußbox

Tastatur mit Buchstaben und Ziffern

Abb. 103: Btx und Endgeräte

Anschlußbox, Akustikkoppler oder Modem

Über die Anschlußbox bzw. das Modem oder Akustikkoppler wird das Btx-Endgerät mit der Telefonanschlußdose bzw. dem Telefonnetz verbunden. Die Anschlußbox der Telekom ist eigentlich nichts anderes als ein Modem. Akustikkoppler werden zunehmend weniger eingesetzt, da preiswerte Modems inzwischen zum Einbau in den Computer hinreichend und zu günstigen Preisen auf dem Markt angeboten werden.

Anschlußbox

Die Anschlußbox der Telekom erhält man zusammen mit der Zugangsberechtigung und einer Teilnehmernummer, die sich aus der Vorwahl des Wohnorts und der Nummer des Telefonanschlusses zusammensetzt, an den das Btx angeschlossen wird. Die monatliche Grundgebühr beträgt hierfür 8,00 DM.

Der Zugang über Akustikkoppler oder Modem ist besonders dann sinnvoll, wenn man Btx über einen vorhandenen Computer betreiben will. Dies eröffnet neben anderen Vorteilen die Möglichkeit, Btx mit einer höheren Übertragungsgeschwindigkeit zu betreiben, als es die Anschlußbox der Post gestattet.

Auf Antrag erhält man für den Btx-Zugang mit Modem oder Akustikkoppler zusammen mit der Berechtigung als Btx-Teilnehmer eine 12-stellige Software-Kennung. Auch hierfür beträgt die Grundgebühr 8,00 DM monatlich.

Verschiedene Gerätekonfigurationen

Die Btx-Seiten müssen auf einem Bildschirm dargestellt werden. Für die Anwahl der gewünschten Informationen benötigt man eine Tastatur mit Ziffern und möglichst auch Buchstaben, um Mitteilungen schreiben zu können.

Ein Computer verfügt bereits über diese Komponenten. Daher ist die Btx-Nutzung über einen bereits vorhandenen Computer auch die preiswerteste Hardware-Lösung. Man benötigt dafür nur noch einen Btx-Decoder. Außerdem besitzen Computernutzer in der Regel auch einen Drucker, was für den Btx-Betrieb nicht unwichtig ist, denn man kann Btx-Seiten dann beim Abruf auch gleich ausdrucken.

Btx-Decoder

Der Decoder ist das Herzstück eines Btx-fähigen Endgerätes. Er hat im Prinzip die gleiche Funktion wie der weit verbreitete Videotext-Decoder, der in sehr vielen Fernsehgeräten bereits eingebaut ist.

Der Btx-Decoder macht aus den über die Telefonverbindung eingehenden Daten nach der Umsetzung durch die Anschlußbox oder das Modem lesbare Texte und eine anschauliche grafische und farbliche Gestaltung der Btx-Seiten.

Btx mit dem Computer

Für Computer gibt es Btx-Decoder in Form von Zusatzkarten, aufsteckbaren Modulen und Software-Lösungen. Bei den Software-Decodern wird ein Programm von der Diskette in den Computer geladen. Derartige Programme sind bereits als Public-Domain-Programme für einen Selbstkostenbetrag von wenigen Mark erhältlich (vergl. hierzu Kapitel "Btx mit Home- und Personal Computer").

Decoderlösungen für Computer regeln nicht nur die Darstellung der Btx-Informationen auf dem Computer-Bildschirm, sondern bieten auch Funktionen zum Abspeichern und Drucken der Btx-Seiten. Außerdem können mit einem Computer lauffähige Programme über Btx geladen und für eine dauerhafte Nutzung abgespeichert werden (Telesoftware).

Btx mit dem Fernseher

Wer Btx mit dem Fernseher betreiben will, benötigt noch einen Decoder und möglichst eine Schreibtastatur. Nur sehr wenige Fernseher haben bereits einen Btx-Decoder eingebaut. Man muß das Gerät also nachrüsten. Dies geht entweder über den nachträglichen Einbau und die Anschaffung einer Tastatur oder über den Kauf einer sogenannten Decodertastatur. Der Btx-Decoder ist dabei in die Schreibtastatur eingebaut; das Ganze wird dann über Kabel oder Infrarot-Zusatzgerät mit dem Fernseher verbunden.

Diese Btx-Konfiguration ist nicht sehr komfortabel, denn der Telefonanschluß muß sich in der Nähe des Fernsehers befinden. Will man dann noch einen Drucker anschließen, gibt es Platzprobleme. Dementsprechend gering ist der Anteil von Btx-Teilnehmern, die den Dienst über den heimischen Fernseher nutzen.

Btx-Telefon

Das Btx-Telefon integriert einen kleinen Bildschirm, die Schreibtastatur, den Btx-Decoder und ein Telefon in einem Endgerät. Zusätzliche kleine Drucker sind zum Anschluß erhältlich. Btx-Telefone können bei der Telekom gemietet oder von freien Anbietern gekauft werden und verfügen über Komfortfunktionen, die nicht nur für den Telefon-, sondern auch den Btx-Betrieb genutzt werden können (Btx-Seitenanwahl aus dem Register u.ä.).

Ein Btx-Telefon macht für denjenigen Sinn, der am Arbeitsplatz oder zu Hause in der Nähe seines Telefonanschlusses schnell und bequem Informationen aus dem Btx-Dienst abrufen will. Btx-Seiten können - wie beim Computer - abgespeichert werden, allerdings nur in begrenztem Umfang.

9.3 Btx-Zugänge

Im Regelfall erfolgt der Zugang zum Btx-Dienst über eine bundesweit einheitliche Telefonnummer, die beim Betrieb mit einer Anschlußbox automatisch angewählt wird. Mit dem zunehmenden Einsatz von Modems stehen jedoch auch schnellere Btx-Zugänge zur Verfügung.

Standardzugang 1200/75 bit/s

Der Btx-Standardzugang ist über die Rufnummern 190 oder 01910 überall zum Telefonortstarif erreichbar. Die Btx-Anschlußbox der Post wählt über eine der beiden Nummern automatisch den nächsten Btx-Zugang an, wenn sie nicht ausdrücklich für Handwahl bestellt wurde. Die Nummern gelten auch für die Anwahl mit Datenmodem oder Akustikkoppler, wenn dieselbe Übertragungsgeschwindigkeit genutzt wird.

Zugang mit 1200/1200 bit/s

In größeren Ortsnetzen bestehen Zugänge über die Rufnummer 19300. Bei der Anwahl aus anderen Ortsnetzen muß man zuvor die Vorwahlnummer des Ortes mit dem schnelleren Zugang wählen. Die Verbindung erfolgt dann natürlich zum Ferntarif.

Zugang mit 2400/2400 bit/s

Zunehmend stehen Zugänge mit einer noch höheren Übertragungsgeschwindigkeit über die Rufnummer 19304 zur Verfügung. Damit wird die für den Btx-Teilnehmer wichtige Eingangsgeschwindigkeit der Btx-Daten und damit der sichtbare Aufbau der Btx-Seiten am Monitor nahezu verdoppelt.

Bei der Anwahl aus anderen Ortsnetzen muß auch hier zuvor die Vorwahlnummer des nächstgelegenen Ortes mit dem schnellen Zugang gewählt werden.

Zugang über ISDN mit 64 kbit/s

Auch Teilnehmer des neuen dienste-integrierenden digitalen Fernmeldenetzes ISDN können Btx nutzen. Kurzer Verbindungsaufbau und extrem schnelle Übertragung sorgen für ein optimales Zeitverhalten.

Den Zugang zu ISDN verschafft man sich in Berlin, Düsseldorf, Hamburg, Hannover, Frankfurt/Main, München, Nürnberg und Stuttgart über die Rufnummer 19306. Wer aus anderen Ortsnetzen anruft, muß zuvor die Vorwahl des nächsten Ortes mit ISDN-Zugang anwählen.

9.4 Suchhilfen für Btx-Anwendungen

Nach erfolgreichem Verbindungsaufbau wird man namentlich in Btx begrüßt und gelangt auf die Gesamtübersicht mit verschiedenen Suchsystemen für die Btx-Angebote, allgemeinen und aktuellen Informationen der DBP Telekom zum

Dienst und zu Leistungsmerkmalen, wie dem Mitteilungsdienst oder Übergängen zu anderen Telekommunikationsdiensten.

```
Bildschirmtext          0,00 DM
Deutsche Bundespost Telekom


18.04.82   17:17

Guten Tag
Herr
Jürgen
Baums




Sie benutzten Bildschirmtext zuletzt
am 18.04.82 bis 17:05
    Erweiterte Suchmöglichkeiten
    Erklärungen auf  Seite *31#
Weiter mit #   oder   *Seitennummer#
```

```
Bildschirmtext          0,00 DM
Gesamtübersicht              *0#

Suchhilfen            Kommunikation

 0 Bitte beachten    80 Mitteilungsdienst
10 Alphanumerisch    81 Televerzeichnisse
11 Anbieter A-Z      82 Telex
12 Schlagwörter      83 Telefax/Telebrief
13 Sachgebiete       84 Cityruf
14 International      85 Ausland


Tips und Hinweise

70 Neues über Btx    72 Teilnehmer-
   15.04.82             funktionen
71 Informationen     73 Bedienungs-
   zu Btx               anleitung

Hilfe mit *1#              Btx beenden 9#
```

Abb. 104 und 105: Begrüßung und Übersicht

Jede Btx-Seite hat eine Nummer und kann durch Eingabe von *Nummer# direkt angewählt werden. IBM erreicht man z.B. über die Eingabe von *52800#. Ist keine Nummer bekannt oder ist unsicher, ob ein Anbieter in Btx vertreten ist, hilft die "alphanumerische Suche" weiter. Nach Eingabe von commodore# erreicht man z.B. den Anbieter Commodore.

```
Bildschirmtext          0,00 DM
Anbieterverzeichnis A-Z (bundesweit)
10 Deubel + Höfermann
11 Deubel, Motorsport
12 Deuker + Neubauer
13 Deutsche Apoth-u.Ärztebank eG
14 Deutsche Auto Leasing

15 Deutsche Bank
16 Deutsche BP AG
17 Deutsche BP Tankstellen GmbH
18 Deutsche Bundesbahn
18 Deutsche Bundespost

20 Deutsche Bundespost Postbank
21 Deutsche Bundespost POSTDIENST



25 regionale Anbieter

0« Gewünschte Ziffer eingeben      »#
```

```
Bildschirmtext          0,00 DM
Schlagwörter  Tei - Tew


Teilkasko-                Telespiele ..... 20
   versicherung ... 10  Teletreff ...... 21
Teilzahlung ..... 11  Telex .......... 22
Teilzeitarbeit .. 12  Tennis ......... 23
Teledialoge ..... 13  Teppichböden ... 24
Telefax ......... 14  Teppiche ....... 25
Telefonanlagen .. 15  Terminals ...... 26
Telefonbücher ... 16  Termingeld ..... 27
Telefonseelsorge 17  Testament ...... 28
Tele-                     Tests
   kommunikation .. 18    (Psychologie) . 28
Telesoftware .... 19  Tests
                          (Warentests) .. 30

9# ←                      → #
```

Abb. 106 und 107: Anbieterverzeichnis und Schlagwortregister

Darüber hinaus gibt es ein Kürzelsuchsystem, bei dem Anbieter und auch ihre verschiedenen Programme ein unverwechselbares Kürzel erhalten. So kann z.b. das Angebot der Deutschen Bundesbahn direkt mit *db# angewählt werden. Neben diesen Suchverfahren und der Eingabe einer bekannten Seitennummer gibt es verschiedene Verzeichnisse.

Im Btx-Anbieterverzeichnis sind die Anbieter mit Namen in alphabetischer Reihe aufgeführt. Im Btx-Schlagwörterverzeichnis sind Einträge von Anbietern unter ca. 1.800 Schlagwörtern zu finden.

9.5 Ausgewählte Btx-Anwendungen

Allein im Btx-System der Telekom werden von den ca. 3.000 Anbietern auf rund 750.000 Seiten Btx-Programme angeboten. Hinzu kommen nochmals mehrere hundert Anwendungen aus den über 450 externen Rechnern, die mit Btx gekoppelt sind. Im folgenden werden einige der am häufigsten genutzen Btx-Anwendungen aufgeführt.

Teleauskunft

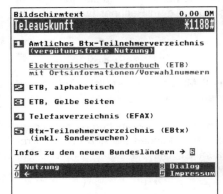 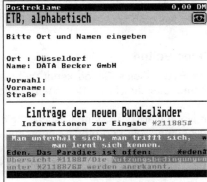

Abb. 108 und 109: Teleauskunft und elektronisches Telefonbuch

Das elektronische Telefonbuch ETB

Über das ETB können im Dialog mit dem externen Rechner der Deutschen Postreklame die Nummern aller deutschen Telefonanschlüsse abgefragt werden. Weiterhin gibt es im ETB ein Verzeichnis der Btx-Teilnehmer und das elektronische Gegenstück der Gelben Seiten (Branchenverzeichnisse).

Im Unterschied zum "Fräulein vom Amt" ist beim ETB die Leitung nie besetzt, die gewünschte Information ist in der Regel schnell auf dem Bildschirm und umfangreicher als bei der telefonischen Auskunft. Neben der Telefonnummer erhält man den vollständigen Namen und die zugehörige Anschrift mit Postleitzahl. Anders als bei den gedruckten Telefonbüchern, für deren Herstellung jährlich ganze Wälder vernichtet werden, ist das ETB immer auf dem aktuellsten Stand.

Die Abfrage bietet Funktionen an, wie man sie aus Datenbanken kennt. So kann man nach Namen, Straßen oder Rufnummern suchen lassen. Außerdem ist so etwas wie eine Suche in Netzen möglich. Die oben erwähnten Funktionen bezogen sich nur auf eine Stadt. Möchte man aber jemanden suchen, von dem man nur den Namen kennt, nicht aber den Wohnort, so kann man (gegen eine Gebühr) diese Person in Rufzonen ermitteln. Leider führt diese Art der Recherche nicht immer zum gewünschten Erfolg und soll darum hier auch nur erwähnt werden.

Bis auf die einfache Suche nach Btx-Teilnehmernummern sind die Abfragen im ETB kostenpflichtig. Pro Minute Verbindung mit dem Rechner fallen 0,30 DM für die Nutzung an.

Gelbe Seiten

Das ETB - Gelbe Seiten kennt mehr als 3 Millionen gewerbliche Telefonteilnehmer aus sämtlichen Branchen-Telefonbüchern der Deutschen Bundespost.

Im Normalfall, der "Standardsuche", gibt man Ort und Branche des gesuchten Teilnehmers ein und erhält innerhalb weniger Sekunden die Antwort. Bei Problemfällen, wenn z.B. nicht genau bekannt ist, wie die exakte Branchenbezeichnung lautet, helfen Sondersuchen weiter.

Das Elektronische Telefaxverzeichnis EFAX

Im EFAX sind sämtliche Faxanschlüsse gespeichert und werden auf dem aktuellen Stand gehalten. Angesichts von derzeit rund 20.000 neuen Faxanschlüssen im Monat ist die Aktualität ein gutes Argument für das EFAX, denn das gedruckte Fax-Verzeichnis erscheint nur einmal jährlich. Die Abfrage erfolgt genauso schnell und komfortabel wie bei ETB.

Home-/Telebanking

Home- oder Telebanking bezeichnet die Möglichkeit, per Btx von zu Hause aus Bankgeschäfte vorzunehmen. Dazu zählen neben der Btx-Kontoführung, z.b. die Abfrage von Kreditkonditionen, Anlage von Festgeld oder der Abruf von aktuellen Börsendaten.

Btx-Kontoführung

Über 300 Banken, Sparkassen und alle Postgiroämter bieten die elektronische Kontoführung über Btx an. Zu jeder Tages- und Nachtzeit, auch an Wochenenden und an Feiertagen kann man über Btx seinen Kontostand abfragen oder Überweisungen vornehmen.

 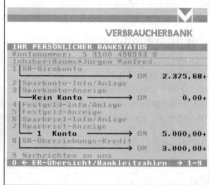

Abb. 110 und 111: Begrüßung zum Telebanking und persönlicher Bankstatus

Jedes Konto ist geschützt durch eine sogenannte PIN (Persönliche Identifikationsnummer), ein Paßwort, das nur der Konto-Inhaber kennt. Bei Btx-Überweisungen muß zusätzlich eine TAN (Transaktionsnummer) eingegeben werden, die nur einmalig gültig ist und den Wert einer Unterschrift besitzt.

Die Noris Verbraucherbank bietet die wohl komfortabelste Kontoführung in Btx an. Sie wurde ursprünglich nur für den Bankverkehr über Btx gegründet und verfügt kaum über Zweigstellen.

Bildschirmtext (Btx)

Abb. 112 und 113: Kontoführungsmenü und Kontoauszug

Kreditberechnungen und Sortenkurse

Neben den "klassischen" Anwendungen Kontostandsabfrage und Erteilen von Überweisungen bieten Banken und Sparkassen weitere Dienste im Rechnerdialog an, die häufig von jedem Btx-Teilnehmer in Anspruch genommen werden können, auch wenn noch kein Btx-Konto geführt wird. So können beispielsweise Kreditberechnungen vorgenommen werden. Für die Urlaubsplanung oder das Auslandsgeschäft lassen sich die aktuellen Sortenkurse abrufen und Beträge umrechnen.

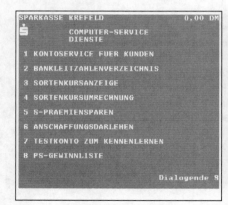

Abb. 114 und 115: Telebanking-Dienste und Sortenkurse

Wirtschafts- und Börseninformationen

Der Zugriff auf aktuellste in- und ausländische Börsen- und Wirtschaftsdaten war lange Zeit nur wenigen möglich, die sich die relativ hohen Kosten einer Datenverbindung (DatexP) ihres PCs mit einer Wirtschaftsdatenbank leisten konnten. Über Btx kann man zum Telefon-Nahtarif auf die Angebote der Banken und Sparkassen oder privater Informationsdienste zugreifen.

Abb. 116 und 117: Begrüßung Börseninformation und Kurse

Verkehrs- und Reiseinformationen Bundesbahn

Der vollständige Fahrplan der Bundesbahn (*25800#) ist über einen externen Rechner zugänglich. Nach Angaben zu den Reisedaten erhält man hier die möglichen Zugverbindungen. Wie beim elektronischen Telefonbuch ist hier der Rechner auch nachts zugänglich und der Abruf kostenlos.

Flugverbindungen

Nach dem gleichen Verfahren wie bei der Bundesbahn können im externen Rechner der Lufthansa (*500000#) Flugverbindungen herausgesucht werden.

Bildschirmtext (Btx)

Abb. 118 und 119: Städteverbindungen der Bundesbahn und Lufthansa-Informationen

Touristische Informationen

Die Touristik-Branche ist mit vielen Anbietern und über 6.000 Reisebüros mit Btx-Anschluß eine der am stärksten in Btx vertretenen Branchen. Dies liegt vor allem an den Möglichkeiten des Rechnerverbunds, durch den Reisebüros und auch teilweise schon der Verbraucher Zugang zu Buchungssystemen erhalten.

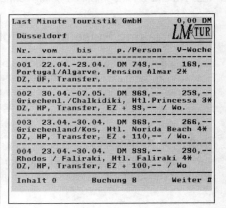

Abb. 120 und Abb. 121: Touristische Informationen

Der überwiegend größte Teil der Buchungssysteme in Btx ist (noch) nicht für die Öffentlichkeit zugänglich. Besonders die großen und etablierten Reiseanbieter scheuen noch davor zurück, den Reisevermittlern unmittelbar Konkurrenz zu machen und den Verbraucher z.b. direkt ein Flugticket bestellen zu lassen. Last Minute Services mit Buchungsmöglichkeit werden jedoch inzwischen häufig angeboten:

Telesoftware-Angebote

Der größte Teil der Btx-Teilnehmer sind Computer-Nutzer, für die die Möglichkeit, über Btx Telesoftware zu laden, besonders attraktiv ist. Dabei gibt es jedoch auch einige Beschränkungen. Professionelle Computerprogramme für Textverarbeitung, Datenbankerstellung oder Computerspiele sind zu umfangreich, um sie mit Btx übertragen zu können.

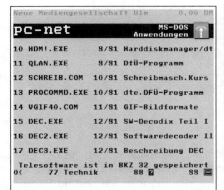

Abb. 122 und 123: Telesoftware für MS-DOS und Telesoftware für AMIGA

Unter Telesoftware fallen eher kleine Programme: Hilfsprogramme (Utilities), Routinen für Programmiersprachen und kleinere Spiele. Diese Angebote werden von Computer-Zeitschriften gepflegt, die damit ihren Lesern einen Service bieten. Die in den Heften monatlich veröffentlichten Listings (abgedruckte Codes von Computerprogrammen und Utilities) brauchen die Leser nicht mehr mühevoll abzuschreiben, Listings können rasch per Knopfdruck über Btx geladen und dann sofort gestartet werden.

Es gibt auch Public Domain-Programme für alle Anwendungsbereiche eines Computers, die zwar nicht professionellen Ansprüchen genügen, aber für den privaten Nutzer durchaus ihren Zweck erfüllen können.

227

Bildschirmtext (Btx)

Der WDR-Computerclub, eine TV-Sendung des WDR, bietet auf rund 5.000 Btx-Seiten derartige Programme als Telesoftware für MS-DOS-Computer, Atari, AMIGA und C64/C128 sogar kostenlos an. Das Btx-Angebot des WDR-Computerclubs wird jeden Monat von über 100.000 Teilnehmern abgerufen.

 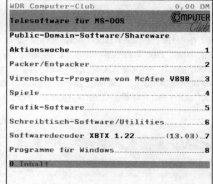

Abb. 124 und Abb. 125: WDR-Computerclub: Übersicht und Telesoftware für MS-DOS

Datenbanken über Btx

Gegenüber den herkömmlichen Datenbanken, die meist nur für Insider geeignet und über den PC und die Telefonleitung bzw. DatexP zugänglich sind, bieten Btx-Datenbanken meist eine einfache Führung über Menüs und Eingabemasken. Die Steuerung wird durch Ziffern und entsprechende Verknüpfungen oder durch freie Text-Eingaben vorgenommen. Der Benutzer muß also keine besondere Datenbanksprache erlernen.

Außerdem können über das Btx-System während einer einzigen Verbindung viele unterschiedliche Datenbanken abgerufen werden. Den Überblick über dieses große Angebot verschafft ein von privaten Anbietern und der Telekom erstelltes Suchsystem:

Abb. 126: Datenbanken-Suchmenü

Die Btx Südwest Datenbank ist ein Btx-typischer Datenbank-Pool, der von zahlreichen verschiedenen Firmen und Anbietern genutzt wird.

Abb. 127 und 128: Datenbanken-Highlights und DAT Marktspiegel

Hier kann man z.B. den DAT-Marktspiegel abrufen und erhält nach Eingabe der notwendigen Daten den aktuellen Marktwert seines PKW.

Eine weitere Datenbank in Btx ist Heureka vom Verlag Gruner + Jahr. Heureka erlaubt den Zugriff auf die Register-Datenbanken der Magazine Stern, Capital und impulse.

229

Nach Eingabe von Suchbegriffen (im Beispiel lautet der Suchbegriff "Telekommunikation") findet Heureka alle Artikel zum gewünschten Thema. Personennamen müssen nicht völlig korrekt eingegeben werden. Zu jedem gefundenen Artikel nennt Heureka die erwähnten Stichworte, Firmen und Personen. Mit der Quellenangabe kann man eine Kopie des Originaltextes per Btx bestellen. Insgesamt sind über 70.000 Dokumente in der Datenbank gespeichert.

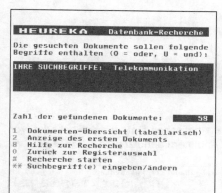

Abb. 129 und 130: HEUREKA-Datenbankenrecherche und Schlagwörter

Bestellungen von Waren und Dienstleistungen

Abb. 131 und 132: Telemarkt-Menü und Literatur-Recherche

Die großen Versandhäuser, wie Quelle oder OTTO, sind mit ihren Rechnern an Btx angeschlossen und bieten Bestellmöglichkeiten für alle Waren über die Angabe der Bestellnummern aus den Katalogen an. Ein Bestell-Service für Bücher liefert sämtliche verfügbaren Titel und bietet darüber hinaus eine Literatur-Recherche zu allen denkbaren Interessensgebieten an.

Manche Firmen haben durch Btx einen neuen Vertriebsweg erschlossen und erreichen durch eine bundesweite Präsenz im System auch Kunden über den angestammten regionalen Einzugsbereich hinaus.

Btx als Informationsquelle

Im Bereich der Informationen und Nachrichten zeigt sich deutlich die Funktion von Btx als universeller Datenbank für jedermann. Ob es nun politische und wirtschaftliche Nachrichten, Sportnachrichten oder Verbraucherinformationen sind, gegenüber gedruckten Broschüren und Zeitschriften besitzt das elektronische Medium einige Vorteile.

Rund um die Uhr können von den Anbietern in Sekundenschnelle Informationen aktualisiert und von den Teilnehmern abgerufen werden.

Statistische Daten

Abb. 133 und 134: Statistische Ergebnisse und Inhaltsübersicht

Städte-/Kulturprogramme

Viele Kommunen bieten Städteprogramme mit Informationen über Freizeit-, Kultur- und Sportangebote an. Teilweise ist sogar die Vorbestellung von Eintrittskarten möglich. Der Bürger kann die Anschriften und Öffnungszeiten der Ämter abrufen und vieles mehr.

Abb. 135 und 136: Köln Programm aktuell und Übersicht Kultur/Freizeit

Presseinformationen

Pressevielfalt ist in Btx kein Thema, die "BILD" gibt es hier genauso wie die "FAZ". Nachrichtendienste, wie dpa oder ap sind ebenfalls abrufbar.

Verbraucherinformationen

Die Markttransparenz für den Verbraucher ist ein wesentlicher Vorteil von Btx, denn verschiedene Anbieter eines gewünschten Produkts sind schnell herausgesucht. Wenige Tage nach einer solchen "Marktrecherche" hat man die bestellten Broschüren über die herkömmliche Post ins Haus geschickt bekommen und kann sich so eingehend informieren. Bei Verbraucherorganisationen können Tips zu Produkten, Finanz- und Rechtsfragen abgerufen werden. Wöchentlich gibt es bei der sehr beliebten TV-Sendung WISO Verbrauchertips zum Nachlesen.

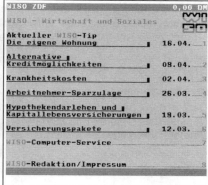

Abb. 137 und 138: Verbraucherzentrale NRW und Wiso-Tips

Verbund zu anderen Telekommunikations-Diensten

Btx-Telex

Einige private Anbieter und die Post bieten einen Verbund zwischen Btx und dem Telexdienst an, über den man mit den weltweit 1,7 Mio Telex-Teilnehmern kommunizieren kann.

Abb. 139 und 140: Btx-Telex und Btx-Telefax/-Telebrief

Beim Btx-Telex werden Schreiben an Telex-Empfänger wie eine Btx-Mitteilung erstellt. Anstelle einer Btx-Nummer gibt man aber die Telex-Nr. ein. Ist die

Empfängernummer unbekannt, hilft die Btx-Telexauskunft weiter. Der Empfänger kann über Telex auch antworten. Auf eingegangene Telex-Nachrichten wird mit einer Btx-Mitteilung hingewiesen.

Btx-Telefax

Beim Btx-Telefax-Verbund können Btx-Teilnehmer Mitteilungen an alle Telefax-Geräte (Gruppe 3) im In- und Ausland versenden. Hierzu sind lediglich die Nummer des Telefax-Empfängers und der gewünschte Text einzugeben. Der Empfang von Telefax-Mitteilungen ist über Btx-Anschlüsse nicht möglich.

Btx-Cityruf

Cityruf ist ein Funkrufdienst der DBP Telekom. Cityruf-Teilnehmer besitzen einen kleinen Funkrufempfänger, an den je nach Ausstattung Signaltöne oder kurze Nachrichten in Form von Ziffern oder bis zu 80-stelligen Texten übermittelt werden können.

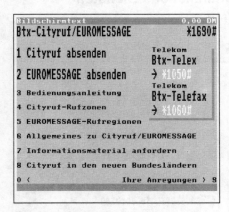

Abb. 141: Btx-Cityruf

Über Btx-Cityruf können Sie Nachrichten an Cityruf-Teilnehmer eingeben. Dies ist vor allem interessant für Cityruf-Nutzer, die kurze Textmitteilungen übermitteln wollen, welche über diesen Verbund per Btx eingegeben und an den Empfänger weitergeleitet werden.

Auslandsübergänge zu Btx

Btx wird international als Videotex (ohne t am Ende!) bezeichnet. Zahlreiche Länder haben einen Videotex-Dienst, teilweise in einem anderen technischen Standard als der deutsche Bildschirmtext.

Zu Frankreich gibt es einen direkten Übergang im deutschen Btx-System. Nach Holland, Luxemburg, Österreich und in die Schweiz gibt es Zugänge über Telefon-Einwählknoten in Deutschland.

Abb. 142: Ausländische Videotex-Dienste

9.6 Btx-Decoder für Home- und Personal Computer

Btx mit einem Computer zu betreiben ist gegenüber anderen Lösungen nicht nur sehr kostengünstig, sondern bietet einigen Komfort, wie das Abspeichern von beliebig vielen Btx-Seiten, die Weiterverarbeitung von Btx-Informationen in Textverarbeitungs- oder Datenbankprogrammen und den Ausdruck am angeschlossen Drucker.

Btx-Decoder gibt es in Form einer Hardware-Lösung für den PC als Steckkarte zum Einbau oder als Zusatzmodul zum externen Anschluß, außerdem als Software-Lösung, bei der der Decoder einfach von Diskette in den Computer geladen wird.

Dieses Kapitel behandelt zunächst allgemeine Fragen beim Einsatz eines Computers für Btx. Danach werden gängige und empfehlenswerte Decoder - in erster Linie die preiswerteren Software-Decoder - für die Computertypen MS-DOS (IBM-Standard), AMIGA, C64 / C128 und Atari vorgestellt.

Telefonanschluß mit Modem oder Anschlußbox

Computer können entweder über die Anschlußbox der Telekom oder über Modem oder Akustikkoppler mit dem Telefonanschluß verbunden werden. Bei Verwendung der Anschlußbox arbeitet man mit der Standard-Übertragungsgeschwindigkeit von Btx. Außerdem benötigen Computer beim Einsatz eines Software-Decoders zusätzlich einen Pegelwandler zur Anpassung der seriellen Schnittstelle an die technischen Gegebenheiten der Anschlußbox.

Pegelwandler kosten zwischen 30,00 DM und 90,00 DM. Da Software-Decoder jedoch bereits für weit unter 100,00 DM und für MS-DOS fast kostenlos als Public Domain-Programm erhältlich sind, ist auch die Konfiguration mit zusätzlichem Pegelwandler immer noch günstiger als eine Decoder-Hardware-Lösung.

Wer mit einer höheren Geschwindigkeit Btx und darüber hinaus auch andere Datenfernübertragungsdienste nutzen will, ist gut beraten, auf die Anschlußbox der Telekom zu verzichten und ein Modem einzusetzen, das nach dem Hayes-Standard arbeitet. Dieser in den USA entwickelte Standard für Modems berücksichtigt von vorneherein die technischen Verhältnisse von seriellen Schnittstellen an Computern, die ja eigens für die Datenübertragung per Telefon konstruiert worden sind. Der Hayes-Standard wird weitgehend international verwendet und auch von der Telekom bei der ZZF-Zulassung akzeptiert.

Leistungsmerkmale von Btx-Decodern

Unabhängig vom jeweiligen Computermodell sollten Software-Decoder bestimmte Leistungsmerkmale und Btx-Funktionen bieten, wobei unterschieden wird zwischen unentbehrlichen Grundfunktionen und Komfort- bzw. Zusatzfunktionen.

Grundfunktionen

Tastatur

Für eine leichtere Handhabung des Btx-Systems ist es praktisch, wenn die Funktionen * (Stern), # (Raute) und DCT (Ende der Dateneingabe, z.B. am Ende einer Dialogseite) möglichst auf den Funktionstasten liegen.

Btx-Anwahl

Das Btx-System sollte sowohl manuell als auch automatisch angewählt werden können. Im letzteren Fall wird die Telefonnummer des Btx-Zugangs automatisch angewählt, und die Zugangsprozedur mit Eingabe von Software-Kennung, Teilnehmernummer und persönlichem Paßwort abgewickelt.

Telefonanschluß (Anschlußbox / Modem)

Decoder sollten - sofern es der jeweilige Computer zuläßt - sowohl mit der Anschlußbox als auch mit einem Modem bzw. Akustikkoppler betrieben werden können.

Beim Modembetrieb gehört eine Eingabemöglichkeit für die Modemparameter (einschl. Schnittstellenauswahl) zur Mindestausstattung. Bequemer ist dabei eine Liste, aus der die gängigen Modems ausgewählt werden können.

Drucken

Wahlweise Ausdruck von Btx-Seiten im ASCII-Format (nur Text und einfache Grafikzeichen) oder im Btx-Format mit weitgehender bzw. voller Grafikdarstellung u.U. auch in Farbe an den jeweils angeschlossenen Drucker.

Darstellung der Btx-Seiten

Darstellung in Anpassung an die im PC installierte Grafikkarte bzw. die vom Computer gebotenen Möglichkeiten der Grafikdarstellung (unterschiedliche Auflösungs- und Farbmodi).

Die Installation sollte möglichst automatisch (Programm erkennt eingebaute Grafikkarte) oder manuell erfolgen können.

Speichern und Laden von Btx-Seiten

Wahlweise Speichern von Btx-Seiten im ASCII-Format oder als volle Btx-Seite mit Grafikanteilen. Dateinamen für eine abzuspeichernde Btx-Seite sollten vom Nutzer frei vergeben und die Seiten jederzeit wieder geladen werden können.

Speichern und Laden sowie Drucken ist besonders dann wichtig, wenn man Btx-Mitteilungen dokumentieren möchte.

Telesoftware

Laden und Speichern von lauffähigen Computerprogrammen, die als Telesoftware im Btx-System abgelegt sind. Dies sollte nach dem Post-Standard und nicht nach einem herstellerspezifischen Standard erfolgen, mit dem man die von den meisten Anbietern im Post-Standard erstellte Telesoftware nicht laden kann. Nach dem Ladevorgang sollte die Telesoftware automatisch unter dem vom Anbieter angegebenen Programmnamen abgespeichert werden können.

Komfort- / Zusatzfunktionen

Makros / Lernmodus / Rekorderfunktion

Btx-Makros enthalten Tastatureingaben für wiederholt genutzte Btx-Abrufe (z.B. Kontoführung), die beim Aufruf des Makros automatisch ausgeführt werden.

Die Makroerstellung kann manuell über einen Texteditor erfolgen. Optimal ist eine Rekorderfunktion, bei der beliebige Tastatureingaben während der Btx-Verbindung aufgezeichnet und abgespeichert werden.

Automatische Mailbox / Btx-Mitteilungsdienst

Beim Eingang von Btx-Mitteilungen liest diese Funktion die Mitteilungen automatisch aus, und wahlweise kann der Ausdruck oder das Abspeichern erfolgen. Mit einem Textprogramm oder einem im Decoder integrierten Texteditor erstellte Mitteilungen werden beim Postausgang automatisch versandt.

Kurzwahl

Anwahl gespeicherter Btx-Seitennummern über die Eingabe einer Tastenfunktion.

Transparente Daten

Jeder Btx-Teilnehmer kann Computercodes auf vorformatierten Btx-Mitteilungsseiten senden und empfangen.

Sitzungsmitschnitt

Automatisches Abspeichern aller während einer Btx-Verbindung aufgerufenen Seiten.

238

DOS-Zugang

Eingabe von DOS-Befehlen ohne Unterbrechung des laufenden Programms bzw. der Btx-Verbindung.

Software-Decoder für Personal Computer (MS-DOS)

Arbeitsgeschwindigkeit beim Btx-Betrieb

Wie man es von anderen Computerprogrammen her kennt, spielt auch beim Einsatz eines Software-Decoders der verwendete Rechner-Typ für die Arbeitsgeschwindigkeit eine wichtige Rolle.

Dies wirkt sich besonders auf die Geschwindigkeit aus, mit der die eingehenden Btx-Daten verarbeitet bzw. auf dem Monitor dargestellt werden. Einige Software-Decoder ermöglichen bereits auf einem PC oder XT einen schnellen Btx-Betrieb. Wenn man also nicht über einen AT (286er Prozessor) oder gar einen PC mit 386er Prozessor verfügt, sollte man möglichst vor dem Kauf eines Decoders einen Test durchführen.

Darstellung der Btx-Daten

Beim Einsatz eines PC's mit Software-Decoder ist die Darstellung der Btx-Informationen von der eingebauten Grafikkarte bzw. dem Monitor abhängig. Je nach Ausstattung können Btx-Seiten nur unvollständig wiedergegeben werden. Einschränkungen sind bei Grafiken, Farben und Blinken möglich.

Herkules / Monochrome Darstellung

Die Schrift- und zweifarbigen Grafikzeichen von Btx werden problemlos dargestellt. Frei definierte, mehrfarbige Grafikzeichen hingegen können nur teilweise abgebildet werden.

Auflösung: 720 x 348 Pixel.

CGA

Monochrome Darstellung der im ASCII-Standard enthaltenen Schrift- und Grafikzeichen. Bei der Farbdarstellung treten erhebliche Farbverfälschungen auf. Frei definierte Grafikzeichen können nur teilweise abgebildet werden.

Auflösung: 320 x 200 Pixel oder 600 x 200 Pixel.

EGA

Umsetzung der auf einer Btx-Seite max. 32 von 4096 verwendeten Farben in 16 Farben aus einer Palette von 64. Volle Darstellung der verwendeten Grafikzeichen.

Auflösung: 640 x 350 Pixel.

VGA

Volle Darstellung der Grafikzeichen je nach Video-Modus:

640 x 480 Pixel	16 Farben
320 x 200 Pixel	256 Farben
640 x 480 Pixel	256 Farben
512 x 512 Pixel	256 Farben

Super VGA

Uneingeschränkte Darstellung aller Farben und Grafikzeichen. Die Wiedergabe von Blinksequenzen wird gemäß der Verarbeitungsgeschwindigkeit des Videoprozessors u.U. verzögert.

Public Domain-Decoder

Wer Btx erst einmal kennenlernen will und über ein Modem verfügt, kann dies mit einem Public Domain-Decoder nahezu kostenlos tun. Diese Public Domain-Programme erfüllen teilweise mehr als nur die Grundfunktionen eines Decoders.

XBTX

Eine kleine Sensation unter den Public-Domain-Decodern ist XBTX von Jürgen Buchmüller, der hiermit ein Programm entwickelt hat, das mit seinen Funktionen und seiner Leistungsfähigkeit einen großen Teil der kommerziell angebotenen Software-Decoder hinter sich läßt. Und das zum unglaublichen Preis von nur 10,00 DM in der Version 0.71.

Wer Btx mit dem PC betreiben will, sollte sich erst gar nicht lange nach einer Bezugsquelle für einen Software-Decoder umsehen und dafür unter Umständen zwei- bis dreihundert Mark ausgeben. XBTX erfüllt alle Erwartungen, die man an einen Decoder für den durchschnittlichen Bedarf stellen kann und ist sofort lauffähig, vorausgesetzt, der PC ist mit einem Modem oder einer Modemkarte ausgerüstet.

Bezugsadresse
Jürgen Buchmüller
Am Weiher 29
5300 Bonn 3
oder über Btx *252522#

Funktionen von XBTX:

- Fenstertechnik und Pulldown-Menüs

- Mausbedienung möglich

- Automatische Erkennung der eingebauten Grafikkarte (auch Hercules-Karte)

- Unterstützung vieler Hayes-kompatibler Modems

- Texte speichern, auslesen und bearbeiten

- Speichern von Btx-Seiten und -Grafiken in den standardisierten Grafikformaten GIF und PCS

- Laden von Telesoftware im Postformat

- Automatische Anwahl

- Internes Kurzwahl-Register

- Makro-Erstellung

- Adreßverwaltung für Btx-Rundbriefe

Eine noch leistungsfähigere Ausführung von XBTX gibt es in der Version 1.22 als Shareware-Produkt. D.h. man kann den Decoder bei einem Freund, aus einer Mailbox oder aus Btx laden und bezahlt bei Gefallen 50,00 DM Lizenzgebühr. Man wird damit auch registriert als eingetragener Kunde, der weitere Verbesserungen und Service erhält.

Software-Decoder unter Windows

Wer mag, kann Btx auch unter Windows betreiben, obwohl es schwerfällt, hier besondere Vorteile gegenüber dem Betrieb eines Software-Decoders unter MS-DOS zu entdecken. Derartige Decoder sind nicht unter 300,00 DM zu erhalten. Angeboten werden "Btx-View" der Firma gebacom für 379,00 DM, "Windows online" von Drews EDV + Btx GmbH für 329,00 DM und "Vivaldi" von Solo Software für 349,00 DM, jeweils in der Modemversion.

Marktübersicht Software-Decoder

Für den Bereich der Personal Computer (MS-DOS) gibt es eine fast unüberschaubare Anzahl von Software-Decodern, die sich zum großen Teil mehr durch erhebliche Preisdifferenzen als durch bessere Leistungsmerkmale unterscheiden.

Der Preisverfall bei den Software-Decodern hat für den Verbraucher auch negative Folgen: Kaum ein Händler bietet Alternativen an, so daß der Kauf eines bestimmten Decoders häufig vom Zufall bestimmt ist, sofern sich der Interessent nicht eingehend über das große Angebot informiert hat.

Eine ständig aktualisierte Marktübersicht für Software-Decoder gibt es in Btx unter der Nummer *343441180#, die man kostenlos über ein öffentliches Btx-Gerät (z.B. im Telefonladen der Telekom) abrufen kann. Die Übersicht wird vom Verlag der Zeitschrift "bildschirmtext magazin" angeboten, den man auch anschreiben kann:

Neue Mediengesellschaft Ulm mbH
Konrad-Celtis-Straße 77
8000 München 70.

In der folgenden Tabelle werden einige Software-Decoder einschließlich des oben beschriebenen Public Domain-Decoders ohne Anspruch auf eine vollständige Marktübersicht aufgeführt.

	AMARIS Btx/2	AVM GmbH AVM	TeleWare Teletool 4.0	Xbtx 0.71	NewCom Softy
Preis (DM) Modem-version	238.-	376.-	277.,	10.-	19.-
Preis (DM) für Anschlußbox*	338.-	498.-	333.-	98.-	98.-
Automat. Anwahl	+	+	+	+	-
Modembetrieb	+	+	+	+	+
Drucken Text/Grafik	+/+	+/+	+/+	+/+	+/+

	AMARIS Btx/2	AVM GmbH AVM	TeleWare Teletool 4.0	Xbtx 0.71	NewCom Softy
Speichern Text/Grafik	+/+	+/+	+/+	+/+	+/+
Sitzungsmitschnitt	+	-	+	+	-
Laden von Btx-Seiten	+	+	+	+	+
Telesoftware/ Postformat	+	+	+	+	+
Transp. Daten Empfang	+	+	+	+	+
Transp. Daten Versand	+	+	+	-	-
Makros automat./ manuell	+/+	+/+	+/-	+/+	-
Kurzwahl	+	+	+	+	+
Automat. Mailbox	+	+	+	+	-
DOS-Zugang	+	+	+	+	-
Mausunterstützung	+	-	+	+	+

* inkl. Pegelwandler

Decoder für Commodore C64/C128

64'er Btx-Manager

Der 64'er Btx-Manager von Drews EDV + Btx GmbH ist der einzige Software-Decoder für den C64 bzw. C128. Zusätzlich benötigt man nur noch ein Btx-Interface, das an den Userport angeschlossen wird.

Die Verbindung mit dem Telefonnetz erfolgt über die Anschlußbox der Telekom. Ein Anschluß an den Akustikkoppler dataphon s21-23d ist ebenfalls möglich, nicht aber an Hayes-Modems (1200/1200 bit/s). Der Decoder besitzt sogar die Zulassung der DBP.

Die Btx-Seiten werden mit der Hardware des C64 dargestellt, d.h. der volle Umfang des Btx-Standards kann nicht dargestellt werden. Trotz der relativ beschränkten Grafikmöglichkeiten des C64 ist die Darstellung ansprechend.

Der Btx-Manager erkennt Telesoftware automatisch und speichert sie mit dem vom Anbieter angegebenen Namen auf Diskette. Der Textinhalt der Btx-Seite läßt sich per Schnellausdruck zu Papier bringen. Abspeichern kann man Btx-Seiten in einem speziellen Btx-Format oder im ASCII-Format. Darüber hinaus verfügt der Decoder über einen Text- und Makroeditor.

Der 64'er Btx-Manager kostet inkl. Interface für die Anschlußbox im Direktversand 89,00 DM (inkl. Versandgebühren).

Software-Decoder für AMIGA

Einen Software-Decoder für Btx-Einsteiger für 10,00 DM in der Modemversion mit Anleitungstext auf Diskette gibt es bei der Firma TKR. Ein zugelassener Pegelwandler für den Betrieb mit D-BT 03 ist für 40,00 DM erhältlich. Der Decoder "MultiTerm light" besitzt die BZT-Zulassung und stellt Btx-Seiten in 16 aus 4096 Farben dar, bietet Text- und Grafikausdruck und Laden von Telesoftware. Modem-Besitzer können sich den Decoder kostenlos aus der TKR-Mailbox laden (0431-336199 / 300 bis 9.600 Baud).

Bezugsadresse:
TKR GmbH & Co. KG
Stadtparkweg 2,
W 2300 Kiel 1
Tel. (0431) 337881
Fax (0431) 35984

Der AMIGA online plus ist ein Software-Decoder für den AMIGA, der mit einem Interface an der Anschlußbox der Telekom oder über Modem betrieben werden kann. Aufgrund der Grafikfähigkeiten des AMIGA ist es möglich, alle Btx-Zeichen und -Farben darzustellen.

Weitere Funktionen:

- Abspeichern einer Btx-Seite im ASCII-Format oder als Grafik im IFF-Format, um sie in einer Textverarbeitung bzw. einem Grafikprogramm weiterzubearbeiten,

- komplette Steuerung des Programms mit der Maus durch Anklicken der Symbole bzw. Pull Down Menüs,

- 80-Zeichen-Modus

- Multi-Tasking

- Speichern und Drucken der Btx-Seite als Grafik (auch in Farbe),

- Speichern und Drucken der Btx-Seite als Text,

- Einspielen vorbereiteter Texte, z.B. für den Mitteilungsversand,

- automatisches Laden von Telesoftware im Postformat.

- Makrorecorder

Die verschiedenen Betriebsarten: 1200/75 (V.24), 1200/1200 Baud.

Integriertes Makromanagermodul (MMM), d.h. häufig gebrauchte Eingaben werden automatisiert.

Der AMIGA online plus kostet inkl. Interface für die Anschlußbox 288,00 DM, in der Modemversion 199,00 DM (Drews electronic).

Software-Decoder für Atari

Auch für den Atari (ST, STE und TT) gibt es einen preiswerten Einsteiger-Decoder für 10,00 DM bei der Firma TKR. "MultiTerm Mini" bietet monochrome Darstellung und Graustufen-Rasterung in 16 aus 4096 Farben (Atari TT) und verfügt über alle Grundfunktionen eines Software-Decoders. Modem-Besitzer können sich den Decoder kostenlos aus der TKR-Mailbox laden (0431-336199 / 300 bis 9.600 Baud).

Bezugsadresse:
TKR GmbH & Co. KG
Stadtparkweg 2,
W 2300 Kiel 1
Tel. (0431) 337881 / Fax (0431) 35984

Der ST online plus für Atari (ST/STE/TT) von Drews EDV + Btx GmbH kann als Software-Decoder wahlweise an der Anschlußbox mit entsprechendem Interface oder mit Akustikkoppler bzw. Modem betrieben werden.

Funktionen:

- Anwahlautomatik mit speicherbaren Steuersequenzen,

- Btx-Grafikdarstellung in Farbe oder Graustufen,

- Speichern von Btx-Seiten als ASCII-Text oder in einem speziellen Btx-Format,

- Ausdruck im Text-Format oder mit 16 Graustufen für Epson-kompatible 9- und 24-Nadeldrucker sowie HP-LaserJetIII,

- automatisches Laden von Telesoftware im Postformat,

- integrierter Makrorecorder,

- GEM-Einbindung,

- menügesteuerte Funktionen über Maus und Hotkeys,

- Speicherbedarf 0.5 MB.

Der ST online plus kostet in der Modem-Version (Hayes) 199,00 DM (Light Version: 98.- DM), mit Btx-Interface für die Anschlußbox 228,00 DM (Light Version: 188.- DM).

9.7 Btx-Telefon

Btx-Telefone wurden nach der Philosophie des französischen Btx-Dienstes entwickelt, der von Anfang an mit nur einem Gerät, dem "Minitel" äußerst erfolgreich vermarktet wurde. Das Btx-Telefon integriert das Telefon, den Btx-Dekoder, eine Schreibtastatur und einen kleinen Bildschirm zu einem Gerät.

Nach der nur schleppenden Durchsetzung des deutschen Btx-Dienstes versuchte die Telekom, mit verschiedenen Ausführungen eines Btx-Telefons den Markt zu beleben - allerdings mit nur sehr mäßigem Erfolg, da die Preise nicht vom Verbraucher akzeptiert wurden.

MultiKom

Das MultiKom ist eine Auftragsproduktion der DBP Telekom, d.h. dieses Gerät wird zwar von mehreren deutschen Firmen hergestellt, jedoch in erster Linie und zu den meist günstigeren Konditionen von der Telekom zur Miete oder zum Kauf angeboten.

Mit dem MultiKom wurde versucht, auf kleinstem Raum in einem einzigen Gerät ein multifunktionales Kommunikationsterminal mit Btx-Dekoder, Modem, Bildschirm und alphanumerischer Tastatur zum Anschluß an ein vorhandenes Telefon zu realisieren.

Das MultiKom bietet alle Nutzungsmöglichkeiten von Btx sowie den Zugang zum Datex-P-Netz und Telebox-Dienst der Telekom, ebenso zu anderen Mailboxen. Es ermöglicht eine Reihe von Komfortfunktionen beim Telefonieren. Weitere Anschlußmöglichkeiten bestehen z.B. für einen Drucker.

Das Multikom gibt es in zwei Ausführungen.

MultiKom L

*   Schwarzweiß-Bildschirm mit 9-Zoll-Bilddiagonale.
*   Eingebauter Modem 1200/75 bit/s.
*   Abmessungen: 300 mm breit, 250 mm hoch, 400 mm tief.

MultiKom S

*   Schwarzweiß-Bildschirm mit 10-Zoll-Bilddiagonale.
*   Eingebauter Modem Vollduplex 300/300, 75/1200 und 1200/75 bit/s.
*   Abmessungen: 250 mm breit, 280 mm hoch, 330 mm tief.

Telefonfunktionen:

*   Wahl bei aufliegendem Hörer des vorhandenen Telefons.
*   Wahlwiederholung.
*   Merkerfunktion (nur MultiKom S).
*   Speicherung von insgesamt 176 (MultiKom L) bzw. 180 (MultiKom S) Einträgen - z.B. Telefonnummern.
*   Impulswahl (IWV) und Mehrfrequenzwahl (MFV).
*   Anschlußmöglichkeit an Telefonanlagen.

Die gespeicherten Telefonnummern können auf den Bildschirm geholt und per Tastendruck angewählt werden.

Datenübertragung:

*   ASCII-Darstellung im 80-Zeichen-Format.
*   Makrofunktionen (Datenbank-Register).
*   Automatischer Verbindungsaufbau.
*   Btx-Funktionstasten.

Weitere Funktionen:

- Text-Editor.
- Text-Speicher.
- Anschlußmöglichkeit für Drucker, Personalcomputer, Farbmonitor (nur MultiKom S mit RGB-Anschluß).

Kaufpreise:

MultiKom L:	595,00 DM,
MultiKom S:	995,00 DM.

Monatliche Miete bei Mindestlaufzeit von fünf Jahren:

MultiKom L:	29,81 DM,
MultiKom S:	35,80 DM.

9.8 Kosten und Gebühren

Bereitstellungs-/Änderungsgebühren

Gebühren und Preise richten sich nicht nur nach den Einrichtungswünschen, sondern sind auch von eventuell notwendigen Arbeiten am vorhandenen Telefonanschluß und den dort installierten Anschalteeinrichtungen abhängig.

Die Gebühren sollte man sich daher vor der Erteilung eines Auftrages von der Anmeldestelle für Fernmeldeeinrichtungen beim örtlichen Fernmeldeamt oder vom Telekom-Laden ermitteln lassen. Allgemeine Fragen werden auch gebührenfrei beantwortet unter der Service-Nummer der Telekom: 0130 0190. Fragen zu Btx in den neuen Bundesländern beantwortet die Telekom unter der Service-Nummer 0130-0199 oder (030) 25 95 58 91.

Die Vergabe einer Software-Kennung für Modem oder Akustikkoppler kostet immer einmalig 65,00 DM.

Laufende Gebühren

Für einen Btx-Anschluß (Teilnehmerkennung und Anschlußbox) erhebt die Post eine monatliche Grundgebühr von 8.- DM. Da die Nutzung von Btx bei

1200/75 bit/s immer zum Ortstarif erfolgt, kostet eine Stunde "Verbindung" nur ca. 2,30 DM. Das Absenden einer Btx-Mitteilung kostet 0,40 DM Btx-"Porto", der Abruf von Seiten aus anderen Regionalbereichen 0,02 DM/Seite. Zusätzlich können Vergütungen für Anbieter anfallen.

Btx-Telex

Die Gebühren für das Absenden von Telex-Mitteilungen werden nach der Verbindungsdauer im Telex-Netz berechnet und nicht nach der Zahl der genutzten Seiten. Die Verbindungsdauer für eine voll beschriebene Seite beträgt ca. drei Minuten.

Die Gebühren betragen im Inland 0,10 DM / 5 Sekunden, was etwa 2,80 DM pro Seite entspricht.

Da jedem Telex ein Hinweistext vorangestellt wird, kostet jede Telex-Mitteilung mindestens ca. 0,80 DM. Die Tarife für die Auslandsverbindungen berechnen sich aus den verordneten Telexgebühren sowie einem Zuschlag von 50%.

Anbietervergütung

Die meisten Btx-Angebote sind gratis, für einige verlangen die Anbieter Geld. Entweder ist dabei für einzelne Seiten (max. 9,99 DM pro Seite) oder für die Nutzungszeit im Rechnerverbund (max. 1,30 DM pro Minute) zu zahlen. Die beim Btx-Teilnehmer angefallenen Beträge sind über Btx abrufbar und werden mit der Telefonrechnung bezahlt.

10. Cityruf

Cityruf ist ein Funkrufdienst der DBP Telekom, vergleichbar dem "Eurosignal", jedoch mit erweiterten Leistungsmerkmalen. Im Unterschied zum flächendeckenden Eurosignal sind Cityruf-Teilnehmer nur innerhalb von regionalen Bereichen (Rufzonen) erreichbar. Rufende können Cityruf-Teilnehmer über ein normales Telefon erreichen. Cityruf ermöglicht die Übermittlung von Tonsignalen, Ziffern oder kurzen Texten. Für den Empfang des Tonsignals - ein Piepsen - gibt es kleine Geräte in der Größe einer Scheckkarte. Der Empfang von Ziffern und Texten erfolgt auf einem Empfänger-Display am Gerät, vergleichbar einem Taschenrechner. Die Empfänger können in der Jackentasche getragen werden und gewährleisten auch in Gebäuden einen sicheren Empfang.

Abb. 143: Empfänger für Nur-Ton (Panasonic EK-3095)

Am beliebtesten und preisgünstigsten ist Cityruf in der Ausführung mit Nur-Ton-Empfänger. Ein entsprechendes Gerät, mit dem man sich in der Grundversion dieses Funkrufdienstes überall innerhalb einer größeren Region "anpiepsen" lassen kann, gibt es ab 350,00 DM. Die monatliche Grundgebühr beträgt 18,00 DM. Cityruf ist also nicht unbedingt ein Dienst für den privaten Gebrauch, er kann aber auch im Privatleben sehr nützlich sein. So können Eltern von Kleinkindern getrost das Nachtleben ihrer Stadt genießen und müssen dem Babysitter nicht einen festen Ort angeben. Mit Cityruf ist man auch im Restaurant, im Kino oder in der Disco jederzeit erreichbar.

Im gewerblichen Bereich wird Cityruf z.B. von Handwerksbetrieben eingesetzt, die ihren Mitarbeitern beim Außeneinsatz eine Mitteilung zukommen lassen wollen. Weitere typische Berufe sind Ärzte, Sachverständige, Boten, Fahrer und Freiberufler. Gerade für Selbständige, die allein arbeiten, wie Grafiker oder Autoren, ist ein Cityrufempfänger sehr praktisch - kann man doch getrost das Telefon bzw. den Anrufbeantworter im Arbeitszimmer verlassen und einen Einkauf tätigen. Zumindest für die wichtigsten Kunden ist man schnell erreichbar.

10.1 Rufklassen

Entsprechend den unterschiedlichen Leistungsmerkmalen der Funkrufempfangs-geräte gibt es drei Rufklassen:

- einfache Klingel.
- Nur-Tonruf,
- Numerikruf,
- Alphanumerikruf.

Nur-Tonruf

Beim Nur-Tonruf werden bis zu vier Tonsignale übertragen und sowohl akustisch als auch optisch angezeigt. Die Bedeutung der Tonsignale muß vorher vereinbart werden.

Als Cityruf-Teilnehmer bekommt man vier fortlaufende Nummern zugeteilt, die über Telefon von einem Rufenden angewählt werden können. Diese Nummern kann man vier verschiedenen Personen bzw. Geschäftspartnern vergeben, so daß man beim Anruf eine eindeutige Zuordnung vornehmen kann, oder man gibt den Nummern unterschiedliche Bedeutung z.B. für den Ruf aus einer Zentrale.

Beispiel

Funkrufnr.	Bedeutung
6452386	"Im Büro anrufen!"
6452387	"Zu Hause anrufen!"
6452388	"Fahrt abbrechen, umkehren!"
6452389	"Zum Materiallager fahren!"

Wenn der Rufende eine Cityruf-Nummer für den Nur-Tonruf anwählt, wird er mit einem automatischen Ansagegerät bei der Telekom verbunden, das die angerufene Nummer bestätigt und mitteilt, daß der Ruf ausgesendet wird. Zwischen diesem Anruf und dem Empfang des Tonsignals beim Cityruf-Teilnehmer vergehen nur etwa 1 1/2 Minuten.

Numerikruf

15 beliebige Ziffern und einige Sonderzeichen werden auf einem Display des Funkrufempfängers angezeigt, z.b. eine Telefonnummer, die man dringend anrufen soll.

Abb. 144: Numerikempfänger (Panasonic EK-3097)

Folgende Zeichen können an einen Numerik-Empfänger übermittelt werden:

```
0 1 2 3 4 5 6 7 8 9 0 ( ) - U und Leerzeichen.
```

Es lassen sich mehrere Nachrichten im Empfänger speichern und auf Tastendruck nacheinander abfragen.

Alphanumerikruf

Mit einem Alphanumerik-Empfänger können vollständige Botschaften im Klartext empfangen werden. Maximal 80 Buchstaben und Ziffern werden pro Nachricht auf dem Empfänger-Display angezeigt. Man kann mehrere Nachrichten speichern und auf Tastendruck nacheinander abfragen.

Abb. 145: Alphanumerik-Empfänger (Panasonic EK-3077)

Das Cityruf-Netz wird ständig von DBP Telekom ausgebaut. Schwerin und Magdeburg sind als nächstes für einen Anschluß in Planung.

Die Statistik verzeichnet zum 1.04.1992 folgende Teilnehmerzahlen:

	Nur-Ton	Numerik	Alphanumerik	Gesamt
Vormonat	77.332	41.309	26.936	145.577
Zugang	3.733	1.741	1.021	6.495
Bestand	81.065	43.050	27.957	152.072

(Quelle: DBP Telekom)

10.2 Rufzonen

Cityruf wird in regional begrenzten Bereichen (Rufzonen mit Kennzahlen) angeboten. Diese Bereiche umfassen im allgemeinen mehrere Stadtgebiete und deren näheres Umland. Es sind bereits einige Bereiche in den neuen Bundes-

ländern abgedeckt. Das Cityruf-Netz wird von der DBP Telekom ständig ausgebaut. Ende April 1992 gab es folgende Rufzonen mit Rufzonenkennzahl und
zugehörigem Stadtbereich bzw. Umland (einige Städte werden von mehreren
Rufzonen erreicht):

Rufzone	Kennzahl	Rufzone	Kennzahl
Aachen	24	Legau	
Aachen		Marktoberdorf	
Alsdorf		Memmingen	
Baesweiler		Mindelheim	
Bergheim		Nesselwang	
Düren		Obergünzburg	
Elsdorf		Oberstdorf	
Erkelenz		Ottobeuren	
Eschweiler		Oy-Mittelberg	
Geilenkirchen		Sonthofen	
Heinsberg		Wertach	
Herzogenrath		**Augsburg**	82
Hückelhoven		Aichach	
Jülich		Augsburg	
Kerpen		Bobingen	
Niederzier		Dillingen a. d. Donau	
Nörvenich		Donauwörth	
Simmerath		Friedberg/Bayern	
Stolberg		Gersthofen	
Wegberg		Königsbrunn/Augsburg	
Allgäu	83	Nördlingen	
Bad Wörishofen		Öttingen in Bayern	
Buchloe		Welden	
Füssen		Zusmarshausen	
Grönenbach		**Berlin**	30
Heimertingen		Berlin	
Hindelang		Bernau	
Immenstadt im Allgäu		Birkenwerder	
Kaufbeuren		Henningsdorf	
Kempten/Allgäu		Neuenhagen	

Rufzone	Kennzahl	Rufzone	Kennzahl
Potsdam		Lübbecke	
Bielefeld	52	Lügde	
Aerzen		Minden	
Bad Lippspringe		Obernkirchen	
Bad Oeynhausen		Oelde, auch: 54	
Bad Pyrmont		Oerlinghausen	
Bad Salzuflen		Paderborn	
Barkhausen a.d. Porta		Petershagen	
Bielefeld		Porta Westfalica	
Blomberg		Rahden	
Borgholzhausen		Rheda-Wiedenbrück	
Bückeburg		Rietberg	
Bünde		Rinteln	
Delbrück		Schlangen	
Detmold		Schloß Holte	
Dissen/Teutob. Wald		Spenge	
Enger		Stadthagen	
Espelkamp		Steinhagen	
Gütersloh		Stuckenbrock	
Halle/Westfalen		Verl	
Harsewinkel		Vlotho	
Herford		Wadersloh	
Herzebrock		Werther/Westfalen	
Hiddenhausen		**Bodensee**	75
Hille		Bad Schussenried	
Höxter		Bad Waldsee	
Holzminden		Friedrichshafen	
Horn-Bad Meinberg		Immenstaad	
Hüllhorst		Konstanz	
Kalletal		Kressbronn/Bodensee	
Kirchlengern		Lindau/Bodensee	
Lage		Ludwigshf./Bodensee	
Lemgo		Markdorf	
Leopoldshöhe		Meckenbeuren	
Löhne		Meersburg	

Rufzone	Kennzahl	Rufzone	Kennzahl
Pfullendorf		Wernigerode	
Radolfzell		Wolfenbüttel	
Ravensburg		Wolfsburg	
Singen/Htw		Wolmirstedt	
Stockach		**Bremen**	**42**
Tettnang		Achim	
Überlingen		Bassum	
Wangen/Allgäu		Berne	
Braunschweig	**53**	Bookholzberg	
Braunschweig		Brake	
Burg b. Magdeburg		Bremen	
Cremlingen		Bremerhaven	
Denkte		Brinkum	
Edemissen		Butjadingen	
Gifhorn		Delmenhorst	
Goslar		Elsfleth	
Halberstadt		Ganderkesee	
Helmstedt		Hude	
Ilsede		Langen/Brhv	
Königslutter am Elm		Langwedel	
Lahstedt		Lemwerder	
Langelsheim		Lilienthal/Brm	
Lehre		Loxstedt	
Lengede		Nordenham	
Liebenburg		Osterholz-Scharmbeck	
Magdeburg		Ottersberg	
Oebisfelde		Ovelgönne/Unterweser	
Peine		Oyten	
Salzgitter		Ritterhude	
Schladen		Rodenkirchen	
Schönebeck/Elbe		Rotenburg/Wümme	
Schöningen		Scheeßel	
Uetze		Schwanewede	
Vechelde		Schweiburg	
Vienenburg		Stuhr	

257

Rufzone	Kennzahl	Rufzone	Kennzahl
Syke		Lünen	
Vegesack		Marl	
Verden/Aller		Menden	
Vollersode		Nachrodt	
Weyhe		Oer-Erkenschwick	
Worpswede		Radevormwald	
Dortmund	20	Recklinghausen	
Altena		Schalksmühle	
Bergkamen		Schwelm	
Bochum		Schwerte	
Bönen		Sprockhövel	
Bottrop, auch: 21		Unna	
Breckerfeld		Waltrop	
Castrop-Rauxel		Welver	
Dahl		Werne	
Datteln		Wetter/Ruhr	
Dolberg, auch: 25		Witten	
Dorsten		Wuppertal, auch: 21	
Dortmund		**Dresden**	35
Ennepetal		Aue/Sachsen	
Essen		Bischofswerda	
Fröndenberg		Burgstädt	
Gelsenkirchen		Chemnitz	
Gevelsberg		Coswig	
Gladbeck		Döbeln	
Hagen		Dresden	
Halver		Flöha	
Hamm		Frankenberg	
Herdecke		Freiberg	
Herne		Freital	
Herten		Geyer	
Holzwickede		Görlitz	
Iserlohn		Hainichen	
Kamen		Heidenau/Sachsen	
Letmathe		Hohenstein-Ernstthal	

Rufzone	Kennzahl	Rufzone	Kennzahl
Lichtenstein		Jüchen	
Limbach-Oberfrohna		Kaarst	
Lommatzsch		Kamp-Lintfort, auch: 28	
Meißen		Kempen	
Mittweida		Krefeld	
Oberlungwitz		Kürten	
Oelsnitz		Langenfeld/Rheinland	
Ottendorf-Okrilla		Leichlingen	
Pirna		Leverkusen	
Radebeul, Dsdn		Meerbusch	
Radeburg		Mettmann	
Riesa		Mönchengladbach	
Roßwein		Moers, auch: 28	
Schneeberg/Erzgebirge		Monheim, auch: 22	
Stollberg		Mülheim/Ruhr	
Weixdorf		Neukirchen-Vluyn a. 28	
Wilkau-Haßlau		Neuss	
Zittau		Oberhausen a. 20, 28	
Zwickau		Odenthal	
Düsseldorf	**21**	Pulheim, auch: 22	
Bedburg, auch: 24		Ratingen	
Bergisch-Gladbach		Remscheid	
Burscheid		Rheinberg a. 28	
Dinslaken, auch: 28		Rommerskirchen	
Dormagen, auch: 22		Solingen	
Düsseldorf		Tönisvorst	
Duisburg, auch: 28		Velbert	
Erkrath		Viersen	
Frechen		Wermelskirchen	
Grevenbroich		Willich	
Haan		Wipperfürth	
Hattingen		Wülfrath	
Heiligenhaus		**Erfurt**	**36**
Hilden		Apolda	
Hückeswagen		Eisenach	

Rufzone	Kennzahl	Rufzone	Kennzahl
Eisenberg		Gründau	
Erfurt		Hainburg	
Gera		Hanau	
Gotha		Heusenstamm	
Jena		Hösbach	
Münchenbernsdorf		Hofheim am Taunus	
Waltershausen		Kahl am Main	
Weimar		Karben	
Frankfurt/Main	**69**	Kelkheim	
Altenstadt		Kelsterbach	
Alzenau		Königstein im Taunus	
Aschaffenburg		Kronberg im Taunus	
Babenhausen		Langen/Hessen	
Bad Homburg		Langenselbold	
Bad Nauheim		Laufach	
Bad Soden		Maintal	
Bad Vilbel		Mühlheim/Main	
Bruchköbel		Mühltal/Hessen	
Butzbach		Münster bei Dieburg	
Darmstadt		Neu-Isenburg	
Dieburg		Nidderau	
Dietzenbach		Nierstein	
Dreeich		Ober-Ramstadt	
Eppertshausen		Oberursel	
Erlensee		Offenbach	
Frankfurt/Main		Oppenheim	
Friedberg/Hessen		Pfungstadt	
Friedrichsdorf/Taunus		Raunheim	
Gelnhausen		Reichelsheim	
Gernsheim		Reinheim	
Griesheim/Hessen		Riedstadt	
Groß-Gerau		Rodenbach/Hessen	
Groß-Umstadt		Rodgau	
Groß-Zimmern		Rödermark	
Großostheim		Roßdorf bei Darmstadt	

Rufzone	Kennzahl	Rufzone	Kennzahl
Schöneck/Hessen		Herbolzheim	
Seeheim-Jugenheim		Kehl	
Seligenstadt		Klettgau	
Stockstadt am Main		Lahr	
Usingen		Lörrach	
Weiterstadt		Müllheim	
Wölfersheim		Neuenburg am Rhein	
Wöllstadt		Oberkirch	
Frankfurt/Oder	33	Offenburg	
Cottbus		Rickenbach	
Döbern		Schopfheim	
Eisenhüttenstadt		Schwanau	
Forst		Titisee-Neustadt	
Frankfurt/Oder		Weil am Rhein	
Fürstenwalde/Spree		**Fulda**	66
Guben		Alsfeld	
Hoyerswerda		Bad Hersfeld	
Lebus		Eichenzell	
Müllrose		Fulda	
Rüdersdorf bei Berlin		Hünfeld	
Seelow		Künzell	
Spremberg		Neuenstein	
Storkow		Petersberg	
Weißwasser		Schlitz	
Welzow		**Gießen**	64
Freiburg	76	Buseck	
Appenweier		Cölbe	
Bad Krozingen		Dillenburg	
Bad Säckingen		Gießen	
Breisach am Rhein		Kirchhain	
Denzlingen		Langgöns	
Emmendingen		Linden/Hessen	
Freiburg		Marburg	
Gundelfingen		Pohlheim	
Hausach		Solms	

Rufzone	Kennzahl	Rufzone	Kennzahl
Stadtallendorf		Pinneberg	
Wetzlar		Quickborn	
Hamburg	**40**	Ratzeburg	
Ahrensburg		Reinbek	
Bad Oldesloe		Reinfeld/Holstein	
Bad Schwartau		Rellingen	
Bad Segeberg		Rosengarten/Harburg	
Bargteheide		Scharbeutz	
Barsbüttel		Schenefeld	
Blunk		Schwarzenbek	
Buchholz/Nordheide		Schwerin	
Buxtehude		Seevetal	
Egestorf		Stockelsdorf	
Gadebusch		Sülfeld	
Garstedt		Tötensen	
Geesthacht, auch: 58		Tostedt	
Glinde		Travemünde	
Grömitz; auch: 43		Trittau	
Großhansdorf		Wedel/Holstein	
Haffkrug		Wentorf	
Halstenbek		Winsen/Luhe	
Hamburg		Wismar	
Hanstedt		**Hannover**	**51**
Heiligenhafen		Bad Münder am Deister	
Horneburg		Bad Nenndorf	
Jesteburg		Barsinghausen	
Jork		Bergen bei Celle	
Kaltenkirchen		Burgdorf	
Klein-Rönnau		Celle	
Leezen		Eicklingen	
Lübeck		Garbsen	
Mölln		Gehrden	
Neu-Wulmstorf		Hameln	
Neustadt/Holstein		Hannover	
Norderstedt		Hildesheim	

Rufzone	Kennzahl	Rufzone	Kennzahl
Isernhagen		Miesenbach	
Laatzen		Münchweiler/Rodalb	
Langenhagen/Hannov.		Pirmasens	
Lehrte		Rodalben	
Neustadt/Rübenberg		Zweibrücken	
Nienburg/Weser		**Karlsruhe**	**72**
Nordstemmen		Achern	
Pattensen/Han		Bad Bergzabern	
Rehburg-Loccum		Baden-Baden	
Sarstedt		Bretten	
Sehnde		Bruchsal	
Springe/Deister		Bühl/Baden	
Walsrode		Durmersheim	
Wedemark		Eggenstein-Leop.hafen	
Wennigsen/Deister		Ettlingen	
Wunstorf		Gaggenau	
Heilbronn	**79**	Gernsbach	
Backnang		Graben-Neudorf	
Bietigheim-Bissingen		Karlsbad	
Brackenheim		Karlsruhe	
Eppingen		Malsch	
Heilbronn		Mühlacker	
Lauffen am Neckar		Pfinztal	
Marbach		Pforzheim	
Neckarsulm		Rastatt	
Sachsenheim, auch: 71		Rheinau	
Schwaigern		Rheinstetten	
Sinsheim		Stutensee	
Vaihingen an der Enz		Ubstadt-Weiher	
Weinsberg, Neckar		Waldbronn	
Kaiserslautern	**63**	Wörth am Rhein	
Contwig		**Kassel**	**56**
Enkenbach		Ahnatal	
Kaiserslautern		Baunatal	
Kusel		Bovenden	

Cityruf

Rufzone	Kennzahl	Rufzone	Kennzahl
Einbeck		Husum	
Friedland		Kiel	
Fuldatal		Laboe	
Göttingen		Lütjenburg	
Hessisch Lichtenau		Malente	
Kassel		Meldorf	
Kaufungen		Neumünster	
Melsungen		Nordstrand	
Niestetal		Oldenburg/Holstein	
Nörten-Hardenberg		Preetz	
Northeim		Rendsburg	
Ossendorf		Schleswig	
Rosdorf bei Göttingen		Schönwalde	
Schauenburg		Sylt	
Vellmar		Tönning	
Warburg		Wanderup	
Zierenberg		Westerland/Sylt	
Kiel	**43**	**Koblenz**	**26**
Albersdorf		Altenkirchen	
Altenholz		Andernach	
Bordesholm		Bad Neuenahr-Ahrweiler	
Bredstedt		Bendorf	
Büdelsdorf		Boppard	
Büsum		Dieblich	
Burg/Fehmarn		Dierdorf	
Eckernförde		Koblenz	
Erfde		Lahnstein	
Eutin		Mendig	
Flensburg		Montabaur	
Friedrichstadt		Mülheim-Kärlich	
Gettorf		Neuwied	
Großenbrode		Plaidt	
Harrislee		Rengsdorf	
Heide, Holst		Siershahn	
Hennstedt		Weißenthum	

Rufzone	Kennzahl	Rufzone	Kennzahl
Winningen		Halle/Saale	
Köln-Bonn	22	Leipzig	
Ahrweiler		Markkleeberg	
Bad Honnef		Meerseburg/Saale	
Bad Neuenahr		Pegau	
Bonn		Roßlau/Elbe	
Bornheim/Rheinland		Schkeuditz	
Brühl		Taucha	
Eitorf		Wolfen	
Erftstadt		Zörbig	
Euskirchen		**Lüneburg**	58
Hennef/Sieg		Adendorf	
Hürth		Bad Bevensen	
Köln		Bienenbüttel	
Lohmar		Bleckede	
Meckenheim		Boizenburg/Elbe	
Much		Esterholz	
Overath		Handorf	
Remagen		Lauenburg/Elbe	
Rheinbach		Lüneburg	
Rösrath		Reinstorf	
Seelscheid		Scharnebeck	
Siegburg		Uelzen	
Sinzig, auch: 26		**Mannheim**	62
St. Augustin		Annweiler am Trifels	
Troisdorf		Bad Dürkheim	
Uckerath		Bad Schönborn a. 72	
Weilerswist		Bensheim	
Wesseling		Biblis	
Zülpich		Birkenau	
Leipzig	34	Böhl-Iggelheim	
Bitterfeld		Brühl/Baden	
Brehna		Bürstadt	
Delitzsch		Dossenheim	
Dessau		Eppelheim	

Rufzone	Kennzahl	Rufzone	Kennzahl
Frankenthal/Pfalz		Arnsberg	
Germersheim		Bad Sassendorf	
Grünstadt		Ense	
Haßloch		Erwitte	
Heddesheim		Liesborn	
Heidelberg		Lippstadt	
Hemsbach		Meschede	
Heppenheim		Neheim-Hüsten	
Hirschberg/Bergstr.		Soest	
Hockenheim		Sundern/Sauerland	
Ketsch		Warstein	
Ladenburg		Werl	
Lampertheim		**München**	**89**
Landau in der Pfalz		Dachau	
Leimen/Baden		Eichenau	
Limburgerhof		Eiching	
Lorsch		Erding	
Ludwigshafen am Rhein		Freising	
Mannheim		Fürstenfeldbruck	
Monsheim		Garching	
Mutterstadt		Gauting	
Neustadt/Weinstraße		Germering	
Philippsburg		Gilching	
Sandhausen		Gröbenzell	
Schifferstadt		Grünwald	
Schriesheim		Ingolstadt	
Schwetzingen		Ismaning	
Speyer		Karlsfeld	
Viernheim		Kirchheim	
Waghausel		Maisach	
Walldorf/Baden		Manching	
Wattenheim		München	
Wiesloch		Neubiberg	
Worms		Neufahrn bei Freising	
Meschede	**29**	Oberhaching	

Rufzone	Kennzahl	Rufzone	Kennzahl
Oberschleißheim		**Nürnberg**	91
Olching		Allersberg	
Ottobrunn		Altdorf	
Pfaffenhofen an der Ilm		Ansbach	
Planegg		Erlangen	
Puchheim		Feucht	
Pullach im Isartal		Fürth	
Reichertshofen		Heilsbronn	
Starnberg		Hersbruck	
Unterhaching		Herzogenaurach	
Vaterstetten		Langenzenn	
Wolfratshausen		Lauf an der Pegnitz	
Münster	25	Neudettelsau	
Ahlen		Neumarkt/Oberpfalz	
Altenberge		Nürnberg	
Ascheberg		Oberasbach	
Beckum		Röthenbach/Pegnitz	
Billerbeck		Roth/Mittelfranken	
Bösensell		Schwabach	
Borken		Stein/Mittelfranken	
Coesfeld		Wendelstein	
Drensteinfurt		Zirndorf	
Dülmen		**Oberfranken**	92
Ennigerloh, auch: 54		Bad Alexandersbad	
Havixbeck		Bamberg	
Herbern, auch: 20		Bayreuth	
Legden		Bischofsgrün	
Lippberg		Breitengüßbach	
Lüdinghausen		Coburg	
Münster		Eckersdorf	
Nottuln		Fichtelberg	
Olfen		Forchheim	
Selm		Hirschaid	
Sendenhorst		Kronach	
Seppenrade		Kulmbach	

Cityruf

Rufzone	Kennzahl	Rufzone	Kennzahl
Marktredwitz		Tecklenburg	
Münchberg		Telgte	
Neustadt/Coburg		Vechta	
Sonneberg		Visbek	
Wunsiedel		Wagenfeld, auch 52	
Osnabrück	**54**	Wallenhorst	
Bad Iburg		Warendorf	
Badbergen		**Regensburg**	**94**
Beelen		Abensberg	
Belm		Amberg	
Bissendorf		Burglengenfeld	
Bohmte		Deggendorf	
Bramsche		Dingolfing	
Damme		Erbendorf	
Diepholz		Eschenbach/Oberpfalz	
Dinklage		Flossenbürg	
Engter		Freihung	
Georgsmarienhütte		Ganachen	
Glandorf		Grafenwöhr	
Hagen/Teutob. Wald		Hengersberg	
Hörstel, auch: 59		Hirschau	
Holdorf		Kelheim	
Ibbenbüren		Landshut	
Kattenvenne		Lappersdorf	
Ladbergen		Moosburg an der Isar	
Lemförde		Neustadt/Waldnaab	
Lengerich		Osterhofen	
Lohne		Passau	
Melle		Pfeffenhausen	
Mettlingen		Plattling	
Osnabrück		Pocking	
Ostbevern		Pressath	
Recke		Regensburg	
Sassenberg		Regenstauf	
Steinfeld, Oldenburg		Röhrnbach	

Rufzone	Kennzahl	Rufzone	Kennzahl
Ruhstorf		Vreden	
Saal an der Donau		Wettringen	
Schwandorf		**Rosenheim**	81
Siegenburg		Altenmarkt an der Alz	
Straubing		Altötting	
Sulzbach-Rosenberg		Bad Aibling	
Tittling		Bernau am Chiemsee	
Vilshofen		Bruckmühl	
Vohenstrauß		Garching an der Alz	
Wallersdorf		Grassau	
Weiden/Oberpfalz		Holzkirchen	
Wernberg-Köblitz		Irschenberg	
Windisch-Eschenbach		Kolbermoor	
Rheine	59	Mühldorf am Inn	
Ahaus		Neuötting	
Bad Bentheim		Obing	
Borghorst		Raubling	
Burgsteinfurt		Rosenheim	
Emsdetten		Sauerlach	
Gescher, auch: 25		Schnaitsee	
Greven		Töging am Inn	
Gronau		Traunreut	
Heek		Traunstein	
Lingen/Ems		Trostberg	
Meppen		Waldkraiburg	
Metelen		Wasserburg am Inn	
Neuenhaus, Dinkel		**Rostock**	38
Neuenkirchen, Steinfurt		Bad Doberan	
Nordhorn		Bergen/Rügen	
Ochtrup		Binz, Ostseebad	
Rheine		Greifswald	
Saerbeck		Löbnitz	
Salzbergen		Marlow	
Schüttorf		Neubrandenburg	
Stadtlohn		Ribnitz-Damgarten	

Rufzone	Kennzahl	Rufzone	Kennzahl
Rostock		Merzig	
Saßnitz		Neunkirchen/Saar	
Stralsund		Ottweiler	
Warnemünde		Püttlingen	
Rottweil	**74**	Quierschied	
Albstadt		Riegelsberg	
Bad Dürrheim		Saarbrücken	
Balingen		Saarlouis	
Blumberg		Saarwellingen	
Burladingen		Schiffweiler	
Donaueschingen		Spiesen-Elversberg	
Dunningen		St. Ingbert	
Geisingen		Tholey	
Hechingen		Völklingen	
Hüfingen		Wadgassen	
Immendingen		**Siegen**	**27**
Meßstetten		Altenhundem	
Mössingen, auch: 71		Attendorn	
Oberndorf am Neckar		Bad Berleburg	
Rottenburg am Neckar		Bad Marienberg	
Rottweil		Balve	
Spaichingen		Betzdorf	
Sulz am Neckar		Brügge	
Trossingen		Drolshagen	
Tuttlingen		Finnentrop	
Villingen-Schwenn.		Grevenbrück	
Saarbrücken	**68**	Herscheid	
Bexbach		Hilchenbach	
Blieskastel		Kierspe	
Eppelborn		Kirchhundem	
Heusweiler		Kreuztal	
Homburg/Saar		Krombach	
Lebach		Lennestadt	
Losheim/Saar		Lüdenscheid	
Marpingen		Meinerzhagen	

Rufzone	Kennzahl	Rufzone	Kennzahl
Netphen		Reutlingen	
Oberbrügge		Schwäbisch Gmünd	
Olpe		Sindelfingen	
Plettenberg		Stuttgart	
Siegen		Tübingen	
Valbert		Uhingen	
Wegeringhausen		Waiblingen	
Wenden		Weinstadt	
Werdohl		Wendlingen am Neckar	
Wilnsdorf		Wernau, Neckar	
Stuttgart	**71**	**Trier**	**65**
Böblingen		Idar-Oberstein	
Ebersbach an der Fils		Trier	
Eislingen an der Fils		Weierbach	
Esslingen am Neckar		**Ulm**	**73**
Fellbach		Aalen	
Gärtringen		Biberach an der Riß	
Gerlingen		Blaustein	
Göppingen		Geislingen a. d. Steige	
Kernen im Remstal		Giengen a. d. Brenz	
Kirchheim unter Teck		Heidenheim a. d. Brenz	
Korntal-Münchingen		Herbrechtingen	
Kornwestheim		Langenau	
Leinfelden-Echterdingen		Laupheim	
Leonberg		Leipheim	
Ludwigsburg		Neu-Ulm	
Markgröningen		Oberkochen	
Metzingen		Senden	
Möglingen		Ulm	
Neuhausen auf den Fildern		Vöhringen	
Nürtingen		Weißenhorn	
Ostfildern		**Unterelbe**	**41**
Plochingen		Barmstedt	
Remseck am Neckar		Brunsbüttel	
Remshalden		Cuxhaven	

Rufzone	Kennzahl	Rufzone	Kennzahl
Drochtersen		Issum	
Elmshorn		Kalkar	
Glückstadt		Kerken	
Hechthausen		Kleve	
Hemmoor		Kronenburg	
Itzehoe		Raesfeld	
Kellinghusen		Reken	
Nordholz		Rhede	
St. Margarethen		Schermbeck	
Stade		Straelen	
Tornesch		Südlohn	
Uetersen		Velen	
Wischhafen		Voerde	
Weilheim	**88**	Wesel	
Garm.-Partenkirchen		Xanten	
Mittenwald		**Weser-Ems**	**44**
Murnau am Staffelsee		Aschendorf/Ems	
Oberammergau		Aurich	
Oberau		Bagband	
Peißenberg		Baltrum	
Peiting		Carolinensiel	
Penzberg		Cloppenburg	
Schongau		Dötlingen	
Weilheim		Dornum	
Wesel	**28**	Eilsum	
Alpen		Emden	
Bedburg-Hau		Esens	
Bocholt		Fislum	
Brünen		Folmhusen	
Emmerich		Friedeburg	
Geldern		Georgsheil	
Goch		Greetsiel	
Hamminkeln		Großefehn	
Hünxe		Großheide	
Isselburg		Hage	

Rufzone	Kennzahl	Rufzone	Kennzahl
Hatten		Westerstede	
Hesel		Westoverledingen	
Ihlow		Wiefelstede	
Jever		Wildeshausen	
Juist		Wilhelmshaven	
Krummhörn		Wittmund	
Leer		**Wiesbaden-Mainz**	**61**
Marienhafe		Alzey	
Middels		Bad Kreuznach	
Moormerland		Bad Schwalbach	
Neermoor		Diez	
Neßmersiel		Eltville am Rhein	
Norden		Elz	
Norderney		Hahn/Taunus	
Oldenburg		Idstein	
Oldersum		Ingelheim	
Papenburg		Limburg an der Lahn	
Ramsloh		Mainz, auch: 69	
Rastede		Oestrich-Winkel	
Remels		Rüsselsheim, auch: 69	
Rhauderfehn		Schlangenbad	
Sande		Wiesbaden	
Saterland		Wörrstadt	
Schneiderkrug		**Würzburg**	**93**
Schortens		Bad Kissingen	
Sedelsberg		Gochsheim	
Sengwarden		Hammelburg	
Stickhausen		Kitzingen	
Strücklingen		Marktbreit	
Südbrookmerland		Ochsenfurt	
Uplengen		Schweinfurt	
Varel		Volkach	
Wangerooge		Würzburg	
Wardenburg			
Weener			

10.3 Rufarten

Bei den drei Rufklassen Nur-Ton-Ruf, Numerikruf und Alphanumerikruf kann man zwischen vier verschiedenen Rufarten wählen, die mit der Anmeldung des Funkrufempfängers festgelegt werden. Änderungen sind jederzeit möglich.

Funkrufe können ausgesendet werden als:

- Einzelruf,
- Sammelruf,
- Gruppenruf (Nur-Ton)
- Zielruf.

Einzelruf

Dies ist die Grundversion von Cityruf. Der Einzelruf ist empfehlenswert, wenn man nur einen Funkrufempfänger braucht und Nachrichten nur an dieses Empfangsgerät gesendet werden sollen.

Zielruf

Zusätzlich zu einer Einzelrufnummer können besondere Zielrufnummern gewählt werden. Durch die Wahl einer Zielrufnummer und Hinzufügen der zweistelligen Rufzonenkennzahl kann der Rufende jede Rufzone ansteuern.

Variable Rufzone

Das Merkmal "variable Rufzone" ermöglicht den Zielruf auf einer Einzelrufnummer. Man erhält also keine zusätzliche Zielrufnummer, sondern ist in jeder beliebigen Rufzone erreichbar, indem der Rufende einfach die Kennzahl der Rufzone hinzufügt, in der man sich gerade befindet. Dies erfordert natürlich eine entsprechende Absprache zwischen dem Cityruf-Teilnehmer und den Partnern, für die man erreichbar sein will.

Sammelruf

Beim Sammelruf werden auf Wunsch bis zu 20 Einzelfunkrufnummern in eine gemeinsame Liste (Sammelrufliste) eingetragen. Durch Wahl der Sammelrufnummer werden diese automatisch nacheinander angerufen. Die Änderung der Sammelrufliste ist jederzeit möglich.

Gruppenruf (Nur-Ton)

Beim Gruppenruf hingegen werden mehrere Funkrufempfänger gleichzeitig mit einem einzigen Ruf durch nur eine Gruppenrufnummer erreicht. Die Empfängerzahl beim Gruppenruf ist beliebig groß, so können z.b. sämtliche Mitglieder des Katastrophenschutzes oder alle Monteure einer Installationsfirma gerufen werden.

Beim Kauf zu beachten: Das Empfangsgerät muß für den Gruppenruf vom Hersteller mit einer zweiten ID (Identifikation) ausgerüstet sein.

10.4 Ruf und Nachrichtenübermittlung

Zugangsmöglichkeiten

Alle Nachrichten an Cityruf-Empfänger können bundesweit eingegeben werden. Cityruf erkennt automatisch die Rufklasse der Funkrufnummer. Die Eingabe der Nachricht kann über Telefon, Btx, Telex- oder Teletexgeräte erfolgen.

Über Telefon können Ziffern oder Texte mit Hilfe von Zusatzgeräten eingegeben oder dem Auftragsservice der DBP Telekom mitgeteilt werden, der die Nachricht dann in das Funkrufnetz weiterleitet. Die Eingabe über den Auftragservice, dem man eine Nachricht telefonisch mitteilen kann, erfolgt über die Telefonnummer: 016951.

Weitere Nummern je nach Eingabegerät:

Zugang/Eingabegerät	Nur-Ton	Numerik	Alphanumerik
Telefon	0164		
Telefon +EGN (1)atw12			
MFV-Telefon		0168	0168
Telefon +EGA (2)	01691	01691	01691

❶ Eingabegerät für Numerik

❷ Eingabegerät für Alphanumerik

Für die Eingabe von numerischen Nachrichten gibt es zwei Möglichkeiten. Man kann ein Telefon, das Mehrfrequenzwahlsignale (MFV) erzeugt, oder ein kleines, preiswertes Eingabegerät verwenden (EGN), wie es auch zur Fernabfrage von Anrufbeantwortern eingesetzt wird. Im EGN ist ein Lautsprecher und eine Tastatur wie bei einem Tastentelefon eingebaut. Das Gerät wird zur akustischen Ankopplung auf die Sprechmuschel des Telefonhörers gepreßt.

Für die Eingabe von Alphanumerik kann ein PC mit Kommunikationsprogramm verwendet werden (siehe zu Kommunikationsprogrammen das Kapitel "Der Computer am Telefonnetz").

Zugänge über andere Dienste

Btx:	Btx-Cityruf über die Seite *1691#
Telex:	1691 cityruf d
Teletex:	2627-1692=Cityruf

10.5 Cityruf-Teilnehmer-Anmeldung, Kosten und Gebühren

Anmeldung

Funkrufempfänger können bei der DBP Telekom oder im Fachhandel erworben werden. Die Telekom verlangt keine technische Abnahmeprüfung des einzelnen Gerätes, sondern nur die Anmeldung eines zugelassenen Funkrufempfängers beim zuständigen Fernmeldeamt. Für die Anmeldung und damit die Zulassung als Cityruf-Teilnehmer wird ein Antrag ähnlich dem Telefonantrag verwendet.

Cityruf-Empfänger

Neben der DBP Telekom bieten inzwischen viele Hersteller Cityruf-Empfänger über private Telefonläden oder den Computerhandel an. Bei Preisunterschieden von bis zu 20 % im privaten Handel gegenüber der Telekom lohnen sich Preisvergleiche sehr. Wer es bequem haben will, kann beim Telekom-Versand den Empfänger nebst bereits eingerichteter Cityrufnummer für 14 Tage zum Testen bestellen.

Nur-Ton NT1 (DBP Telekom)

- Vier Einzelrufnummern
- Akustische und optische Anzeige
- Display mit sieben Symbolen
- Stiller Alarm

Preis: ca. 400,00 DM / ca. 300,00 DM (Panasonic EK 3095 im Handel)

Cityruf-Geräte verfügen nicht nur über ein akustisches Signal, einige von ihnen haben einen sogenannten stillen Alarm, bei dem der Ruf nicht nur optisch angezeigt wird, sondern zusätzlich ein Motor Vibrationen auslöst. Diese Möglichkeit eignet sich besonders für Räume mit hohem Geräuschpegel oder wenn ein akustisches Signal stören würde, etwa in einer Konferenz.

Numerik N3 (DBP Telekom)

- 16 Speicherplätze mit je 15 numerischen Zeichen
- Stiller Alarm
- Optisch gesteuerte Displayanzeige
- Batterie-/Akkubetrieb
- Batteriewarnton inkl. Displayanzeige

Preis: ca. 510,00 DM / ca. 440,00 DM (Gerät von SEL im Handel).

Alphanumerik AN4 (DBP Telekom)

- Laufschrift
- 20 Speicherplätze für Nachrichten mit je 80 alphanumerischen Zeichen
- Wahlweise für zwei Nur-Ton-Rufnummern
- Beleuchtbares Display
- Stiller Alarm
- Titelsuchlauf (Suche nach gespeicherten Nachrichten)
- Empfangsbereichsanzeige
- Überschreibschutz (gespeicherte Nachrichten)
- Batterie-/Akkubetrieb
- Batteriewarnton

Preis: ca. 750,00 DM (Telekom) bis ca. 670,00 DM (SEL-Gerät im Handel).

Alphanumerik AN5 (DBP Telekom)

- 40 Speicherplätze mit je 80 alphanumerischen Zeichen
- Wahlweise für zwei Nur-Ton-Rufnummern
- Stiller Alarm per Vibration
- Automatische Rufwiederholung
- Automatischer Titelsuchlauf (Suche nach gespeicherten Nachrichten)
- Optisch gesteuerte Displayanzeige
- Empfangsbereichsanzeige
- Batterie-/Akkubetrieb
- Batteriewarnton

Preis: ca. 900,00 DM

Zubehör

Handeingabegerät TipSend (DBP Telekom)

Diese Gerät umfaßt eine Schreibtastatur und wird ans Telefon angeschlossen. Damit können Nachrichten für den Empfang durch Alphanumerik-Empfänger erstellt werden.

Preis: ca. 330,00 DM

Cityruf-Drucker DAN5 (DBP Telekom)

Mit diesem Thermo-Drucker können alphanumerische Nachrichten ausgedruckt werden.

- Gewicht: 370 g
- 5 x 7 Punkt Matrix
- 20 Zeichen pro Zeile
- Steckernetzteil

Preis: ca. 950,00 DM (5 Rollen Druckpapier: ca. 10,00 DM) bis ca. 875,00 DM (Panasonic EK 967 im Handel)

Gebühren

Einmalige Gebühren (Stand: 1.4. 1992)

Für die Bereitstellung oder Änderung eines Funkrufanschlusses, z.B. anläßlich eines Umzugs in den Bereich einer anderen Rufzone, sind 65,00 DM zu zahlen.

Änderung eines vorhandenen Cityruf-Anschlusses:

Sammelruf	10,00 DM
Weitere Rufzonen	10,00 DM

Monatliche Grundgebühren Funkrufanschluß

Nur-Ton	Numerik	Alphanumerik
Einzelruf 18,00 DM Gruppenruf 100,00 DM	Einzelruf 26,00 DM	Einzelruf 43,00 DM

Die Gebühr für eine feste oder die variable Rufzone ist in der monatlichen Grundgebühr enthalten.

Monatliche Gebühren für Sammelruf:

je Funkrufnummer	
Nur-Ton	3,00 DM
Numerik	5,00 DM
Alphanumerik	10,00 DM

Monatliche Gebühren für Zielruf:

je Funkrufanschluß	
Nur-Ton	3,00 DM
Numerik	5,00 DM
Alphanumerik	10,00 DM

Monatliche Gebühren für weitere Rufzonen:

je Funkrufanschluß	
Nur-Ton	3,00 DM
Numerik	5,00 DM
Alphanumerik	10,00 DM

Verbindungsgebühren

Die Verbindungsgebühren fallen nur für den Rufenden an und richten sich nach der verwendeten Zugangsmöglichkeit:

Zugang über Telefon:

- Normaltarif im 50-Sekunden-Takt (von 8-18 Uhr)
- Billigtarif im 75-Sekunden-Takt (von 18-8 Uhr)

Zugang über Btx: Telefon-Nahtarif

Verbindungsentgelt für den Nahdienst:

- Normaltarif: 6 Minuten
- Billigtarif: 12 Minuten

Zugang über Telex: Verbindungsgebühren der Zone I:

- Normaltarif 15-Sekunden-Takt
- Billigtarif 45-Sekunden-Takt

Zugang über Teletex:

Verbindungsgebühren der Fernzone (bis 50 km)

Zugang über Auftragsservice:

- Selbstwählferndienst-Gebühren im 8-Sekunden-Takt
- Billigtarif im 20-Sekunden-Takt

11. Telekommunikation im ISDN

11.1 Was ist ISDN?

ISDN bedeutet die vollkommene Digitalisierung des Telefonnetzes bzw. der Telekommunikation. Die vier Buchstaben stehen für den englischsprachigen Begriff Integrated Services Digital Network. Die Einführung von ISDN soll weltweit vollzogen werden, in Deutschland durch die DBP Telekom, die auch vom "dienste-integrierenden, digitalen Fernmeldenetz" spricht.

In den Fernmeldeämtern der Post in den alten Bundesländern hat ISDN bereits weitgehend Einzug gehalten in Form digitaler Vermittlungsstellen. Beim Telefonieren oder dem Einsatz anderer Telekommunikationsdienste merkt man von dieser Entwicklung kaum etwas, denn bisher verwendete Endgeräte und die alten Telefonleitungen können mit der ISDN-Technik problemlos verbunden werden, ohne daß die Teilnehmer natürlich die neuen ISDN-Merkmale nutzen können. Dazu benötigt man neue, ISDN-fähige Endgeräte.

Digitalisierung der Vermittlungsanlagen bedeutet dabei Austausch der alten Analogtechnik mit ihren mechanischen Schaltrelais und den überdimensional großen Schaltschränken, die ganze Säle füllten, gegen weitaus kleinere computergesteuerte Einheiten.

Das Neue an ISDN

Bisher benötigt man für jede Kommunikationsform, Telefon, Fax usw. eine separate Leitung, wenn man mehrere Dienste gleichzeitig betreiben will. Durch ISDN können alle Kommunikationsformen integriert, d.h. über eine einzige Leitung "geschickt" werden. Der Anschluß an das Telefonnetz erfolgt über einen Netzterminator, an den maximal acht Endgeräte gesteckt werden können.

Mit einem ISDN-Anschluß hat man nur noch eine Rufnummer für unterschiedliche Dienste und kann problemlos z.B. Telefonieren und zur gleichen Zeit über dieselbe Leitung einen zweiten Dienst in Anspruch nehmen, z.B. ein Fax versenden.

Gegenüber der herkömmlichen Technik werden mit ISDN viele Dienstmerkmale verbessert. Das Telefonieren erfolgt in einer weitaus höheren Qualität als bisher und die Übertragung von Daten oder Texten erfolgt mit der Geschwindigkeit von 64 Kbit/s. Zum Vergleich: Ein Telefax wird mit 9,6 Kbit/s übermittelt. Den Vorteil der hohen Übertragungsgeschwindigkeit können selbstverständlich alle Datenendgeräte, also auch Computer, nutzen.

Anfang 1989 wurden ISDN-Vermittlungsstellen in Hamburg, Berlin, Hannover, Düsseldorf, Frankfurt, Nürnberg, Stuttgart und München eingerichtet. Von diesen zentralen ISDN-Einsatzorten aus wird der ISDN-Ausbau rasch flächendeckend in den alten Bundesländern vorangetrieben. Ende 1990 waren bereits ca. 130 Städte an ISDN angeschlossen. Auskunft über den genauen Ausbaustand gibt die technische Vertriebsberatung der örtlichen Fernmeldeämter.

ISDN-Gebühren

Die Einrichtung eines ISDN-Basisanschlusses kostet einmalig 130,00 DM. Die monatliche Grundgebühr beträgt 74,00 DM. Wer bereits mehrere Telekommunikationsdienste im herkömmlichen Telefonnetz nutzt, für die die Telekom eine monatliche Grundgebühr erhebt, entrichtet im ISDN nur noch diese eine Gebühr.

Ein Kostenvorteil wird sich daraus kaum ergeben. Für Telefax braucht man keine Grundgebühr zu bezahlen. Nur, wer neben dem Telefonanschluß noch Btx und z.B. Teletex hat, wird in der Summe der vorher einzeln zu entrichtenden Gebühren in die Nähe der 74,00 DM für den ISDN-Anschluß kommen.

Große Firmen erhalten zum Anschluß interner Telekommunikationsanlagen, also ISDN-fähiger Nebenstellenanlagen mit mehreren Ämtern und Leitungen für Fax und andere Dienste, den ISDN-Primärmultiplexanschluß. Dessen Einrichtung kostet einmalig 200,00 DM. Die Grundgebühr beträgt monatlich 518,00 DM.

Die Telefon- bzw. Verbindungsgebühren entsprechen denen des herkömmlichen Telefonnetzes, derzeit also 0,23 DM je Einheit. Eine Einsparung an Verkehrsgebühren wird sich für den ergeben, der bisher mit der herkömmlichen Technik ein hohes Kommunikationsaufkommen hatte. Beim Telefonieren ändert sich dabei natürlich nichts.

Nur bei Fax, Btx oder anderen Datenübertragungsmedien kann die weitaus höhere Geschwindigkeit von ISDN sich in niedrigeren Telefongebühren niederschlagen. Voraussetzung dafür ist jedoch immer, daß die Gegenseite, mit der man über ISDN kommunizieren will, ebenfalls über die neue Technik verfügt, denn ein ISDN-Fax kann man beispielsweise nicht mit 64.000 bit/s an ein normales Faxgerät übertragen.

Endgeräte

Die Endgeräte für alle im ISDN angebotenen Telekommunikationsdienste verfügen entsprechend einer internationalen Vereinbarung über eine einheitliche Teilnehmerschnittstelle. Kompatibilität ist also mit ISDN auch international gewährt. Die Kommunikation von ISDN-Endgeräten mit herkömmlichen Geräten ist ebenfalls relativ problemlos möglich.

Wer ISDN nutzen will, benötigt für alle angebotenen Dienste und Leistungsmerkmale entsprechende ISDN-Endgeräte, die heute noch teilweise sehr viel kosten.

Für ein Teletexendgerät von der Telekom muß man zwischen 13.000,00 DM und 15.000,00 DM bezahlen. Ein ISDN-Fernkopierer kostet mindestens 10.165,00 DM. Nur im Telefonbereich gibt es bisher erträgliche Preise. Das im folgenden vorgestellte Telefon Amethyst I ist bei der Telekom für 776,00 DM erhältlich.

Leistungsmerkmale beim Telefonieren

Am Beispiel des Telefonmodells Amethyst I werden die Leistungsmerkmale von ISDN beim Telefonieren vorgestellt.

Display

ISDN-Telefone sind mit vielen Komfortfunktionen ausgestattet. Um diese Funktionen und besondere ISDN-Leistungsmerkmale nutzen zu können, verfügen die Telefone generell über ein Display. Das Amethyst I hat ein zweizeiliges Display zur Anzeige von jeweils bis zu 40 Zeichen.

Rufnummernanzeige

Die Anzeige der Telefonnummer eines Anrufers auf dem Display des eigenen Telefons ist ein spezifisches Leistungsmerkmal von ISDN. Die Nummer wird angezeigt, bevor man den Hörer abgenommen hat. Ursprünglich war geplant, dieses Leistungsmerkmal, das erst die neue digitale ISDN-Technik ermöglicht, generell an jedem ISDN-Telefonanschluß zu realisieren.

Der Vorteil dieses Merkmals ist jedoch zweifelhaft. Zum einen wird die Rufnummer und nicht der Teilnehmername angezeigt, zum anderen gibt es viele Fälle, in denen ein Anrufer nicht sofort auf diese Weise erkannt werden möchte, etwa bei der Telefonseelsorge. Die neuen digitalen Telefonmöglichkeiten bergen also Probleme des Datenschutzes in sich.

Anklopfen

Wird man während eines Gespräches von einem weiteren Anschluß aus angerufen, erscheint die Nummer des neuen Teilnehmers am Display, und es ertönt dreimal ein akustisches Signal. Diese als "Anklopfen" bezeichnete und von Nebenstellenanlagen bekannte Funktion ermöglicht es im ISDN jedem Teilnehmer, gegebenenfalls das laufende Gespräch zu unterbrechen und sich in zweite Verbindung zu schalten.

Außerdem bietet das ISDN-Telefon Amethyst folgende Funktionen:

- Speichern von Telefonnummern und Funktionen
- Löschen der gespeicherten Daten
- Wahlwiederholung
- Gebührenanzeige

Beispiel für ein ISDN-Telefon

"Das ISDN-Telefon Granat 3 verfügt über zahlreiche neuartige Ausstattungsmerkmale und Funktionen, die zumeist auf Tastendruck abrufbar sind. Das Display zeigt dabei alle aktivierten Funktionen an (bis zu 20 Zeichen). Mit der Trenntaste können Gespräche beendet und neu aufgenommen werden, ohne den Hörer aufzulegen. Ein Dienstwechsel erlaubt während eines Gesprächs den Sprung ins Telefax-System, um anschließend wieder ins Telefonat zurückzukehren. Weitere Leistungsmerkmale u.a.: Gebührenanzeige, automatische Anrufweiterschaltung, Sperrfunktion Zielwahlspeicher, Direktruf, Anklopfton eines zeitgleichen zweiten Gesprächs, Anzeige der Rufnummer bei ISDN-Anschluß des zweiten Teilnehmers." (Pressetext Telekom)

Abb. 146: ISDN-Telefon Granat 3 (Telekom)

11.2 Bild-Telefon im ISDN

Neben Sprach-, Text- und Datendiensten kommen im ISDN Bilddienste, also die Übertragung von Stand- und auch Bewegtbildern, hinzu. Eine Einsatzmöglichkeit liegt im Bild-Telefon, bei dem sich die Gesprächspartner während des Telefonierens sehen und gegenseitig Skizzen oder Fotos zeigen können. Das Telefon wird dabei um die Komponenten Bildschirm und Videokamera erweitert.

Die Idee des Bild-Telefons ist weder neu noch wird sie durch ISDN erstmals realisiert. Bereits gegen Ende des letzten Jahrhunderts beschrieb der Franzose Robida ein "Telephonoskop" und im Roman von Jules Verne "Ein Tag aus dem Leben eines amerikanischen Journalisten" wird die Idee eines Bild-Telefons entworfen.

1936 eröffnete die Deutsche Reichspost einen Fernseh-Sprechdienst zwischen Berlin und Leipzig, der bis 1940 betrieben und dann eingestellt wurde. Zu Beginn der 70er Jahre wurden in Deutschland erneut ernsthafte Versuche in Verbindung mit neuen Verfahren der digitalen Bildübertragung begonnen.

Das Bild-Telefon zu einem Kommunikationsmedium für die Allgemeinheit zu machen, rückte erst durch die Entwicklung und den Ausbau von ISDN in greifbare Nähe. Jedoch reicht auch die Datenübertragungsgeschwindigkeit von 64 Kbit/s nicht aus, um das Bewegtbild vom Gesprächspartner in Fernsehqualität zu übermitteln.

Deshalb wird an Verfahren gearbeitet, die sehr hohe Datenmenge digitalisierter Bewegtbilder zu reduzieren. Dabei spielen zwei Faktoren eine wichtige Rolle:

Zum einen nimmt das menschliche Auge eine bestimmte Anzahl von Standbildern eines Bewegungsablaufes, die in einer Sekunde projiziert werden, bereits als fließende Bewegung auf. Beim Film arbeitet man mit 24 Bildern je Sekunde.

Zum anderen wird ein Effekt genutzt, den man z.B. aus dem Zeitungsdruck kennt. Ein Foto wird in einzelne Bildpunkte aufgelöst, deren Anzahl pro Quadratzentimeter angegeben wird. Man spricht dabei von der Rasterung von Bildern, die bereits bei relativ grober Auslösung eine gut erkennbare Wiedergabe für das Auge ergeben.

Diese beiden "Tricks" werden nun verwendet, um die Zahl der zu übertragenden Bilder je Sekunde und die Zahl der Bildpunkte erheblich zu reduzieren. Ein Bild-Telefon, das mit diesen Reduktionsverfahren arbeitet, bietet schattige, leicht unscharfe Bilder. Die Ergebnisse sind jedoch für den normalen Telefonverkehr über ISDN bereits akzeptabel.

Optimale Ergebnisse wird man bei der Bildübertragung erst im Breitband-ISDN erhalten, das bereits jetzt als Folgestufe für das heutige, schmalbandige ISDN geplant ist. Dann wird eine Übertragungsgeschwindigkeit von 140 Mbit/s möglich sein. Dies ist um einen Faktor von 2.187,5mal schneller als die 64 Kbit/s der ersten ISDN-Stufe, bei der noch mit den zwei Kupferadern der alten Telefonleitungen gearbeitet wird. Das herkömmliche Telefonnetz wird dann durch Lichtwellenleiterverbindungen ersetzt.

Wofür braucht man Bild-Telefon?

Zum Beispiel in Firmen, bei denen Entscheidungen aufgrund grafischer Vorlagen getroffen werden müssen, können Bilder über das Bild-Telefon wesentlich schneller übermittelt werden als mit einem Faxgerät. Außerdem haben die Gesprächsteilnehmer die Möglichkeit, direkt auf das Bild Bezug zu nehmen. Videokonferenzen sind ein anderer Bereich für das Bild-Telefon, wobei die Fülle der Anwendungsmöglichkeiten damit noch nicht erschöpft ist.

Anschluß herkömmlicher Endgeräte

Viele Firmen, die sich eine ISDN-Nebenstellenanlage zulegen, möchten damit die Vorteile von ISDN im Telefonverkehr nutzen, kommen jedoch beispielsweise für den Faxbetrieb mit den herkömmlichen Endgeräten noch einige Jahre lang aus.

Diesen Unternehmen bietet die Telekom eine Übergangslösung in Form einer Reihe von Endgeräteadaptern zur Anpassung verschiedener herkömmlicher Endgeräte an die digitale Schnittstelle des ISDN. Die Endgeräte können dann wie bisher mit den Leistungsmerkmalen des analogen Telefonnetzes betrieben werden.

Endgeräteadapter a/b

Mit diesem Adapter können alle Fernkopierer der Gruppen 2 und 3 (also solche mit einer Auflösung von bis zu 7,7 Zeilen/mm und einer Übertragungsdauer von ein bis drei Minuten für eine DIN-A4-Seite), Datenendgeräte mit V.24-Schnittstelle über Modem, Btx-Geräte über Anschlußbox und Zusatzeinrichtungen wie Anrufbeantworter mit einer TAE-Steckverbindung angeschlossen werden.

Darüber hinaus gibt es Adapter für den Anschluß von Endgeräten für die Datenübertragung, z.B. im Datex-Netz. Damit können Festverbindungen wahlweise mit Übertragungsgeschwindigkeiten von 2.400, 4.800, 9.600 oder der vollen ISDN-Rate von 64.000 bit/s aufgebaut werden.

12. Anhang

12.1 Anbieter und Hersteller nach Produktgruppen

Telefon

Albrecht Electronic
Bang & Olufsen Deutschland
DBP Telekom
Grundig AG
Hagenuk Multicom GmbH
Loewe Opta GmbH
Panasonic Deutschland GmbH
REV Ritter GmbH
Siemens AG
Telenorma GmbH
Tiptel Electronic GmbH
Uher Werke München GmbH

Schnurloses Telefon

AEG Olympia Office GmbH
Alcatel SEL
Bosch GmbH
DBP Telekom
DeTeWe - Deutsche Telephonwerke und Kabelindustrie AG
FUBA Hans Kolbe & Co.
Grundig AG
Hagenuk Multicom GmbH
Loewe Opta GmbH
Panasonic Deutschland GmbH
Philips Kommunikations Industrie AG (PKI)
SEL - Standard Elektrik Lorenz AG

Siemens AG
Siemens Nixdorf Informationssysteme AG (SNI)
Sony Deutschland GmbH
Telenorma GmbH
Tiptel Electronic GmbH

Telefonanlage

Alcatel SEL
DBP Telekom
DeTeWe - Deutsche Telephonwerke und Kabelindustrie AG
ELMEG GmbH
Emmerich GmbH & Co KG
Hagenuk Multicom GmbH
Mitel - Mikroelektronik und Telefon GmbH
Panasonic Deutschland GmbH
Philips Kommunikations Industrie AG (PKI)
REV Ritter GmbH
SEL - Standard Elektrik Lorenz AG
Siemens AG
Telenorma GmbH

Anrufbeantworter

Assmann Informatik GmbH
DBP Telekom
DSC-Callback
Grundig AG
Panasonic Deutschland GmbH
Sanyo Büro-Electronic Europa-Vertrieb GmbH
Siemens AG
Sony Deutschland GmbH
Tiptel Electronic GmbH
Uher Werke München GmbH
Zettler

Fax

Actebis GmbH

AEG Olympia Office GmbH

Albrecht Electronic

Alcatel SEL

All-Akustik GmbH (Quadral / Fuji)

Assmann Informatik GmbH

Bosch GmbH

Brother International GmbH

Canon Deutschland GmbH

DBP Telekom

DeTeWe - Deutsche Telephonwerke und Kabelindustrie AG

Develop Büro-Systeme

Francotyp Postbearbeitungssysteme

Fujitsu Deutschland GmbH

Gestetner GmbH

Hagenuk Multicom GmbH

Hitachi Europa GmbH

Konica Business GmbH

Lanier Deutschland GmbH

Loewe Opta GmbH

Minolta GmbH

Mitsubishi Electric Europe GmbH

Nashua

NEC Deutschland GmbH

Panasonic Deutschland GmbH

Philips Kommunikations Industrie AG (PKI)

Rank Xerox GmbH

Ricoh Deutschland GmbH

Samsung Electronics GmbH

Sanyo Büro-Electronic Europa-Vertrieb GmbH

Schneider Rundfunkwerke AG

SEL - Standard Elektrik Lorenz AG

Sharp Electronic Europe GmbH

Siemens AG
TA Triumpf-Adler AG
Tatung International GmbH
Technifax Kommunikationssysteme GmbH
Telenorma GmbH
Toshiba Informationssysteme Deutschland GmbH
UDAVI-Telecom GmbH
Utax GmbH

Faxkarte

Dr. Neuhaus Mikroelektronik GmbH
impec GmbH
Lobe Telefontechnik
mps Software GmbH
TELEDATA Elektronik GmbH
UDAVI-Telecom GmbH

C-Netz

AEG Olympia Office GmbH
Alcatel SEL
Bosch GmbH
DBP Telekom
Grundig AG
Mannesmann Kienzle
Motorola GmbH
Nokia Telecommunications GmbH
Philips Kommunikations Industrie AG (PKI)
SEL - Standard Elektrik Lorenz AG
Siemens AG
Sony Deutschland GmbH

D-Netz

AEG Olympia Office GmbH
Alcatel SEL

Bosch GmbH
DBP Telekom
Ericsson Business Communications
Hagenuk Multicom GmbH
Mannesmann Mobilfunk GmbH
Motorola GmbH
Nokia Telecommunications GmbH
Orbitel Mobile Communications Limited
Panasonic Deutschland GmbH
Philips Kommunikations Industrie AG (PKI)
SEL - Standard Elektrik Lorenz AG
Siemens AG

Btx-Softwaredecoder

MS DOS

Amaris Software GmbH
AVM GmbH
Paule's Btx-Service / C. Lentes
Newcom Marketing und Software GmbH
TeleWare

Softwaredecoder unter Windows

Drews EDV & Btx
gebacom GmbH
Solo Software

Softwaredecoder für Commodore Amiga

Commodore Büromaschinen GmbH
Drews EDV & Btx
TKR GmbH & Co.KG

Softwaredecoder für Commodore C64/128

Drews Btx & EDV

Softwaredecoder Atari ST

Drews EDV & Btx

phs EDV-Beratung

TKR GmbH & Co.KG

Softwaredecoder Atari Portfolio

Drews EDV & Btx

Cityruf

Alcatel SEL

Amaris Software GmbH

DBP Telekom

Ericsson Business Communications

Grundig AG

Panasonic Deutschland GmbH

Philips Kommunikations Industrie AG (PKI)

SEL - Standard Elektrik Lorenz AG

Siemens AG

Bündelfunk

Alcatel SEL

Bosch GmbH

Motorola GmbH

Nokia Telecommunications GmbH

SEL - Standard Elektrik Lorenz AG

Modem

Acer-Cetec Computer GmbH

Alcatel SEL

Anton Hollaus Kommunikationselektronik

Asonic Computer Equipment AG

Bausch Datacom GmbH

Computer 2000 AG

Controlware GmbH
CPV Datensysteme GmbH
CSR
CTK Systeme GmbH
Datentechnik Intercom
Digiteam
Dr. Neuhaus Mikroelektronik GmbH
EEH Datalink GmbH
Elsa GmbH
Fritz Lischka GmbH
GVM Datenfernübertragung GmbH
IDS GmbH
IMK GmbH
Impec GmbH
ITM GmbH
KE Kommunikations-Elektronik GmbH
Lange GmbH
Loewe Opta GmbH
Micom Computer GmbH
MMS GmbH
Multidata GmbH
Rascal Milgo GmbH
Rein Elektronik GmbH
resco electronic GmbH
RFI Elektronik GmbH
SEL - Standard Elektrik Lorenz AG
Siemens AG
TELEKOM Infoservice
TELEKOM Versand
Telindus GmbH
Toshiba Informationssysteme Deutschland GmbH
TKR GmbH & Co. KG
UDAVI-Telecom GmbH
Wetronic Automation GmbH
Wörlein GmbH & Co KG

ISDN-Telefon

Alcatel SEL
DBP Telekom
SEL - Standard Elektrik Lorenz AG
Telenorma GmbH

ISDN-Karte

Adcomp Datensysteme GmbH
AVM GmbH
Commodore Büromaschinen GmbH
Diehl Elektronik GmbH
Dr. Neuhaus Mikroelektronik GmbH
Hermstedt GmbH
IBM Deutschland
Impec GmbH
Krone AG
Lapp Kommunikationstechnik GmbH
Loewe Opta GmbH
mbp Kommunikationssysteme GmbH
NCP Engineering GmbH
NSD GmbH
Philips Kommunikations Industrie AG (PKI)
Prisma GmbH
RVS Datentechnik GmbH
Sedlbauer AG
Siemens AG
Siemens Nixdorf Informationssysteme AG (SNI)
Stollmann GmbH
Telenorma GmbH
Teles GmbH
WISI - Wilhelm Sihn Jr. KG

ISDN-Anlage

Alcatel SEL

DBP Telekom

DeTeWe - Deutsche Telephonwerke und Kabelindustrie AG

Ericsson Business Communications

Hagenuk Multicom GmbH

IBM Deutschland

Northern Telecom

Philips Kommunikations Industrie AG (PKI)

SEL - Standard Elektrik Lorenz AG

Siemens AG

Siemens Nixdorf Informationssysteme AG (SNI)

Telenorma GmbH

12.2 Adressen der Anbieter und Hersteller

Acer-Cetec Computer GmbH

Kornkamp 4
W Ahrensburg
Tel. (04102) 49010
Fax (04102) 490138

Actebis GmbH

Lange Wende 33
W 4770 Soest
Tel. (02921) 7000
Fax (02921) 77000

Adcomp Datensysteme GmbH

Hauptstr. 42
W 8025 Unterhaching
Tel. (089) 610010
Fax (089) 61001102

AEG Olympia Office GmbH

Olympiastr.
W 2940 Wilhelmshaven
Tel. (04421) 780
Fax (04421) 782357

Albrecht Electronic

Otto-Hahn-Straße 7
W 2077 Trittau
Tel. (04154) 807224
Fax (04154) 807232

Alcatel

s. SEL

All-Akustik GmbH (Quadral / Fuji)

Am Herrenhäuser Bahnhof 28
W 3000 Hannover 21
Tel. (0511) 79040
Fax (0511) 7904169

Amaris Software GmbH

Lange Wende 33
W 4770 Soest
Tel. (02921) 7000
Fax (02921) 75070

Anton Hollaus Kommunikationselektronik

W 8209 Stephanskirchen
Tel. (08031) 72422

Asonic Computer Equipment AG

Landsberger Str. 406
W 8000 München 60
Tel. (089) 580960
Fax (089) 5809669

Assmann Informatik GmbH

Industriestr. 5
W 6380 Homburg 1
Tel. (06172) 106200
Fax (06172) 106373

AVM GmbH

Voltastr. 5
W 1000 Berlin 65
Tel. (030) 4645051
Fax (030) 4645056

Bang & Olufsen Deutschland

Rudolf-Diesel-Straße 8
W 8031 Gilching
Tel. (08105) 730
Fax (08105) 7316

Bausch Datacom GmbH

Otto-Hahn-Str. 22
W 5138 Heinsberg
Tel. (02452) 21983
Fax (02452) 21986

Bosch GmbH

Schillerhöhe 2
W 7000 Stuttgart
Tel. (0711) 811
Fax (0711) 8116630

Brother International GmbH

Im Rosengarten 14
W 6368 Bad Vilbel
Tel. (06101) 8050
Fax (06101) 805333

Canon Deutschland GmbH

Hellersbergerstr. 2-4
W 4040 Neuss 1
Tel. (02131) 1250
Fax (02131) 125255

Commodore Büromaschinen GmbH

Lyoner Straße 38
W 6000 Frankfurt 71
Tel. (069) 66380
Fax (069) 6638159

Computer 2000 AG

Baierbrunner Str. 31
W 8000 München 70
Tel. (089) 780400
Fax (089) 78040100

Controlware GmbH

Justus-von-Liebig-Str. 19c
W 6057 Dietzenbach
Tel. (06074) 40090
Fax (06074) 41853

CPV Datensysteme GmbH

Hans-Böckler-Ring 25
W 2000 Norderstedt/Hamburg
Tel. (040) 5241041
Fax (040) 5244105

CSR

Breslauer Str. 19
W 3575 Kirchhain
Tel. (06422) 3438

CTK Systeme GmbH

Ernst-Reuter-Str. 22
W 5060 Bergisch Gladbach 1
Tel. (02204) 63061
Fax (02204) 611234

Datentechnik Intercom

Cosimastr. 4
W 8000 München 81
Tel. (089) 919021

DBP Telekom - Generaldirektion

Godesberger Allee 87-93
W 5300 Bonn 2
Tel. (0228) 1810
Fax (0228) 1818872

DeTeWe - Deutsche Telephonwerke und Kabelindustrie AG

Wrangelstr. 100
W 1000 Berlin 36
Tel. (030) 61041
Fax (030) 61043344

Develop Büro-Systeme

Dieselstr. 8
W 7016 Gerlingen 1
Tel. (07156) 2080
Fax (07156) 208180

Diehl Elektronik GmbH

Calwerstr. 11
W 7261 Ostelsheim
Tel. (07033) 4724
Fax (07033) 4727

Digiteam

Glockenstr. 30
W 4000 Düsseldorf 30
Tel. (0211) 488027

Dr. Neuhaus Mikroelektronik GmbH

Haldenstieg 3
W 2000 Hamburg 61
Tel. (040) 553040
Fax (040) 55304444

Drews EDV & Btx GmbH

Bergheimer Str. 134b
W 6900 Heidelberg
Tel. (06221) 29900
Fax (06221) 163323

DSC-Callback

Marbacher Str. 26
W 8067 Petershausen
Tel. (08137) 53238
Fax (08137) 53240

EEH Datalink GmbH

Springerstr. 12
W 5600 Wuppertal 2
Tel. (0202) 556096
Fax (0202) 559864

ELMEG GmbH

Vöhrumer Straße 30
W 3150 Peine
Tel. (05171) 201
Fax (05171) 20224

Elsa GmbH

Sonnenweg 11
W 5100 Aachen
Tel. (0241) 91770

Emmerich GmbH & Co KG

Homburger Landstr. 148
W 6000 Frankfurt 50
Tel. (069) 548030
Fax (069) 54803210

Ericsson Business Communications

Lyoner Straße 14
W 6000 Frankfurt 71
Tel. (069) 66400
Fax (069) 6668540

Francotyp Postbearbeitungssysteme

Mülheimer Straße 183
W 6050 Offenbach 1
Tel. (069) 8602200
Fax (069) 86022246

Fritz Lischka GmbH

Turmstr. 2a
W 6906 Leimen 1
Tel. (06224) 75850

FUBA Hans Kolbe & Co.

Bodenburger Str.
W 3202 Bad Salzdetfurth
Tel. (05063) 890
Fax (05063) 89444555

Fujitsu Deutschland GmbH

Frankfurter Ring 211
W 8000 München 40
Tel. (089) 323780
Fax (089) 32378100

gebacom GmbH

Bräuergäßchen 1-3
W 8900 Augsburg
Tel. (0821) 510001
Fax (0821) 510004

Gestetner GmbH

Eisenheimer Str. 61
W 8000 München 21
Tel. (089) 578601

Grundig AG

Kurgartenstr. 37
W 8510 Fürth
Tel. (0911) 703535
Fax (0911) 705376

GVM Datenfernübertragung GmbH

Graf-Adolf-Str. 11
W 4000 Düsseldorf 1
Tel. (0211) 376413
Fax (0211) 374025

Hagenuk Multicom GmbH

Projensdorfer Str. 324
W 2300 Kiel 1
Tel. (0431) 30130
Fax (0431) 301390

Hermstedt GmbH

Käfertaler Str. 164
W 6800 Mannheim 1
Tel. (0621) 332430

Hitachi Europa GmbH

Rungedamm 2
W 2000 Hamburg 80
Tel. (040) 734110
Fax (040) 7340134

IBM Deutschland

Postfach 800880
W 7000 Stuttgart 80
Tel. (0711) 7850
Fax (0711) 7852519

IDS GmbH

Killisfeldstr. 64
W 7500 Karlsruhe 41
Tel. (0721) 49090

IMK GmbH

Klosterweg 1
W 4048 Grevenbroich 2
Tel. (02181) 75090
Fax (02181) 750940

Impec GmbH

Waldhörnlestr. 18
W 7400 Tübingen
Tel. (07071) 70020
Fax (07071) 700249

ITM GmbH

Wacholderstr. 24
W 4000 Düsseldorf 31
Tel. (0203) 74328

KE Kommunikations-Elektronik GmbH

Kabelkamp 20
W 3000 Hannover 1
Tel. (0511) 67470
Fax (0511) 6747450

Konica Business GmbH

Frankenstr. 12
W 2000 Hamburg 1
Tel. (040) 236020
Fax (040) 232554

Krone AG

Beeskowdamm 3-11
W 1000 Berlin 37
Tel. (030) 88530
Fax (030) 88531703

Lange GmbH

Ünninghauser Str. 70
W 4780 Lippstadt
Tel. (02945) 8080

Lanier Deutschland GmbH

Im Taubental 6
W 4040 Neuss 1
Tel. (02131) 3870
Fax (02131) 387124

Lapp Kommunikationstechnik GmbH

Schulze-Delitzsch-Str. 25
W 7000 Stuttgart 80
Tel. (0711) 783801
Fax (0711) 7838484

Lobe Telefontechnik

Eppendorfer Weg 234
W 2000 Hamburg 20
Tel. (040) 4226939
Fax (040) 4227400

Loewe Opta GmbH

Industriestr. 11
W 8640 Kronach
Tel. (09261) 991
Fax (09261) 95411

Mannesmann Kienzle

Heinrich-Hertz-Str.
W 7730 Villingen-Schwenningen
Tel. (07721) 672538
Fax (07721) 7847

Mannesmann Mobilfunk GmbH

Schanzenstr. 78
W 4000 Düsseldorf 1
Tel. (0211) 5830
Fax (0211) 583200

mbp Kommunikationssysteme GmbH

Semerteichstr. 47-49
W 4600 Dortmund 1
Tel. (0231) 9440
Fax (0231) 9441362

Micom Computer GmbH

Wüstenhoferstr. 6
W 5600 Wuppertal 1
Tel. (0202) 443401
Fax (0202) 443403

Minolta GmbH

In den Kolkwiesen 68
W 3012 Langenhagen 1
Tel. (0511) 77000
Fax (0511) 779089

Mitel - Mikroelektronik und Telefon GmbH

Rudolf-Diesel-Str. 20
W 6236 Eschborn 2
Tel. (06173) 60060
Fax (06173) 600638

Mitsubishi Electric Europe GmbH

Gothaer Str. 8
W 4030 Ratingen 1
Tel. (02102) 4860
Fax (02102) 486112

MMS GmbH

Eiffe-Str. 596
W 2000 Hamburg 26
Tel. (040) 211591
Fax (040) 211598

Motorola GmbH

Nymphenburger Str. 90e
W 8000 München 19
Tel. (089) 1269060
Fax (089) 12690643

mps Software GmbH

Ludwigstr. 36
W 8011 Kirchheim
Tel. (089) 9050060
Fax (089) 9038702

Multidata GmbH

Gutenbergstr. 45
W 6100 Darmstadt
Tel. (06151) 97670

Nashua

Großer Kolonnenweg 18
W 3000 Hannover 11
Tel. (0511) 67420
Fax (0511) 635512

NCP Engineering GmbH

Dombühler Str. 2
W 8500 Nürnberg
Tel. (0911) 99680
Fax (0911) 6312172

NEC Deutschland GmbH

Klausenburger Str. 4
W 8000 München 80
Tel. (089) 930060
Fax (089) 937776

Newcom Marketing und Software GmbH

Westfalendamm 275
W 4600 Dortmund 1
Tel. (0231) 958570
Fax (0231) 9585756

Nokia Telecommunications GmbH

Opitzstr. 12
W 4000 Düsseldorf 30
Tel. (0211) 9089501

Northern Telecom

Leopoldstr. 236-238
W 8000 München 40
Tel. (089) 350670

NSD GmbH

Karlsberg 5
W 6940 Weinheim
Tel. (06201) 183731

Orbitel Mobile Communications Limited

Bahnhofstr. 71-75
W 6200 Wiesbaden
Tel. (0611) 303009
Fax (0611) 306562

Panasonic Deutschland GmbH

Winsbergring 15
W 2000 Hamburg 54
Tel. (040) 85490
Fax (040) 85312227

Philips Kommunikations Industrie AG (PKI)

Thurn- und Taxis-Str. 10
W 8500 Nürnberg 10
Tel. (0911) 5260
Fax (0911) 5262850

phs EDV-Beratung

Davenstedter Str. 10
W 3000 Hannover 91
Tel. (0511) 444193

Prisma GmbH

Wandsbeker Zollstr. 87-89
W 2000 Hamburg 70
Tel. (040) 658080
Fax (040) 65808209

Rafi GmbH & Co

Ravensburger Str. 128-134
W 7980 Ravensburg
Tel. (0751) 890
Fax (0751) 89300

Rank Xerox GmbH

Emanuel-Leutze-Str. 20
W 4000 Düsseldorf 11
Tel. (0211) 59930
Fax (0211) 5999351

Rascal Milgo GmbH

Hans-Böckler-Str. 16
W 6078 Neu-Isenburg
Tel. (06102) 2020

Rein Elektronik GmbH

Lötscher Weg 66
W 4054 Nettetal 1
Tel. (02153) 7330
Fax (02153) 733110

resco electronic GmbH

Kobelweg 68a
W 8900 Augsburg
Tel. (0821) 407027
Fax (0821) 404370

REV Ritter GmbH

Frankenstr. 1-2
W 8752 Mömbris
Tel. (06029) 7070
Fax (06029) 70740

RFI Elektronik GmbH

Dohrweg 63
W 4050 Mönchengladbach 1
Tel. (02161) 6550
Fax (02161) 655111

Ricoh Deutschland GmbH

Mergenthaler Allee 38-40
W 6236 Eschborn
Tel. (06196) 9060
Fax (06196) 44175

RVS Datentechnik GmbH

Hainbuchenstr. 2
W 8000 München 45
Tel. (089) 3510071
Fax (089) 3510222

Samsung Electronics GmbH

Daimlerstr. 6
W 6374 Steinbach
Tel. (06171) 7080
Fax (06171) 708257

Sanyo Büro-Electronic Europa-Vertrieb GmbH

Postfach 8017
W 8000 München 80
Tel. (089) 416040
Fax (089) 41604127

Schneider Rundfunkwerke AG

Silvastr. 1
W 8939 Türkheim 1
Tel. (08245) 510
Fax (08245) 511313

Sedlbauer AG

W.-Sedlbauer-Str. 2
W 8352 Grafenau
Tel. (08552) 410
Fax (08552) 41245

SEL - Standard Elektrik Lorenz AG

Lorenzstr. 10
W 7000 Stuttgart 40
Tel. (0711) 8210
Fax (0711) 8212101

Sharp Electronic Europe GmbH

Sonninstr. 3
W 2000 Hamburg 1
Tel. (040) 237750
Fax (040) 230764

Siemens AG

Wittelsbacherplatz 2
W 8000 München 1
Tel. (089) 2340
Fax (089) 2344242

Siemens Nixdorf Informationssysteme AG (SNI)

Otto-Hahn-Ring 6
W 8000 München 83
Tel. (089) 6360
Fax (089) 63651

Solo Software

Mörikestr. 10
W 4790 Paderborn
Tel. (05251) 59236
Fax (05251) 59402

Sony Deutschland GmbH

Hugo-Eckener-Straße 20
W 5000 Köln 30
Tel. (0221) 5966183
Fax (0221) 5966108

Stollmann GmbH

Gasstraße 18
W 2000 Hamburg 50
Tel. (040) 890880
Fax (040) 89088150

TA Triumpf-Adler AG

Fürther Str. 212
W 8500 Nürnberg 80
Tel. (0911) 3220
Fax (0911) 3227200

Tatung International GmbH

Feldheider Straße 68
W 4006 Erkrath
Tel. (02104) 30030
Fax (02104) 300310

Technifax Kommunikationssysteme GmbH

Industriegebiet Technik-Park
W 5568 Daun
Tel. (06592) 712801
Fax (06592) 4958

TELEDATA Elektronik GmbH

Postfach 100429
W 3257 Springe 1
Tel. (05041) 1366
Fax (05041) 5285

Telenorma GmbH

Mainzer Landstr. 128-146
W 6000 Frankfurt 1
Tel. (069) 2660
Fax (069) 2662539

Teles GmbH

Ernst-Reuter-Platz 3-5
W 1000 Berlin 10
Tel. (030) 3110050
Fax (030) 3128045

Telindus GmbH

Iltisweg 7
W 5210 Troisdorf-Spich
Tel. (02241) 401918
Fax (02241) 47851

Tiptel Electronic GmbH

Halskestr. 14
W 4030 Ratingen 1
Tel. (02102) 450132
Fax (02102) 450139

Toshiba Informationssysteme Deutschland GmbH

Görlitzer Str. 5-7
W 4040 Neuss 1
Tel. (02131) 1370
Fax (02131) 1585609

TKR GmbH & Co. KG

Stadtparkweg 2
W 2300 Kiel 1
Tel. (0431) 337881
Fax (0431) 35984

UDAVI-Telecom GmbH

Burgstr. 58
W 6000 Frankfurt 1
Tel. (069) 492989
Fax (069) 439313

Uher Werke München GmbH

Industriestr. 5
W 6380 Homburg 1
Tel. (06172) 1060
Fax (06172) 106373

Utax GmbH

Ohechaussee 235
W 2000 Norderstedt/Hamburg
Tel. (040) 528490
Fax (040) 52849120

Wetronic Automation GmbH

Heidemannstr. 1
W 8000 München 45
Tel. (089) 3189910
Fax (089) 3119280

WISI - Wilhelm Sihn Jr. KG

Pforzheimer Str. 26
W 7532 Niefern-Öschelbronn 1
Tel. (07233) 661
Fax (07233) 66350

Wörlein GmbH & Co KG

Gewerbestr. 12
W 8501 Cadolzburg
Tel. (09103) 8294

Zettler

Holzstr. 28-30
W 8000 München 5
Tel. (089) 23881
Fax (089) 8414942

12.3 Versandhäuser, Elektronik Versand

Conrad Electronic GmbH

Klaus-Conrad-Straße 1
W 8452 Hirschau
Tel. (09622) 300
Fax (09622) 30265

Ecco Buch, Musik und Video Express-Versand GmbH

Postfach 101355
W 7000 Stuttgart 10
Tel. (0711) 2565656
Fax (0711) 2565659

Electronic Life

Am Hauptgüterbahnhof Zufuhrstr. A
W 3300 Braunschweig
Tel. (0531) 799031
Fax (0531) 798305

Neckermann Versand AG

Hanauer Landstraße 360-400
W 6000 Frankfurt / Main
Tel. (069) 404404

Office Line GmbH

Rheydter Str. 188
W 4050 Mönchengladbach 1
Tel. (02161) 200406
Fax (02161) 206007

Quelle

W 8510 Fürth
Tel. (0911) 2419909
Fax (0911) 311393

Reichelt Elektronik

Marktstraße 101-103
W 2940 Wilhelmshaven
Tel. (04421) 26381
Fax (04421) 27888

TELEKOM Versand

Thomas-Esser-Str. 33
W 5350 Euskirchen
Tel. 0130 0191
Fax 0130 800104

Teletone Kommunikationstechnik GmbH

Herner Str. 24
W 4350 Recklinghausen
Tel. (02361) 59594
Fax (02361) 59593

TeleWare

Postfach 3069
W 7900 Ulm
Tel. (0731) 152026

Völkner electronic GmbH

Postfach 4743
W 3300 Braunschweig
Tel. (0531) 87620
Fax (0531) 8762175

Westfalia Technica

Postfach 4269
W 5800 Hagen 1
Tel. (02331) 35533
Fax (02331) 355530

12.4 Informationen

Allgemeine Informationen

BMPT - Bundesministerium für Post und Telekommunikation

Heinrich-von-Stephan-Str.1
W 5300 Bonn 2
Tel. (0228) 140
Fax (0228) 148872

BZT - Bundesamt für Zulassungen in der Telekommunikation

Talstraße 34 - 42
W 6600 Saarbrücken
Tel. (0681) 5980
Fax (0681) 59816 00

DBP Telekom

FTZ - Fernmeldetechnisches Zentralamt
Am Kavalleriesand 3
W 6100 Darmstadt
Tel. (06151) 830
Fax (06151) 834791

DBP Telekom - Generaldirektion

Godesberger Allee 87-93
W 5300 Bonn 2
Tel. (0228) 1810
Fax (0228) 1818872

Deutsche Postreklame GmbH

Wiesenhüttenstr. 18
W 6000 Frankfurt/Main 1
Tel. (069) 26820
Fax (069) 2682218

Informationen zu allen Produkten der DBP Telekom

01300105

DBT - Zentralamt für Mobilfunk

Rösnerstr. 6-8
W 4400 Münster 1
Tel. (0251) 70040
Fax (0251) 6660040

DETECON - Deutsche Telepost Consulting GmbH

Langer Grabenweg 35
W 5300 Bonn 2
Tel. (0228) 8170
Fax (0228) 817360

Neue Mediengesellschaft Ulm mbH

Konrad-Celtis-Str. 77
W 8000 München 70
Tel. (089) 710940
Fax (089) 7192579

TELEKOM Infoservice

Postfach
W 6600 Saarbrücken
Tel. (0681) 01300105

Informationen zu birdie

DBP Telekom

Tel. 0130 0175

Informationen zu Btx

DBP Telekom

Tel. 0130 0190

Informationen zu D-Netzen

D1-Netz

DBP Telekom
Tel. 0130 0171

D2-Netz

Mannesmann Mobilfunk
Tel. (02102) 972222

Informationen zu Inforuf

DETECON

Projekt Vertrieb Mobilfunk
Am Probsthof 74
W 5300 Bonn 1
Tel. (0228) 97900
Fax (0228) 9790205

VWD - Vereinigte Wirtschaftsdienste GmbH

Niederurseler Allee 8-10
W 6236 Eschborn 1
Tel. (06196) 405208

Reuters AG

Guiollettstraße 54
W 6000 Frankfurt am Main 1
Tel. (069) 71060
Fax (069) 7106120

12.5 Vorwahlnummern Ausland

Gespräche ins Ausland

Belgien	0032	Niederlande	0031
Dänemark	0045	Norwegen	0047
Finnland	00358	Österreich	0043
Frankreich	0033	Portugal	00351
Griechenland	0030	Schweden	0046
Großbritannien	0044	Schweiz	0041
Irland	00353	Spanien	0034
Italien	0039	Türkei	0090
Jugoslawien	0038	USA	001
Luxemburg	00352		

Gespräche vom Ausland nach Deutschland

Belgien	00-49	Niederlande	09-49
Dänemark	00949	Norwegen	09549
Finnland	99049	Österreich	060
Frankreich	19-49	Portugal	0049
Griechenland	0049	Schweden	00949
Großbritannien	01049	Schweiz	0049
Irland	1649	Spanien	07-49
Italien	0049	Türkei	99-49
Jugoslawien	9949	USA	01149
Luxemburg	0049		

(Bei den Nummern mit Bindestrich muß nach den ersten beiden Ziffern der Wählton abgewartet werden.)

12.6 Auszug aus dem Fernmeldeanlagengesetz

❶ Wer entgegen den Vorschriften dieses Gesetzes eine Fernmeldeanlage errichtet oder betreibt, wird mit Freiheitsstrafe bis zu fünf Jahren oder mit Geldstrafe bestraft. Der Versuch ist strafbar.

❷ Mit Freiheitsstrafe bis zu zwei Jahren oder mit Geldstrafe wird bestraft, wer [...] (b) nach Fortfall der Verleihung die zur Beseitigung der Anlage getroffenen Anordnungen der Deutschen Bundespost Telekom innerhalb der von ihr bestimmten Frist nicht befolgt,

    c)   entgegen der § 5a Abs. 1 ohne Befugnis die tatsächliche Gewalt über Sendeanlagen ausübt,

    d)   entgegen § 5d Abs. 1 Satz 1 eine Sendeanlage einem anderen überläßt oder

    e)   entgegen § 5e Abs. 1 dort bezeichnete Sendeanlagen herstellt, vertreibt, einführt oder sonst in den Geltungsbereich dieses Gesetzes verbringt.

❸ Handelt der Täter fahrlässig, so ist die Strafe Freiheitsstrafe bis zu einem Jahr oder Geldstrafe. Die Tat wird nur auf Antrag des Bundesministers für Post und Telekommunikation oder der von ihm hierzu ermächtigten Behörden verfolgt.

(aus: Amtsbl. 90, 10.8. 1989, Fernmeldeanlagengesetz)

12.7 Tabellarische Hilfe beim Kauf von Endgeräten

Wer sich dazu entschlossen hat, Endgeräte zu kaufen, kann die folgenden Checklisten dazu benutzen, sich eine eigene Übersicht über die Leistungsmerkmale der Geräte zusammenzustellen. Diese kann hilfreich dabei sein, die letzte Entscheidung zu treffen.

Anrufbeantworter

Preis (DM)			
Zulassung			
Grundfunktionen			
Ansagelänge(Sekunden)			
Speichermedium			
Anzahl Ansagetext			
Schlußansage			
Aufnahmezeit (Minuten) (bis)			

Automatische Wiedergabe				
Auskunftgeber				
Batteriebetrieb				
Gesprächsaufnahme				
Zeit-/sprachgesteuert	/	/	/	/
Anschaltverzögerung				
Mithören				
Lauthören				
Übernehmen				
Mitschneiden				
Diktierfunktion/Info-int.				
Endesignalisierung Aufn.				
Anzeigen				
Eingegangene Anrufe				
Anzahl der Anrufe				
Uhrzeit der Anrufe				
Ansagetextdauer				
Fehleranzeige				
Anrufvermittlung				
Telefonanschluß				
Euro-Signal/Cityruf				
Fernabfrage				
Preis(DM)				
Wiedergabe				
Vorlauf				
Zurücksetzen				
Wiederholen				
Infobox/Mailbox				
Anrufzähler				
Anrufspeicher				
Ferndiktat				
Ändern Ansagetext				
Löschen Aufnahme				

Ändern Rufumleitung				
Raumüberwachung				
Abfragecodes/frei wählbar				

Telefax

Preis (DM)				
Maße (BxTxH cm)				
Gewicht (kg)				
Vorlagenbreite max. (cm)				
Lesebreite max. (cm)				
Aufzeichnungsbreite (cm)				
Vorlageneinzug (Blatt) (bis)				
Papiervorrat (Meter)				
Papiervorrat/Endeanzeige	/	/	/	/
Display (Zeichen)				
automat. Wahlwiederholung				
automat. Papierschneide.				
Rufnummernspeicher				
Graustufen/Kontrastwahl	/	/	/	/
Sender-/Empfängerkennung:				
Telefax-Nr.				
Sendername				
Datum/Uhrzeit	/	/	/	/
Seitenzahl				
automat. Seitennummer.				

Kompakttelefone

Preis (DM)				
Zulassung				
Beleuchtete Wähltastatur				
Wandhalterung				
Tonruf (regelbar)				
Sondertasten * und #				
Stummschaltung				
Wahlwiederholung				
SET-Taste				
Signaltaste				
Umschalt. Wählverfahren				
Lauthören				
Wahl bei auflieg. Hörer				
Freisprechen				
Gesprächsunterbrechung				
Codenummer				
Kurzwahl (Rufnummern)				
Zielwahl (Rufnummer)				
Direktruf				
Notizbuchfunktion				
Display Dat.-Uhr/Rufnr.	/	/	/	/
Display Gebührenanzeige				
Display Anrufsignalisierung				
Sperrschloß				

Komforttelefone

Preis(DM)				
Zulassung				
Tonruf (Lautst./Melodie.)	/	/	/	/
Sondertasten * und #				
Stummschaltung				
Wahlwiederholung				
SET-Taste				
Signaltaste				
Umschalt. Wählverfahren				
Lauthören				
Wahl bei auflieg. Hörer				
Freisprechen				
Gesprächsunterbrechung				
Codenummer				
Kurzwahl				
Zielwahl (Rufnummer)				
Direktruf				
Notizbuchfunktion				
Display Dat.-Uhr/Rufnr.	/	/	/	/
Display Gebührenanzeige				
Display Anrufsignalisier.				
Sperrschloß				

Btx-Decoder

Preis (DM) Modemversion				
Preis (DM) f. Anschlußbox				
automat. Anwahl				
Modembetrieb				
Drucken Text/Grafik	/	/	/	/
Speichern Text/Grafik	/	/	/	/
Sitzungsmitschnitt				
Laden von Btx-Seiten				
Telesoftware/Postformat-				

transp.Daten Empfang				
transp.Daten Versand				
Makros automat./manuell	/	/	/	/
Kurzwahl				
automat. Mailbox				
DOS-Zugang				
Mausunterstützung				
Speicherbedarf (KB)				
ZZF-Zulassung				

Stichwortverzeichnis

Stichwortverzeichnis

Stichwortverzeichnis

Stichwortverzeichnis

335

Stichwortverzeichnis

Stichwortverzeichnis

Stichwortverzeichnis

Stichwortverzeichnis

Stichwortverzeichnis

Stichwortverzeichnis

Vielen Dank!

Wenn Sie Ihr Buch nicht von hinten nach vorne studieren, dann haben Sie jetzt den ganzen Band gelesen und können ihn an Ihren eigenen Erwartungen messen.
Schreiben Sie uns, wie Ihnen das Buch gefällt, ob der Stil Ihrer "persönlichen Ader" entspricht und welche Aspekte stärker oder weniger stark berücksichtigt werden solllten.
Natürlich müssen Sie diese Seite nicht herausschneiden, sondern können uns auch eine Kopie schicken; für längere Anmerkungen fügen Sie einfach ein weiteres Blatt hinzu.
Vielleicht haben Sie ja auch Anregungen für ein neues Buch oder ein neues Programm, das Sie selbst schreiben möchten.
Wir freuen uns auf Ihren Brief!

Mein Kommentar: _____

_____

_____

_____

❑   Ich möchte selbst DATA-BECKER-Autor werden.
Bitte schicken Sie mir Ihre Informationen für Autoren.

Name _____

Straße _____

PLZ Ort _____   _____

Ausschneiden oder kopieren und einschicken an:
DATA BECKER, Abteilung Lektorat
Merowingerstr. 30, 4000 Düsseldorf 1